高等职业院校商务文秘实用技能教材

秘书工作案例分析与拓展

赵　燕　编著

中国物资出版社

图书在版编目（CIP）数据

秘书工作案例分析与拓展/赵燕编著．—北京：中国物资出版社，2011.7
（高等职业院校商务文秘实用技能教材）
ISBN 978－7－5047－3849－3

Ⅰ．①秘…　Ⅱ．①赵…　Ⅲ．①秘书学—案例—高等职业教育—教材　Ⅳ．①C931.46

中国版本图书馆 CIP 数据核字（2011）第 080113 号

策划编辑　寇俊玲　　**责任印制**　何崇杭
责任编辑　寇俊玲　　**责任校对**　孙会香　梁　凡

出版发行　中国物资出版社
社　　址　北京市丰台区南四环西路 188 号 5 区 20 楼　　**邮政编码**　100070
电　　话　010－52227568（发行部）　　010－52227588 转 307（总编室）
010－68589540（读者服务部）　　010－52227588 转 305（质检部）
网　　址　http://www.clph.cn
经　　销　新华书店
印　　刷　三河市西华印务有限公司
书　　号　ISBN 978－7－5047－3849－3/C·0124
开　　本　787mm×1092mm　1/16
印　　张　13.5　　**版　　次**　2011 年 7 月第 1 版
字　　数　320 千字　　**印　　次**　2011 年 7 月第 1 次印刷
印　　数　0001—3000 册　　**定　　价**　23.00 元

前 言

教育部［2006］16号文明确提出了高等职业教育的办学要求："以服务为宗旨，以就业为导向，走产学结合发展道路。"指出了高等职业教育的培养目标是："培养面向生产、建设、服务和管理第一线需要的高技能人才"。并指出通过"改革教学方法和手段，融'教、学、做'为一体，强化学生能力的培养"达到"以校企合作为基础，以工学结合为核心，突出职业能力培养"的高等职业教育课程建设与改革的要求。

"产学结合"、"校企合作"对于理工学科，操作起来相对简单，而对于文秘等文职类学科就较为困难。如何提升文秘教学的实践性，使学生在校的"学"与其以后在社会的"做"更为接近，是每一位从事文秘教学的教师需要深入思考的问题，而案例教学可以使"学"与"做"的结合更加紧密。

案例教学起源于1920年，由美国哈佛商学院（Harvard Business School）所倡导，其所用案例都是来自商业管理的真实情境或事件，通过此种方式，有助于培养和发展学生主动参与课堂讨论的意识和能力，实施之后，颇具成效。

案例教学法具有以下特点。

第一，鼓励学生独立思考。传统的教学只告诉学生怎么去做，而且其内容在实践中可能不实用，往往乏味无趣，在一定程度上损害了学生的积极性和学习效果。但案例教学没人会告诉你应该怎么办，而是要自己去思考、去创造，使课堂变得生动活泼。

第二，引导学生变注重知识为注重能力。现在的管理者都知道知识不等于能力，知识应该转化为能力。学生一味地学习书本的死知识而忽视实际能力的培养，不仅对自身的发展有着巨大的障碍，其所在的企业也不会受益。案例教学正是为此而生，为此而发展。

第三，重视双向交流。传统的教学方法是老师讲、学生听，听没听、听懂多少，要到测试时才知道。在案例教学中，学生拿到案例后，先要进行消化，然后查阅各种他认为必要的理论知识，经过缜密的思考，提出解决问题的方案，这一步应视为能力上的升华。同时要求教师随时给以引导，这也促使教师加深思考，根据不同学生的不同理解补充新的教学内容。双向的教学形式对教师也提出了更高的要求。

本书作者自2008年以来发表与秘书案例相关的论文20余篇，被《秘书》杂志社聘为特约撰稿人。本书是编者在多年的秘书案例教学过程中，查阅、甄选大量中外秘书工作案例的结果。案例真实可信，鲜活生动，既有秘书的体验，也有领导对秘书的要求；既有综合的认知，也有具体的解析；既有成功的喜悦，也有困惑的解答；既可作为秘书教学的教材，也可作为在职秘书的职场指南。编者将具体案例涉及的方方面面详解为有针对性和现实性的问题，读者通过“分析与拓展”的探讨将进一步提升自己的工作能力。

本书共有六个模块，建议教学时数为72学时，其中模块一综合认知为15学时，模块二具体职能为25学时，模块三领导相处为为8学时，模块四成长成熟为6学时，模块五价值赞歌为6学时，模块六名秘导航为12学时。

由于编者水平有限，本教材的错漏之处在所难免，敬请使用本教材的广大老师和同学们提出宝贵意见，以利于本教材的持续改进。

作者电子邮箱：zhaoyantianle@126.com

赵 燕

2011年4月于青岛

目 录

模块一　综合认知

做一件正确的事永远比将一件事情做正确要简单得多。要做好秘书工作，首先必须对秘书职业有一个正确的认知。本模块通过秘书人员的自我体验、领导对秘书工作的具体要求、访谈秘书学专家以及从文学视角，使学生了解、掌握秘书人员应该具有的素养和能力。

任务一　自我体验

【任务目标】

通过对秘书在职人员工作经历的阅读和思考，掌握秘书人员在工作中的素养和能力要求。

【参考学时】

8学时。

【任务内容】

案例1　做秘书先学会做人

D先生毕业于秘书专业，干过秘书工作，做过秘书学教学与研究，现在又是在领导岗位上工作的年轻干部。走近D先生，昔日的一身书卷气已被几分干练冲淡。他思维敏捷，有一种文静儒雅而又平易可亲的气质。我们的话题转到了有关秘书的心理素质教育问题，D先生认为，做一个成功的秘书首先要有良好的心理素质，一是面对领导和同事要有正确、健康的心态，既不自卑，也不张狂；二是对自己，要学会超脱，要耐得住寂寞。面对成功与挫折，面对表扬与批评，要学会通过自我调节，达到自我平衡，有了这样一个基础，加之比较丰富的知识和应有的工作技能，就一定会成为一个比较出色的秘书，也一定能够使领导满意。

听着他娓娓道来，看着桌上散发出浓浓香气的咖啡，我不由端起杯子喝了一口，一股苦苦的味道直冲咽喉。我想干秘书工作的滋味也许就像这咖啡，闻起来香喝起来却苦。D先生看到我品咖啡的模样，似乎领悟到了什么，他会意地接着说，由心理素质延伸出来就是秘书的政治素质或者说思想素质，即如何与领导保持一种比较正常的工作关系。秘书与领导朝夕相处，物理空间近，日常交流多，必然有一种亲近感，秘书工作主要为领导服务的特性，决定了他的工作在很大程度上取决于领导的满意度，这就犹如服务性行业的重要衡量标准是顾客的满意度一样，这是毋庸置疑的。但是作为秘书一定要正确把握好这种关系，避免在与他人接触中产生一种莫名的优越感。因为这种优越感对秘书的成长是很有害的。为领导服务的过程，其实也是为部门服务的过程，只有处理好这些关系，才会得到领导的赏识，得到部门与同事的认可。如果得到了这些赏识，可以说秘书工作成功了一大半。说到这里，D先生稍微停顿了一下，回忆起他原来的秘书。他说，原来的秘书在我面前表现一贯很好，但偶然被我发现，他在与下属讲话时，有一种颐指气使的感觉，使我对他产生了不信任感，我感到他没有把自己的位置摆正。从D先生的脸上看得出他很为这位秘书惋惜。

刚做秘书时一般相对比较年轻，处于接触社会的初始阶段。这段时间是适应社会的过程，如果在这一过程中心理调节不好、思想素质培养不好，那么对今后的成长会带来很多不利。D先生认为，在选拔秘书或者在培养秘书过程中应该有所遴选，不是文字功底好、知识比较丰富的人就能适合做秘书。秘书工作对人的心理素质与思想素质的要求可能比技能方面的要求更高，一个秘书成功与否，他的思想与心理因素所起的决定性作用比知识与技能更为重要。听了D先生的一番话，我深深地感到，内强素质、外树形象对一个秘书工作者来说太重要了。这不仅是个人的形象问题，而且也关涉领导的形象。

在知识经济时代，秘书还应掌握哪些知识呢？D先生认为，做好秘书工作，对基础知识的要求是比较高的，除了必须要了解国家的国情、国家的历史之外，还应掌握哲学、自然科学常识以及一些文理交叉的知识，因为这不仅是培养秘书如何看世界、如何看社会的能力的基础，也是与今后怎样做人密不可分的。

望着滔滔不绝的D先生，回味着他所说的话，我真真实实感受到了一种饱满有力的内涵，我从心里赞慕他，我想他之所以有今天的成就，与他懂得怎样做人是有一定关联的。

【分析与拓展】

1. D先生认为成功的秘书必须具备什么样的条件？请总结。

2. 有人说，秘书与领导的关系具有首属性和强制性的特点，你怎么认为？D先生所说的“为领导服务的过程，其实也是为部门服务的过程”，你认同吗？

3. 为什么当D先生发现他的秘书在与下属讲话时，有一种颐指气使的感觉后，使D先生对他产生了不信任感？

4. “秘书工作对人的心理素质与思想素质的要求可能比技能方面的要求更高，一个秘书成功与否，他的思想与心理因素所起的决定性作用比知识与技能更为重要。”

你怎么认为？有人说，大成成于德，小成成于才。你的看法呢？

5. 1963年，一位叫玛莉·班尼的女孩写给《芝加哥论坛报》一封信，因为她实在搞不明白，为什么她帮妈妈把烤好的甜饼送到餐桌上，得到的只是一句“好孩子”的夸奖，而那个什么都不干，只知道捣蛋的戴维（她的弟弟）得到的却是一个甜饼。

她想问一问无所不知的西勒·库斯特先生，上帝真的是公平的吗？为什么她在家和学校常看到一些像她这样的好孩子被上帝遗忘了。

西勒·库斯特是《芝加哥论坛报》儿童版“你说我说”栏目的主持人。十多年来，孩子们有关“上帝为什么不奖赏好人，为什么不惩罚坏人”之类的来信，他收到不下千封。每当拆阅这样的信件，他的心就非常沉重，因为他不知道该怎样回答这些提问。

你能替西勒·库斯特解答玛莉·班尼的困惑吗？

案例 2 专职秘书“六字诀”

在 30 多年的秘书生涯中，我跟随 7 位县委书记、6 位县委副书记工作过，都是做秘书工作。上届县委书记晋升或调离，下届县委书记接手，领导总是安排我跟随。从 20 来岁到近 50 岁，几易其人，可谓屈屈不离书记，当地人戏称我“秘书王”。我跟随书记当秘书，基本上做到六个字：勤、密、参、谦、学、快，也谓之个人给书记当秘书的“六字诀”吧。

勤。作为专职秘书，应该把“勤”字摆在首位。作为领导的秘书，起码要做到“四勤”，即口勤多问、手勤多记、腿勤多走、脑勤多想，案头记记写写要及时，文电报刊要常看，资料信息要勤整。1968 年，我从基层秘书岗位，调到县委办公室。当时的县委书记姓王，他有着军人的作风，下乡一次，要走访调查 10 多个基层单位，和群众同吃同住同劳动，一去就是半个月左右。我是一个复退军人，在部队当文书跟首长下连队惯了，不怕苦不畏难。我跟王书记下基层，白天走田垄、水沟，晚上就和农村年轻人挤一张床。

记得 1973 年，莲花乡 300 多亩早稻长得绿油油的，而到其他乡、村水稻田观察，有的出现黄枯现象。于是，他要办公室通知全县分管农业的县乡领导，到莲花乡来开早稻管理现场会。当天，全县有 200 多人来到了莲花乡，条条田垄上站满了人，认真观察这片绿油油的早稻。生产队长介绍了管理经验，王书记在田垄上用大喇叭讲话作补充。在这时，我马上掏出日记本，把队长讲的经验、书记补充的指示，在田垄上站着记录下来。当王书记提出“早稻管理现场会后，你马上写份简报发至全县”后，我马上照办。

像这样的场面，多年来，不知经历了多少次。我跟的几届县委书记或副书记，工作非常深入，每到一个地方，总是带领几个乡、村干部到田间地头、工厂车间，席地而坐，有感即发，我每年要跟随领导或站着或蹲着，密密麻麻地记录 10 多本文字，收集资料，便于整理成文。

密。保守党的机密，慎之又慎。这是我们党保密工作的至理名言。作为领导秘书，知密早，知密快，知密多。秘书要参加领导召开的有关重要会议，如干部调动、提升、调整或对有问题的干部要调查、取证、处理，作为县委主要领导的秘书，就要做到口稳心正。

我在几届常委会任秘书，诸如常委开会研究全县大事、制订什么方案、研究人事变动等，都是我去作记录。县里人事变动的事是很敏感的事。一有这方面“风吹草动”，有的同志就找我探听消息，想打开“缺口”。“黄大秘书，常委开会人事变动，我调到哪个地方？”“我这次提职了吗？”有的晚上来叩门，有的电话上询问。对于这些，领导早已敲过警钟。一次，常委研究人事变动，根据组织安排，将一个乡的主要领导从条件好的平原地区调到贫困的高山地区任职，有人提早漏了风声，这位领导干部知道后，大吵大闹，不愿去艰苦地方，给组织上添了不少麻烦。为此，自己作为秘书，如何应付来访者呢？一句话否定“不知道”不好，一句话肯定告诉更不行，对来者只有耐心解释：“你提拔也好，调动也好，都是组织需要，组织上到时候会找你谈话，我作为秘书，不能代表组织，不能越俎代庖。”通过细心说服，使来者既不扫兴，又不会让人感到自己有架子。这样，来探风的也渐渐少了。

参。作为领导的专职秘书，不光是为领导提袋子、端杯子、叫车子，更要为领导出主意、当参谋。这里说的当参谋不是越俎代庖，而是领导一时对问题未想到或想得不周全时要提醒他。1978年7月下旬，晚稻插秧期间，我跟随县委周书记已经走了花塘、楚江等乡镇，在麦市下乡时，书记听乡里汇报，他们保证在“八一”前一天插完晚稻，而且晚稻秧苗有80多亩剩余。紧接着，周书记又电话了解香花公社的情况。当香花公社的书记说他们的田已提前五天插完了晚稻时，性急的周书记扔下电话拍桌而起：“香花书记撒谎，我在早几天电话问香花秘书，还缺几十亩秧苗，为什么不几天就说插完了晚稻！走，到香花公社去，我要狠狠地刮他，要他写检讨，公布全县，还要他到麦市来挑秧补插。”说走就走。在车上，我诚恳地对他说：“周书记，一切结论产生于调查末尾，我们还未了解香花插晚稻情况，是不是不急于去公社刮这位书记，等调查完了，再批评也不迟，否则，关系搞僵了不好开展工作。”“好吧，就依你说的。”周书记在车上轻轻搭了腔。

接着，我们到了香花、太平等地晚稻田向当地村组干部一路打听、一路观察，原来反映缺晚稻秧苗的地方已经全部插满，因为这些村与麦市邻边，亲戚关系互相换工换劳插田的情况多，秧苗留余补缺，已保质、按时完成县里布置的任务。周书记这才恍然大悟：“群众中蕴藏着很大力量啊。”到了公社后，周书记和公社书记拉开了其他话题，心情也很平和。从这件事说明，专职秘书要敢于给领导当参谋。一般来说，领导是比我们秘书技高一筹，但是，智者千虑，终有一失；愚者千虑，终有一得。何况我们秘书也不是愚者，不能有任何自卑感。

谦。专职秘书地位特殊，很受人尊敬。作为领导的秘书，一定要谦虚谨慎，平等待人，礼貌待人。20世纪80年代初，我在县委办任副主任兼政研室主任，同样跟随县委书记当秘书。一天，县委办来了一位衣着朴素的农民模样的花甲老人，一位新来的值班秘书问：“你来找谁？”“我来找陈××（当时一个县领导的名字）。”值班秘书答道：“他不在，下乡了。”“请你联系一下，我有急事！”“我说了下乡，你为什么这么啰唆？”“我有急事，麻烦你联系一下，下到哪个乡去了？”“下到镇南，你到那儿去找吧！”“到镇南有七八里路，唉，打个电话不行吗？你们这个态度不大好呢。”值班秘书本来有点气，听老人说他态度不好，如火上添油，立即火冒三丈，吹胡子瞪眼：“你滚出去，不要妨碍公务。”老人家一直等了三个多小时，这位县领导才下乡回来。原来这位老人是这位领导的亲戚，他的妻子得了病，医院规定要交1000元才能接收住院，他是来请这位县领导帮忙的。这个值班秘书，如此骄傲自大的行为，实在令人气愤难忍。

学。专职秘书不但要刻苦学习书本知识，以作充实自己，而且要学习领导者的人生观、价值观。我在跟一位县委副书记当秘书的两年中，他的言语表达了他的行动。刚来县里工作，他在一次全县三级干部会上表态用“四不”、“三做”表述了自己的人生观和价值观。“四不”，即不仁之事不做，不义之财不取，不正之风不沾，不洁之事不干。“三做”，即堂堂正正做人，老老实实做事，清清白白做官。他要全县人民监督。这位副书记言行一致，表里如一。在两年的实际工作中，我跟他下乡驻村驻队，真是“官清书吏瘦”，他不但不接受别人一针一线，而且到农户家吃饭三餐要交钱。有一个月，我少算了三天农户餐费，他翻着每天的记事本，马上向我指正。上面一日三餐打○○○，一日两餐就打○○。我不禁感慨：“书记那么忙，还做得那么细啊!”“不是细，是小中见大，是联系群众，清清白白做官的一条呢!”

快。专职秘书在领导身边工作，特别要讲究效率，敏捷、迅速的中心含义就是“快”。秘书工作要跟上现代领导的快节奏，就必须好中求快。具体说就是：

一是反应要快，脑子要灵活，眼观六路、耳听八方。对领导的意图要迅速敏锐地领会，抓住要点，付诸行动。对下面情况要高度敏感，能及时发现问题，及时上报，引起领导重视。

二是办事要快，工作雷厉风行，不拖拖拉拉、松松垮垮，要做到领导布置的事，今日事，今日毕。工作情况常分析，大事小事不拖延。一次，我跟书记下乡，这个乡收粮快、经验好，他要我一小时之内写个通报发至全县，我仅用了半小时写完，他看后很满意，并批示：“速发全县各单位。”

总之，要当好领导的专职秘书，诀窍绝不仅在这六个字，这里仅仅是笔者从事几十年秘书工作的备忘录，希望在同人中能够抛砖引玉。

【分析与拓展】

1. 作者在工作中有哪些经验可供我们学习？请谈谈你的认识。

2. 有人说，秘书是“密书”、“杂家”、“出气筒”、“夜猫子”、“老黄牛”，是领导的耳目、心腹、智囊、诤友，是单位的秀才，你认为呢？你认为秘书应该如何提升自己的素养？

3. 为什么在“我”针对香花公社晚稻情况发表了自己的建议后，书记“轻轻”地搭了腔。从中，你想到了什么？

4. 有位秘书界的前辈寄语秘书工作者要站高些、勤奋些、坚强些。你如何看待？

5. 你知道斯坦福大学的由来吗？请查阅资料，谈谈你的感受。

案例3　秘书心得

告别牢骚

刚到办公室做秘书时，单纯的眼睛、敏感的心和一张无遮无拦的口，几乎是我的全部。随着时间的推移，现实的不如意、不公平便显露出来，工作上的论资排辈，机遇上的厚此薄彼，待遇上的高低不均……种种缺憾渐次向我袭来，本来心胸肚量就不大的我，便随意向外发泄。有同事说，你怎么有那么多牢骚呢？我也知道那是牢骚，但每每在发了一通牢骚之后，总有一种宣泄的快感。

同事王某温和而友善，因他的大作常见于一些报刊，被我引为知己。一天，他对我说，你的牢骚会迷住你的眼睛。他说自己当年刚走上社会时，心灵纯洁得像一张白纸，眼里容不得半粒沙子，在单位也遇到过种种不公，目睹了社会上一些阴暗的现象，牢骚伴他走过了很长一段日子。后来，他从一本书上读到了这样一句话："丢不下牢骚，人生就无法走向成熟。"他开始做这样的尝试，在各种挑战面前，牢骚渐渐被必胜的信念所取代，人生的天空从此一扫灰暗的阴霾。

同事的话启发了我，我开始审视牢骚，发现它确实不能改变世界，也不能塑造自己。建设美好的家园，需要的不是牢骚，而是汗水、智慧和努力。不满论资排辈的结果不是消极等待，而是想办法实现自身的超越；不满机遇不公的结果不是听天由命，而是思考怎样拓展人生的空间，去创造机遇……后来，在机关的清冷和业余时间的悠闲中，我闯进了写作的乐园，栽种了一棵智慧的菩提树；在受到别人的冷遇时，我想到的是怎样多给别人一点爱的温暖；在被人生的寂寞困扰时，我捧起书本去和一个个博大的心灵对话……告别牢骚，收获的是对生活的信心和热爱。

看护心灵

同事李君的能力和资历，在办公室是首屈一指的，适逢老主任退休，我以为李君升职是顺理成章的事情。可阴差阳错，半路杀出"黑马"，他的希望成为泡影。他越想越生气，悲人心不古，叹世风日下，从此，戴着"有色眼镜"看世界，整日牢骚满腹，看什么事都不顺眼，看谁都不服气，导致人际关系紧张，把自己的精神折磨得很疲惫，不久就因此得病住进了医院。

而另一位同事张某却远比李君豁达。有一次，他上班迟到，当被问及迟到的原因时，他轻描淡写地说："摩托车被偷了"。顿时，我们都不禁为他着急，他却比较平静。这真是钓鱼的不急，背篓子的急。一会儿他笑着说："着急就能把摩托车找回来？难道小偷窃走车，还要偷走我们大家的好心境不成？"他这一说，倒使我们清醒了。反正车丢了，该报案就报案，光急啦、怨啦、恨啦都无济于事。说句心里话，我很佩服张某的承受能力。他至今一家三口仍住在距单位数十公里外的一间 9 平方米的房子里，他的升迁也并不顺利，但却处之泰然，不改初衷，专心致力于自己的课题研究。这次丢车之事，使我感悟出他在"逆境"中也能有滋有味地生活，正是源于他善于留住好心境。

做老实人

"老实人"吃亏，这是当今许多人都为之感慨的事。社会是复杂的，"老实人"吃亏的事，在一些单位有时确实不同程度地存在着。

我有两位做秘书的朋友，从性格、品质方面讲，都属于"老实人"。他们都是学中文的，毕业不久在企业锻炼不到两年，由于勤奋扎实，努力钻研，便脱颖而出，被视为骨干。

后来，其中一位甘当“老实人”，虽然辛苦加清苦，但认准秘书这个岗位，默默地笔耕，在写作上取得不少成果；而另一位朋友走的却是相反的一条路，原因是他不甘“寂寞”，结果，他的心一天不如一天宁静，后来经人帮忙终于改行到某银行做了一名办事员，虽然心理平衡了，可也失去了自己的长处，多年来并未实现自己的理想。

其实，生活中人的秉性各异，内向、不善交际并不能算是缺点，只要有自我的追求，即使吃点亏，还是会被社会承认的，关键是认清自己的角色，走好自己的路。

保养激情

办公室王主任退休后的十余年中，一直以书画为乐，每次书画完毕，都要将笔锋洗净，他说：“重要的是保养笔锋。笔之锋如人之激情，须用心保养，不然，笔则容易成死笔矣！”一番话语意味深长，让我对他肃然起敬。或许这正是他对人生的一大总结吧，所以他每天都热情洋溢，忙其所忙，乐其所乐，我虽不懂书画之奥妙，但我深知激情对于人生的重要。

人之激情，如笔之锋，须用心保养，方能发挥其威力。因为现实生活中，激情很容易被失败的痛楚所挫伤。一个无为之人，也并不是一开始就没有激情，关键是在各种遭遇面前不能保养好激情。很多年轻人以壮志凌云的激情投入到生活中，稍有挫折，情绪便一落千丈，怨天尤人。经过生活的千锤百炼之后，心中仍能充满激情的人，才是生活中的强者。

保养激情，重在“洗心”两字。要以自信、自强的态度去清洗一切挫折坎坷，只有这样，激情才会如山泉一般常流常新。

珍视寻常

办公室秘书老江即将退休，我给他拍了张坐在办公桌前的工作照，他看到照片后，异乎寻常地高兴：“伏案爬格几十年，没照过一张工作照，你给我留下了一个珍贵的纪念。”

品味这件小事，让人不免生出几许感慨。每个人的一生都会留下许多值得纪念的照片，从父母为我们留下的周岁照，离开学校时的毕业照，到现在被十分看重的结婚照……每到一个旅游景点，每逢一次难得的聚会，我们都想到要留下一张照片，可见我们对生活中重要片断的珍视。秘书老江也有好几本影集，然而却没有一张自己办公的照片，这意味着什么呢？也许是我们淡漠了自己寻常的生活，认为它没有诗意，没有美，没有光彩；也许我们习惯了自己的工作和劳动，难以感受到它的可贵意义，乃至失去应有的激情，我们珍惜那些不同寻常的日子，因为“物以稀为贵”，但我们更应该珍视平常的生活，因为它最能体现我们生活的真实、生命的价值，当我们拿起相机的时候，是不是多注重一点习以为常的生活，精心为自己留下一些寻常的照片？

回味批评

记得刚走上秘书岗位时，有好几次被办公室主任批评，其中较为严厉的有两次。当时，自尊心很强的我情绪低落，觉得丢了面子，对领导的批评很不理解，也不服气，一段时间里总是耿耿于怀。后来，在日常处事及工作中，也曾被周围的同志批评过，对于他们的批评，自己常常持抵触态度，心想：还说我呢，你也不比我强多少！

光阴荏苒，不知不觉中自己已过不惑之年，近两年也犯了怀旧的“毛病”。想想过去，看看现在，特别是回味一下那刻骨铭心的批评，再用一个个事实去验证，忽然发现当年对自己的批评绝大部分是正确的，而且深深地感到领导和同志们对自己的批评是善意的、友爱的。倘若自己当初少些自负，少些虚荣，及时服下利于“病”的“苦口良药”，多听些利于“行”的“逆耳忠言”，或许会少走些弯路，少犯些过失，多一些收获，多一些建树。

体悟残酷

也许有人会说，美好的东西不去体味，偏去体味什么“残酷”。

一次，我到陕西蒲城一家纺织企业开信息会，遇到该厂一位笔耕十多年的企业秘书。这位秘书把“残酷”理解为当别人进舞厅、下馆子、搓麻将时，强迫自己博览群书，增长智慧，开拓视野。就是双休日，也要“残酷”待己。这种“残酷”待己，给他带来了丰厚的回报，每年有数十篇文章发表于报刊，被中国纺织报聘为特约记者，被誉为“企业秀才”。

那位秘书不但厂里厂外到处奔波，而且干完本职工作还要走向社会采访，对自己再三“残酷”。其实这种“残酷”是一种精神的升华，是一股催人奋进的牵引力，它使短暂的人生至少也能像流星一样划破夜空，留下瞬间的光亮。

倘若我们不懂得在宝贵的人生年华里“残酷”自己，就会在不知不觉中放纵自己。一旦放纵到松弛无度，自己不能把握人生的分分秒秒，人生年华便付诸东流。那位小县城企业秘书的“残酷”自己，其实是人生的一剂良药，值得我们认真体会。

营造环境

1994 年 3 月，我从所长办公室调入党委办公室。工作了一段时间，一位同事问我对新部门的人有什么感受。这问题很难回答，因为时日尚短，好像和众多的新面孔之间还有些距离感。于是我反问：“你觉得这个部门里的人际关系怎么样?”“唉呀，挺复杂!”我又问另一位同事：“咱们这个部门人际关系复杂吗?”“有什么复杂的? 虽然大家都有自己的工作要忙，彼此之间接触得不很多，但都很和善，都很帮忙。”

这时我有些困惑了，面对同一群体怎么会有如此相反的说法?

后来我渐渐有所感悟，为何对周围环境的评价因人而异呢? 我想大抵出于两方面的原因。一个是内部的，即每个人自己造成的。比如，层层设防的人，往往觉得别人不对自己说真话和知心话；在背后议论、贬损他人的人，常常怀疑别人在议论自己；而宽厚待人的人，总是觉得自己和大家的关系很好。因此，感觉不好的人首先应该自我反省一番，改变一下不良的心态和做法。另一个原因是，在某些地方，人与人之间的关系确实比较紧张、复杂。对此，我们既不应消极躲避，更不能火上浇油，正确的做法是想方设法努力改变这种状况，重新创造一个团结、和谐的环境。这需要有坦荡的胸怀、与人为善的态度、不畏艰难的勇气、灵活务实的方法以及足够的耐心。

【分析与拓展】

1. 谈谈你对作者工作体会的思考和认识，注意观点明确，条理清楚。

2. 请描述你理想的工作状态。

3. 思考回答

(1) 工作兢兢业业，成绩得不到领导认可怎么办？

(2) 为工作付出了大量的心血，荣誉却旁落他人怎么办？

4. 有人说，困境也意味着转机，结合作者的经历，谈谈自己的看法。如何让我们的生活感觉充实呢？你有什么好的建议和做法吗？

5. 一个疲惫不堪的女孩子，回到家倒在床上不想起来，这时男朋友一个电话，她一个鲤鱼打挺蹦起来，兴致昂扬地出去约会了。请问工作中的“累”，其根源在哪里？

案例 4　当秘书的那段日子

我参加革命后，在新闻部门工作。1953 年年初，从基层单位调到省委给一位负责同志做秘书，一干就是 10 多年。给领导干部做秘书，责任是重大的。节假日、星期天，总是干工作。现在回过头来看，那时候的紧张生活，却是一种甜滋滋的享受！

要全面考虑

1954 年春，甘肃山丹县发生强烈地震。中央派出 5 位专家并携 50 多个在校大学生去地震现场查看。省委也临时抽调人员配合考察工作，并指定我所跟的那位领导兼任考察队长，我做秘书，日常行政工作由我具体负责。几十号人马去河西走廊戈壁沙滩工作生活，借帐篷、买炊具、调车辆、备大衣……都要我这个秘书来张罗、安排。奔波了十来天，我满以为干得很不错，刚要松一口气时，领导却把我叫去，声严色厉地训了我一顿：“你放走了一辆小车，剩下的小车只能坐 4 位专家，还有 1 位专家只能上大卡车了，叫谁上呢?!这会使人家误会省委对专家不一视同仁。是政策问题！你太简单了！”

事情是这样的：省委本来计划 5 位专家分乘两部小车前往，而我不知道这个意图，自作主张安排一位专家与大家一起乘卡车，腾出一部小车提早出发打前站走了，目的是办理好大队人马沿途的食宿事宜。领导批评我“太简单了”，就是嫌我没有考虑到事情的另一面，即对高级知识分子要一视同仁，这在新中国成立初期，这是涉及对待知识分子的政策性问题。于是，我当场作了自我批评。谁知这还不行，领导要我再找一部小车，让专家们都坐小车。那时候的甘肃，找一部小车哪有那么容易，折腾了大半天总算解决了，但延迟了出发时间，这又给打前站的同志造成了困难，他们按时准备了饭菜却没有人吃。这件事距今 40 年了，作为经验教训，我却始终牢记。

要从实际出发

我们来到山丹县城时，大寒虽止，但还有余寒。当时的局势是严峻的，房倒屋塌，山崩地裂，周围堆着小山丘似的泥浆，群众食宿相当困难。兼任队长的领导在全力以赴救灾。经专家鉴定，震源在距县城百里远的龙首山山区。专家们坚持要去山里考察，领导决定由我陪同专家进山。龙首山，一无道路，二无人家，都是乱石峥嵘的不毛之地和深窄沟壑，我们只能骑着骆驼去，自己煮饭吃。然而，专家们把它看做宝山。天刚亮，他们就提着铁锤，背起小包，各自进山去找标本了。月亮上来时，才背着一包包石头回来。我对他们的安全很不放心，便同保卫干部商定，不能一个人单独行动，至少要三个人一起。

可是，这项计划遭到专家们的拒绝甚至“抗议”，他们还是各自行动。结果真的出了问题。有天晚上已经10点钟了，一位专家还没有回来，我们立即分路寻找，人是找到了，可是摔伤了。第二天，我向领导报告，坚决要集体行动，却又受到批评：“嗬，是怎么搞的?！专家已经告你没有为他们创造工作条件，你还要限制呢?”我带着委屈情绪强调保卫工作有困难。领导却指示：“再增加保卫人员，给每位专家都配备保卫人员，你光会限制人家活动，这是省事，但影响了工作，妨碍了团结，这就误了大事!”此后，我才从专家们野外工作的实际出发，采取对应措施，终于顺利完成了任务。

要分清主次缓急

领导同志的文件很多，会议也很多，如果安排不好，全部时间用在爬文山、下会海都不够。开始，我将收到的文件叠到一起，全部送领导就算完成任务了。领导同志也就按叠的次序一份一份往下看。结果，中间出了不少笑话。开会时间已过三天了，才看见开会通知；要当天批复的文件，到第三天了，才看见文件，耽误了事情。领导生气，我自己也惭愧。从此以后，文件拆封后，我先仔细看一遍，凡是有时间限制的，就立即送给领导。如领导开会去了，就送到会场。有一次，领导下乡去了，半夜里机要处送来邻省发来的两省边界群众斗殴、伤及人命的甲级电报，因事关重大，我连夜打长途电话报告，领导同志当即电话布置，组织有关部门赶到出事地点，很快制止了纠纷，妥善解决了问题。这样的高效率，得到邻省的好评，我也受到领导的夸奖。对于大批文件，我分急办、缓办、只阅不办三种。有时，同一时间有两个甚至三个会议通知，我按情况主动与开会单位说明困难，并建议调整开会时间或请别的领导参加。这样的协调，缓和了领导同志捉襟见肘的时间状况，也避免了上下级的冲突。

要调查研究

随着秘书工作的开展，文字工作越来越多，为领导同志起草的计划、报告、总结以及讲话稿等接连不断，不仅分量重，而且时间紧。虽然首长总是先交代指导思想、重点内容、基本要求以及文体结构，但当动笔时，往往感到“老虎吃天，无处下手”。记得1955年冬天，领导同志要我为他起草一份面向建筑职工的讲话稿。他说：“讲话要有针对性，你先去建筑工地同大家谈谈、看看，然后再动笔。”当时，正是甘肃工业建设全面铺开的时候，工程技术人员和工人多是来自五湖四海，文化程度、技术水平以及生活习惯差异较大，因而集体共事方面问题就多；工人大部分是刚上岗的农民，技术操作水平较低，因而工程质量问题也很多。经过调查研究，我的思路明确起来，第一手材料也丰富起来。较快地起草了“加强职工团结，提高工程质量”的讲话稿，领导同志满意，职工反映也好。

从此以后，每当我感到无处下手时，就迈开步子，先到群众中调查，然后才动笔。那时候，我经常去兰州炼油厂、兰州化工厂、白银厂了解情况，研究问题。平时脑子里装的东西多，工作起来就比较主动、自如。

【分析与拓展】

1.“现在回过头来看，那时候的紧张生活，却是一种甜滋滋的享受!”你也有这种感

受吗？总结“我”的工作经验。

2. 前不久，县里召开大会，对一批刑事犯罪分子进行集中宣判，参加会议的人数多达25000人，其中80%来自农村，都是普普通通的农民。县委分管政法工作的刘书记在大会上有个讲话，讲话稿由我起草。参照历次宣判大会的讲话材料，我很快拟定了提纲。一谈全县的治安形势，总结成绩、点出问题，号召全县上下充分认识全县治安状况的严峻性，继续努力，共同创造良好的治安环境；二谈对犯罪分子要从重从快打击，不能手软，保持法律的严肃性；三谈加强领导，强化责任，把维护一方平安的责任落实到层层领导头上。

结果刘书记看到稿子后说，这篇稿子的力度到位，政策把握准，也适合一般宣判大会使用，但有一个问题被忽视了，就是针对“听众”的特点不够明显。要知道，参加这次会议的绝大部分是农民。这些农民群众来参加会议，目睹一些为非作歹、触犯法律的犯罪分子受到法律的严惩，意识到这是罪有应得，宣传准、快、狠地打击犯罪分子，保护人民群众的生命安全，维护社会稳定，是应该的。但是，如果能利用这次大会，结合每个犯罪分子的犯罪事实，将其作为反面典型，教育群众学法用法，遵纪守法，做合格的公民，就会收到很好的效果。特别是当前农村各类犯罪中，许多是由于当事人不学法、不懂法造成的，有的是做事鲁莽，因一桩小事动辄大打出手引发的；有的是为亲友收藏赃物的；有的是帮他人买卖婚姻的，等等。通过大会，用朴实的语言、现实的事例教育农民，使更多的农民知道哪些事情是违法的，要负法律责任，不能去做；哪些事情是符合法律的，能够去做，就可以有效地避免和减少犯罪。这样，会议就不仅仅局限于打击犯罪、强化责任抓治安这个层面了，而会在普及法律知识方面起到更广泛的效果。

刘书记的话使你想到了什么？

3. 局领导班子下午开会，主任让周秘书为正副局长每人买个保温杯。这点小事，周秘书足足忙了一个上午，主任很是恼火，狠狠批评了他。下午开会时，主任才发现小周真不容易。班子成员里，正局长的杯最大，第一副局长的杯子稍微小点，以下类推。不细心是发现不了这个秘密的，但这瞒不过也是秘书出身的主任的眼睛。

局里新来的书记和局长关系不太好，凡是需要两人签字的文件，如果局长先签了，书记不高兴，书记先签了，局长也会发火。小周为此很伤脑筋，秘书的工作真不太好干。小周是聪明人，很快他就找到了一个两全其美的方法。每次的文件样本都打印两份，局长、书记各签各的，谁都以为自己是第一个签的，都对小周很满意。

你如何评价小周的做法？

4. 李宗吾先生所著《厚黑大全》内一则小故事读来颇有趣味。故事名曰：“锯箭”。有人中了箭请外科医生治疗，医生将箭杆锯下，即索谢礼。问他为什么不把箭头取出，他说：“那是内科的事，你去寻内科好了。”

李宗吾先生将此列为处事一法，当然是调侃之言，讥讽那些不学无术，又不负责任的庸碌之人。但有人认为锯箭法是秘书保全自己的良策。你认为呢？

5. 某市政府办公室的詹秘书，在接受徐市长交代的紧急任务之后，正急匆匆地往自已办公室走时，在走廊被分管经济工作的杨副市长叫了过去。杨副市长要詹秘书赶紧为他找全有关市场经济的重要资料。詹秘书此时此刻一心只想到完成徐市长布置的任务，对杨副市长说的什么似乎一无所知。杨副市长见他有些走神，又重述了自己的话。如果你是詹秘书，你会怎么做?

案例5　做好秘书工作的辩证法

有一位部队秘书提出了秘书工作的辩证法：a. 要正确处理好办事与参谋的关系；b. 要正确处理好机密性与开放性的关系；c. 要正确处理好被动性与主动性的关系；d. 要正确处理好综合性与专业性的关系；e. 要正确处理好对上负责与对下负责的关系；f. 要正确处理好快速度与高质量的关系；g. 要正确处理好原则性与灵活性的关系；h. 要正确处理好文与武的关系。请你将之与下面案例连连看。

1. 有一位首长带文字秘书下部队搞调查研究，看到一个连队的战士正在进行单杠和双杠训练，便走到跟前停了下来。当他发现有一个战士单杠练习动作做得不够到位时，立即把这个战士叫到身边，指出其动作要领存在的问题。随后，首长指着随从的文字秘书说："小王，你在连队待过，把这个动作规范地给他做一遍。"这位文字秘书抓住单杠后像个秤砣吊在那里，怎么也上不去，战士们哈哈大笑，首长也很尴尬。

2. 某机关有位秘书办一些跑跑颠颠的事还可以，领导交办之后也比较放心。但有一个缺点就是不善于着眼全局为领导出谋划策，当好参谋。有些事领导征求他的意见时，他既说不出个所以然来，也提不出合理化建议。有一次，机关空缺一个秘书处副处长的位置，常委在研究接替人选时，有人提到了这位秘书，但多数常委认为这位秘书属于那种办具体事的人，敢参善谋的能力比较弱，当副处长恐怕胜任不了，这位秘书就这样失去了提升的机会。

3. 有一位秘书，保密观念非常强，到机关负责文件管理以来，从未发生过失泄密问题，这一点深受领导和机关的好评。但这位秘书不善于协调各方面的关系，领导交办的一些事项总是丢三落四，完成不圆满。有一次，局里让他协调地方领导到部队参加军民联欢，在安排座位时，他没有弄清楚哪一位是地方主要领导，把另一位地方领导排在了主要领导的座位上。节目演出开始后，部队领导才发现这个问题，但已经晚了。晚会结束后，部队领导还专门为此事向那位地方主要领导作了反复解释，这位秘书受到严肃批评。

4. 某机关从所属院校政治部宣传处挑选了一名副处长担任秘书工作，准备试用半年后正式调入。这位副处长到机关报到后，秘书局长先后给他布置了三项任务：一个是写一份局里党员先进性教育活动总结和整改措施；另一个是写一个部领导在财务工作会议上的讲话；还有一个是以他为主完成一次大型会议的会务工作。结果这位副处长哪项任务都没有高质量地完成好，自己提出胜任不了秘书工作，要求回到原单位。秘书局长问他为什么胜任不了秘书工作，这位副处长说："秘书工作综合性太强了，我只做过宣传工作，素质太单一了，自己的差距太大。"

5. 有一位秘书，平时工作主动性不够强，领导交代什么就做什么，有些细节不交代

就不主动去做。一次，他负责协调一个会议，领导提前交代的几个环节的工作都做了，只有会前预备一份首长讲话稿的事没有交代给他，而这位秘书也没有主动想一想有无遗漏的细节，结果发生了首长带错讲话稿的事。会议开始后，首长刚念了两句，坐在旁边主持会议的一位领导听出不对劲，赶紧把自己带的一份讲话稿放在了首长面前，并轻声说："稿拿错了。"首长急中生智，立即改口重新圆了圆刚才念的两句话，才勉勉强强绕了回来。真是好悬啊，幸亏主持会议的那位领导带了一份讲话稿，及时更换，否则造成的影响可想而知。

6. 一次，某部一位秘书根据领导指示到部队搞调查研究，征求基层单位对领导机关的意见和建议，以便更好地改进工作。这位秘书通过问卷调查、召开座谈会、个别交谈等形式，收集到有关改进机关工作作风、提高服务质量、帮助解决基层困难等 20 多条意见、建议。然而这位秘书在上交的调查报告中，好的方面说了很多，意见和建议只轻描淡写说了几句，根本没有把大多数基层单位提出的问题反映到领导机关。事后领导发现这个问题，问他为什么隐瞒基层单位提的意见和建议，这位秘书支支吾吾地说："我怕问题写多了，领导没面子，给机关带来不好解决的棘手问题。"领导听后大怒："让你下去干什么去了？这次调查研究的目的是什么？你这是对领导负责吗？你这是害领导、害机关！是在帮倒忙！"

7. 有一天上午 9 时，某机关负责承办文电传阅的秘书收到上级一份关于做好安全稳定工作的特急电报，要求立即传达到所属部队团以上领导干部，并迅速采取有效措施，防止发生影响安全稳定的问题。一般情况下，这份电报按程序应该先呈送一号首长，但这位秘书找了两个小时也没有找到一号首长。他结果就把电报压了下来，准备午休后再继续联系一号首长。他根本没有想到情况紧急，一号首长不在可以先给二号首长传阅，以免误事。上午 11 时 20 分，上级一位首长给这个部队的二号首长打电话询问特急电报的传达情况，二号首长摸不着头脑地说："不知道啊，我没有看到这份电报。"上级首长说："你们贯彻上级指示太慢了，要作出检查。"二号首长放下电话后立即找到管文件的秘书，很生气地问他："为什么这份电报不向我报告？"这位秘书不知怎么回答才好，事后他受到一个行政警告处分。

8. 某机关接到通知，上级首长后天要到该部队检查工作。由于时间紧，在给领导准备汇报稿时，负责汇报稿起草工作的秘书，为了省事把前年一个汇报稿的有关数字搬了过来。上级首长在听汇报时，突然打断说："你们的基层单位没有这么多吧？我原来工作的那个部队跟你们的编制是一样的，怎么基层单位多了几个呢？你们再核对一下。"会后，经过认真核对，果然基层单位的数字多了 4 个。原因是搬过来的那个数字是在部队精简调整之前，去年该部队精简掉 4 个基层单位。一个部队的领导，连所属基层单位有多少个都搞不清楚，这会给上级领导机关一个什么样的印象？

【分析与拓展】

1. 针对案例谈谈你的看法。

2. 有人认为做好秘书工作必须处理好以下辩证关系：大与小的辩证、上与下的辩证、苦与乐的辩证、方与圆的辩证、主与辅的辩证。你认为呢？

3. 这天上班不久，市工商银行的李行长打电话给张总，张总正在市里汇报工作，作为张总的秘书，知道他们是研究生班的同学，因为一时联系不上张总，李行长对秘书说："我们导师的夫人昨晚去世了，我想约张总一起去看老师，你们老板回来后，请你马上告诉他，让他给我一个回话，另外，看老师的时候，多少得送点钱，表示一下心意，我俩最好送一样多，所以你问问你们老板，看他打算送多少。"张总回来后，秘书将李行长的想法跟他一说，张总反问秘书："你说送多少合适？明天还要带些什么东西？"秘书一脸茫然。

结合以下案例，谈谈自己的看法。

4. 某公司总经理因一时误解，写信把某老板臭骂一通，说对方是骗子，后来才知道是错怪了人家，便要亲自打电话去道歉。秘书告诉总经理："那封您叫我立刻发出去的信我根本没有寄。我猜到您会后悔，所以给压下来了。"如释重负的总经理停了半晌又起惊疑："压下来了？""对！您没有想到吧？""那么最近发往别处的那几封信，你也压下了？""没有，我知道什么该压，什么该发。""你做主还是我做主？""我做错了吗？""你做错了！"

请解析为什么秘书错了。

5. 结合以下案例，谈谈你的认识。

有一位秘书陪新来的县长到企业调研，县长在调研前已经通过有关渠道对这家企业的生产经营情况进行了全面了解，也准备讲一点自己的看法。到达企业后，这位秘书自以为对企业情况非常了解，就抢先发言，而且居高临下、滔滔不绝，对企业的生产经营评头论足，提出了这样那样的要求。半天下来，县长几乎一言未发，非常尴尬。不久，这位秘书就被调离了工作岗位。

有一次，秘书小张陪同领导到一个乡检查防汛工作，检查结束后领导到乡党委书记办公室，这个党委书记正好有一些不便于在公开场合汇报的情况想向上级领导汇报。小张在外面左等右等不见领导出来，就敲门进了乡党委书记的办公室而且坐下不走，领导与乡党委书记的谈话因为小张在场被迫终止。

案例6　秘书的一天

苏珊写这篇描述她一天工作的记录时，她担任该公司营业部经理麦克先生及广告部经理惠特先生两人的执行秘书已有一年半的时间。她已接到通知，将升任麦克经理的行政助理，并且当她训练杜娜小姐担任惠特经理的秘书而能独立作业时，即行生效。

(办公时间从 9：00～17：00，中间有 1 小时午餐时间，两次咖啡小憩各 15 分钟)。

8：30 抵达办公室。整理仪容，检查办公用品与文具。整理惠特经理办公室及检查麦克经理办公室。

8：55 整理信件，留下必须由自己直接作答的，其余信稿放入签名卷夹中，置于惠特

经理案头。信件宜如此慎重处理，以免他人窥视。

9：15 惠特经理到达办公室，请我到他办公室作大约 5 分钟的口授笔记。向惠特经理报到，听写时，两度因电话中断，然后继续笔记。

分捡出必须由惠特经理过目的航空信件。无特别紧急待复函件，则摘记几项待办事项，待第二次邮件到来再处理。

10：10 需要前往征信所，核对 B 先生的账目。请杜娜小姐届时代替我的工作，并告诉惠特经理我要到征信所去。征信所事忙，无法立刻查对，但是可以中午以前电话通知我。

10：20 回到办公室，记下征信所中午前会来电话，否则，我应打电话去询问。

10：15 杜娜小姐从出纳室携带现金，回到办公室，先在我面前点清，当她将现金交给惠特经理时也将当面点清。这一点很重要，一旦清点无误，以后再有差错就可以提出证明。

10：40 秘书中心来电话说，他们为惠特经理制作的推销业务会议议程表，因为事忙，无法按时在今天完成。我请他们无论如何明天一定要做完（我通常比实际需要时间提前几天，以防时间来不及，但我并没有告诉他们）。

11：10 我在办公室时，惠特经理接听一通私人电话，我进行回避。

与 B 先生通电话，他似乎很满意，我将经过记下准备告知麦克经理。当我的上司不在办公室期间，我皆将所有重要电话及访客谈话摘要记录，函件也做札记。

惠特经理提早离开办公室去进午餐。当他经过我的办公室时，交给我一份简短的备忘录，说是回到办公室时再由他签名。我的办公桌始终准备好一本笔记簿，翻在空白的一页，以备不时之需。将备忘录立即誊写，并置于惠特经理办公室的签字卷夹内。

12：15 正准备在办公室进食三明治时，接待员通知一位客户要见麦克经理。假如麦克经理此时在办公室，照例会留访客共进午餐。我决定请客人到我们的餐厅用餐，请访客在访客名簿上签名。

惠特经理要我替他的太太办一些私事，我问他假如我请杜娜小姐替我去，他是否介意？他表示不介意。

打电话给秘书中心，询问是否可以派人协助我打字，答案是无人可派。继续与营业部两位领班（麦克经理也是他们的上司）联系，询问是否可派来两位打字员，一位说很难帮忙，另一位说 15：30 之后可能派出两位打字小姐。一切准备妥当，在向她们指示之前，首先向两位打字小姐说明所有的资料必须在今晚付邮。如果她们中任何一位必须 17：00 离开，可以现在就告诉我，以便找人代替。两人都说可以留下。

16：15 接到通知有两位客人来拜访麦克经理，尽管心里不欢迎这种打扰，但是必须去见他们。正准备去接待他们时，两位借调来的打字员中有一位告诉我，她不习惯在这种紧迫情形下赶工，要求免除这项工作。我设法安慰她，告诉她尽可能地做，而不要一心想到它是一件紧迫的工作。我要她坐在我的办公桌旁边，一方面电话告诉接待员，我稍迟几分钟便到，并请她打电话给营业部的一位领班暂时接待一下来访的客人。另一方面重新安慰打字员，告诉她我了解她的感受，并请她安心工作，不要在心理上受到干扰。假如在她必须离开时没能做完，我也并不怪她，于是这位打字员继续工作。我则前往接待室，那位领班正在与一位访客交谈，而我一边交谈一边将他们的来意记录下来，以便转告麦克经理。

16：40 电话铃响，是惠特经理从机场打来的。他忘了一件必须携带的重要包裹，幸好离他起飞还有一段时间，我希望能赶得及送给他。立即打电话到西联信差服务处，告诉他们时间急迫，他们答应在 17：00 之前派人来办公室。我将包裹交给接待员，并且告诉她西联公司即将派人来取。

16：45 一位打字员已完成她的任务，我们一起校对后，我问她能否接替杜娜小姐未完的工作。而由杜娜小姐将 14：00 的会议记录用复写纸打字誊清，因为这是密件不能使用打字员。两位打字员都已完成打字，我们一起检查一遍，她们在 17：25 离开办公室。对于她们的全力帮忙面致谢意，并记下明天早晨第一件事是向她们的主管致谢。

尽管时间已晚，我仍然把许多“应办事项”记在行事历上。

苏珊为我们讲述这个典型的星期四活动日程时，同时说：“不要以为我每天都加班工作，我并不是每天如此。只是在绝对必要时才这样做，我认为我必须时时有所准备，去迎接这种情况的发生。”

我们问她：“苏珊，你能不能举出两项使你得以从容不迫地忙过这个‘典型’的一天的秘诀？”

她略一沉思，回答说：“我想第一是我能专心致志，心无旁骛，其次便是自动自发的精神，不管我的雇主是不是催促我，我总是按部就班地做好我该做的工作。”

【分析与拓展】

1. 了解了这位秘书一天的工作情况，你有什么感受？

2. 苏珊在工作中有哪些值得我们学习的工作经验？请总结。

3. 苏珊说，她做好工作的原因第一是专心致志，心无旁骛，其次是自动自发的精神，你如何理解？

4. 在一个中等城市，一个保姆一个月的工资可能在 2000 元左右，而一个从事文秘工作的刚毕业的大学生一个月可能只能拿到 1500 元，但我们却宁愿选择后者，为什么？

5. 有一名老秘书，多年以来总保持着一种习惯，每当离开办公室时，坚持做到四关、两锁、两拉、两看、一想、一推。“四关”即关窗、关灯、关电扇（或空调）及关门。“两锁”即锁好文件橱、锁好抽屉。“两拉”即拉拉文件橱、拉拉抽屉，确认是否锁上。“两看”即看看桌面上有无秘密文件，看看烟灰缸内有无未熄灭的烟蒂。“一想”即指在将要离开办公室时，再想想当天的公务是否全部办理完毕，有无错漏或不足。“一推”即在锁上门以后，再推一下，看是否锁好。你如何看待？

案例 7　一位合资企业秘书的工作感想

宽敞明亮的工作室，整洁优雅的环境，一台计算机，一张工作台，是大多数合资企业秘书工作的天地。一封封传递世界的传真，一份份跨国的合同从这里发出。这里没有校园里诗一般的梦想，没有闲情淡雅的空闲，只有严谨的工作态度，高效的工作节奏，短短三年的秘书工作，给予了我很多的感受。

作为合资企业的秘书，工作必须始终保持高效运转。就从最为常用的计算机操作来说，需要有过硬的操作技巧和速度，既快又准确地完成工作，使上级领导迅速地拿到所需的材料。再说文件的管理，平时就必须很有条理，急需时即可找到。记得在我担任秘书工作不久，总经理急需一份介绍公司工程材料的原件。我曾经看到过这份原件，可就是忘记归入哪一文档中了。整整找了一个上午，翻遍了所有的文件，还是没找到。最后，从工程部找出了一份复印件，才解了我的围，这件事使我深深地体会到文档管理的重要性，并认识到做好文件的管理也是一种工作效率的体现。

合资企业秘书工作的高效性还体现在其本身的职能。合资企业秘书的工作就如企业的一个小型办公室，收发、打印、归档、接待、安排来客以及电话记录都得一个人完成。当你在打印一份急用的文件时，来了一大批客人，你就不得不停下手中事项，先接待客人，然后再加快速度进行打印；当你正忙着起草一份会议通知或日程安排时，电话不断，你就必须一个一个地接听，而且要热情。一个人往往同时干着几件事，没有高效的工作能力是不能胜任的，而高效的工作能力则来自扎实的基本功。

各个国家、各个民族有着其特有的国情，文化观念、思维方法、民族风俗以及社会公德，都与中国文化存在着明显的差异。对于每天都要与外宾进行交流、经常接待各国来宾的秘书来说，了解中外文化的差异，尊重外宾的风俗是十分重要的。这对秘书工作的顺利进行和出色完成会带来极大的益处。相反，则会引起不必要的误解。有这样一件事，一次，一位秘书为来访者办签证，因为对方马上就要外出旅游，想尽快拿到中方的邀请书。当外方总经理把事情的原委告诉秘书时，秘书答应立刻办好。按照正常手续一般需 5 天左右，外方认为既然秘书答应立刻办好，那就是没问题了。这样，对方便不断地用传真催，弄得外方总经理十分不满。这就是因国情、处理方法的不同而带来的矛盾。

还有一次，在圣诞节，公司里中外同事互赠贺卡，有一位同事为外方总工程师画了一幅幽默的肖像漫画，同事们都感觉画得很像。总工的秘书一时兴起把这幅漫画传真给了他的妻子。当总工程师知道后，相当生气。从这里我们可以看到秘书应该多学习一些外国文化，多了解一些世界各国的礼仪，有助于工作的顺利进行。

合资企业的中方和外方应该相互尊重、相互合作、精诚团结。作为秘书，无论是中方的代表，还是外方的代表，都有责任促使双方友好合作、坦诚相处。秘书在中间虽然不是起着决定性作用，但是，外方要了解中方的意图，往往是通过秘书做翻译来沟通的，秘书如何正确而又恰当地表述，如何掌握该说的和不该说的，对于双方的沟通和协调有着非常重要的作用。有这样一件事，在一次宴会上，我担任翻译。席间一位中方人员在谈论某一部门办事无效率、拖拉状况严重时，说了些不利于外方正确了解该部门的话。我就以客观态度向外方介绍该部门的情况，从而减少了外方的顾虑。还有一次，一位外籍技术员为一位中方人员解决了一个大难题，外方人员说这可能值一个很大的价钱。那位中方人员听了吃了一惊，不解地对我说，他要我们给予支付，是否是要我们送些什么？我听了立即说："不，他是一个幽默的玩笑。"我对那位外籍技术员说："We can pay as soon as you give the price。"（只要你开价，我们马上支付。）于是，大家都笑了。可见，要起好沟通、协调的作用，不仅在专业业务方面要提高，而且还要加强自身素质的修养，以国家利益为重，以保持中华民族的优良气节为己任，积极地为中外双方平等互利、友好合作尽一份力。

【分析与拓展】

1. 该案例告诉我们一名合格的秘书需要具有哪些基本功和文化素养？

2. 对于中外文化的差异，你都了解些什么？

3. 3 年的秘书生涯，我有很多"之最"。最难堪的事，在第一天上班就把顶头上司的名字打错了；最高兴的事，2000 年的"九·八"国际贸易会，由于业绩不错月底我的奖金创历史新高；最尴尬的事，连总经理都在办公室等我打的一份重要文件，偏偏打印色带用完了，更要命的是我竟然没有备用色带；最得意的事，最近公司要从部门提拔行政助理，几个部门经理异口同声说就一部夏雪吧！那女孩子不错。除了这些大大小小的故事，我最深刻的就是做秘书工作一定要兢兢业业，不可有丝毫偷懒，否则你的工作就会一路红灯。

结合案例，谈谈你的感受。

4. 我国曾有家制鞋厂，产品出口到中东的伊斯兰国家。因为不熟悉该国禁忌，生产的鞋子底板的花纹无意中与阿拉伯文"真主"字样相同。由于真主在伊斯兰国家具有至高无上的地位，将"真主"印在鞋底被人践踏，无疑是对伊斯兰消费者的莫大侮辱。于是，产品销售地区的伊斯兰教民骚动起来，纷纷抗议。不用说，那家制鞋厂也因此失去了该国市场。

龙形图案是炎黄子孙十分欣赏的图案，某地毯厂便以龙形图案的地毯出口旅美侨界。谁知这种地毯销路意外地不好，购者寥寥。后经多方了解，才知道旅美华侨虽然喜欢龙形图案，但他们还把龙分为吉龙和凶龙两种。四爪龙是凶龙，五爪龙才是吉龙。而那家地毯厂出口到美国的地毯，图案正是四爪凶龙，触犯了旅美华人的禁忌，销路自然不畅。

结合案例，对你有什么感触？

案例 8　秘书工作中的小事不可"小视"

2000 年 10 月至 2001 年 8 月，我在市委办公室秘书科负责值班工作，当时的主要任务是做电话记录、下发会议通知、接待来人来访等。事情虽然不是多么纷繁复杂，但由于当时我考虑问题不深入、不细致，作风不够扎实，有几件事情没有处理好，给了我深刻教训，现在回想起来还记忆犹新。

一、文字工作要精益求精，切不可敷衍了事

一天，领导交给我一项任务，让我做一个贯彻省有关会议精神的情况汇报。我想，这不过是走走形式而已，便没加任何思考，草草写了一份汇报。领导看完汇报材料后指出，这个汇报材料完全是虚话、套话，一点也看不出我们是如何抓好工作落实的，这种敷衍了事、被动应付的作风要彻底改正。第二天，我怀着忐忑不安的心情将重新整理的稿子交给了领导，这次领导只是对几个错别字和使用不当的标点符号作了修改。

看到领导在材料上签署了“同意上报”四个字，我心里一块石头总算落了地。虽然领导没有再说什么，但通过这件事我明白了什么是“敷衍了事”，这使我对做好办公室工作有了更深刻的认识。

二、值班工作要多思考，力求细致圆满

一天，我在值班时接到一个兄弟市市委办公室打来的电话，说该市的一位办公室主任将带领有关人员于某日来我市学习公文运转方面的经验，请接洽并给予帮助。我未加思考便根据电话记录起草了一份通知送领导阅示，领导看完后对我说：“这个通知不完整，等向对方问清楚具体情况再拿过来。”我当时一头雾水，记录肯定是清楚的，能漏下什么内容呢？这时有位同事过来对我说：“有几个事你没有问明白，如对方带队领导的职务、姓名，他们一行共几人（男同志、女同志各几位），乘什么交通工具来，具体什么时间到，在衡水停留多长时间。”

一个小小的通知竟有这么多事项需要我去落实，这些都是我当初没有想到的，经同事点拨后，领导让我重新整理通知的谜团才解开了。我随即和对方进行了联系，在详细了解情况后重新整理了一份通知，领导阅后随即进行了安排，并语重心长地对我说：“办公室工作无小事，要多想，往细里想，轻视不得，一个小小的疏忽就会给我们的工作造成被动。”

三、办事不但要遵循程序，还要讲究策略

某日，省里一位知名企业家来到市委，要求面见市委书记。我按照规定进行了登记，并让其到接待室等候。在登记过程中谈话得知，对方和市委书记非常熟悉，又是多年的老朋友，他要求我们尽快和书记取得联系。可当时领导正在办公室听取一个工作汇报，将近下班时间了会议还没结束，对方有点着急，要求在下班之前能和领导见面。禁不住对方多次请求，我直接给书记打了电话，结果当然是干扰了领导的正常办公，影响了领导研究问题。事后仔细分析，如果我当时按照程序办事，及时与领导的秘书联系，由秘书安排合适的时间会见或给来访者讲清楚按规定确实不能直接给领导打电话，效果就会大不一样。

【分析与拓展】

1. 有社会学家专门研究发现一个人欲成大事，必须体验三种角色，一是军人，因为军人有强烈的纪律观念和效率意识；二是秘书，因为秘书最大的特点是“配角”和服务；三是产业工人，因为流水线作业要求每个产业工人具备强烈的配合意识。你如何看待？

2. 某知名外企的人力资源部总监认为职场上要特别注意细节，以下三个问题你不要随便乱问，在别人问你的时候你要谨慎回答。问题一，你是哪里人？问题二，你的先生做什么工作？问题三，你这件衣服在哪里买的？这种告诫有道理吗？为什么？

3. 乔治·华盛顿是美国的第一任总统，他有一个年轻的秘书。一天早晨，这位秘书来迟了，他发现华盛顿正在等候着，感到很内疚，便说他的表出了毛病。华盛顿平静地回答：“恐怕你得换一只表，否则我就要换一位秘书了。”请结合案例进行分析。

4. 有一位秘书自称有“百宝箱”：剪刀、针和线、别针、药片、口香糖、香烟、口红、与上司所用手机同一型号的电池与充电器、紧急电话号码本、上司家庭成员生日表、照片集。你认为这些东西有用吗？你还有补充吗？

5. 江苏省某县委书记要求秘书背数字，他认为背记数字，也是工作需要，也是当好秘书的一项基本功，同时，也有利于秘书人员自身的学习和提高。你认为他的要求对吗？为什么？

任务二　领导要求

【任务目标】

通过阅读、思考领导对秘书人员的指导和要求，把握秘书在工作中所需要的素养要求和能力要求。

【参考学时】

3学时。

【任务内容】

案例1　周总理对秘书的要求

20世纪50年代，我有幸在周恩来总理身边从事秘书工作，他的言传身教使我终生难忘。周总理要求秘书养成严肃认真的工作态度，具体要求如下。

第一是准确。总理常说，现在是搞现代化，我们要统计，不要估计。不许秘书反映情况时说什么“我想大概是”，要说确切。总理问到什么情况，如果我们答不上来，就要老老实实说不知道，并且马上去查。这样，总理虽不满意，但不责备；如果回答“也许”、“大概”之类模棱两可的话，就要挨批评。有一次总理问：“澳门有多大？”负责这项工作的同志冒出一句：“大概十几万平方公里吧。”总理生气地问：“浙江有多大？”这位同志不好意思地低下头，赶忙去查找。

第二是及时。总理要求有紧急情况必须立即向他报告，不论他在做什么，即使他在睡觉或接见外宾，也可以写条子给他，他总是马上就看，必要时当场批示。总理要求我们在处理日常的大量文件时，要紧密结合当时的形势和政策来考虑轻重缓急，确定何时送总理审阅才算及时。例如，有一份关于边界问题的急电我是白天收到的，当晚送总理审阅，就挨了批评，总理说："这样紧急的电报应该收到后马上送我看。"我答："电报来时总理在休息。"他不满地问："是革命工作重要，还是休息重要?"总理要求我们"以后收到一些重要的材料，你们知道重要，不能只放在我的桌上就行了，就是追着屁股也要立即送到我手中"。之后，人们经常可以发现我们这些秘书人员像奔命似的骑着自行车在中南海里跑，为的是及时把一些重要的材料送到总理或有关领导同志的手中。

第三是扼要。总理要求秘书汇报情况，要先下工夫弄清事情的来龙去脉，掌握主要情节，尽可能找出问题的实质和解决问题的关键。还要分清哪些该让他知道的，哪些属于他不必知道的。汇报要有事实，有看法，有骨有肉，突出重点，简明扼要。

有一位秘书杨纯初来总理办公室时，为了保证写出的"每日汇报"既简明扼要，又有骨有肉，一个汇报条，她写了改，改了写，反复写了 12 遍。"那时候可真是困难啊！真伤脑筋……开了那么长时间的会，要把内容溶进千把字以内，哪是重要的，要留下，哪是该扔的，我就把握不住，觉得都重要，所以，总也压不下去……改到 12 遍了，才送给周总理看。""向总理汇报越简单越好，啰啰唆唆就不行，请示什么内容，请他点头什么事情，都要事先想好……你还没准备好，就来，耽误了总理的时间，问题也没有解决，多不好，我们这些秘书都挺自觉的，找总理批文件一定要准备好再来"。

第四是汇报。总理交办一件事，要求我们办完了，须马上向他汇报。不然的话，总理老挂念着，放心不下。只有及时告诉他此事已办妥无误，他才放心。

第五是建议。总理要求秘书多动脑筋，多想问题，鼓励我们提出看法和建议。他在审批文件时，遇到什么问题，有时就和秘书们讨论起来。他常说："你们可以大胆提政策性、原则性的意见，努力帮我出主意。"他甚至说："你们应努力多思考，发现问题，帮我把关。"我们提的建议，只要有一点点可取，他就采纳，事后他还有意提起这是某某提的建议，以示表扬，并说，不能掠人之美嘛。

秘书人员去各部委开会时，总理常说："你是代表我去听会的，不是你个人去听，因此你就得记住要从我的角度去考虑会上有什么问题应该注意。"所以，秘书人员外出开会或阅读各地各部门的材料时，都会站在总理的角度了解情况，并将处理意见送总理批阅。

第六是保密。总理要求我们每个在总理办公室工作的同志，都要养成守口如瓶的保密习惯，知道的事情，不能对外说的，绝对不能说，包括对自己的爱人。

一位秘书在回忆中说，她刚到总理那里，总理亲自找她谈话，讲了许多需要注意的问题："记得总理说，到我这里来，在我这个办公室，你什么都可以说，但是你出去了可是不行，出去你就要守口如瓶，你不能随便讲活，因为你是总理办公室的人。""因此，我出门参加会议、时刻牢记'守口如瓶'。可是你也不能总板着个脸，像吓唬人一样，多不好，就只好笑笑，所以，别人都说，怎么总理办公室的人不会说话，就会笑笑呢?"对此，韦明（曾任周恩来总理的文教秘书）也深有同感，他说："我那时去参加文化部、中宣部等部门的部长会、党组会时，常常要我发言，讲点意见，我从来不讲。会后，有的部长就邀我到他的办公室，说：'来来，讲点你个人意见做个参考吧！'我仍是不讲，因为你讲了话，哪怕你声明是一己之见，人家也有可能会理解为总理的意图。"

第七是学习。总理经常强调学习历史，特别是中国历史。他每次到地方视察工作，总要阅读当地的《地方志》，了解当地的历史情况。他还要求秘书学历史，当发现一些秘书历史知识太少时，常感慨地说："青年一代怎能不懂历史呢？"有一位同志准备一个国际会议的材料，对各个方面的情况都进行了调查，认为准备得很充分了。汇报时总理问起前一次会议的情况，她就答不上来了。总理严肃地提出了批评："研究问题，怎么能割断历史呢？"

第八是经受委屈。正确对待委屈是秘书人员必备的修养。秘书人员必须树立甘受委屈的精神，正确理解批评，对一些误解和怪罪不要斤斤计较，不能因小失大，影响领导的威信。新中国成立初期，在一次周末舞会上，总理看到一位干部舞风很不文明，气得脸色涨红，但不便当场批评，就对秘书发起了火，而且声音很大，随后从卫士手中拽过大衣，板着面孔登车而去。秘书们没见过总理发这么大的火，有点丈二和尚摸不着头脑，又不敢问，只好把委屈往肚里咽。事后总理作了解释，秘书才如释重负。

【分析与拓展】

1. 请总结这位国家领导人对秘书有哪些要求？

2. 你的职业偶像是谁？请你谈谈他。

3. 20 世纪 30 年代初，周恩来在党内的名望比毛泽东高，但在长期的革命斗争中，周恩来认识到毛泽东的才干。从 1935 年遵义会议开始，由于周恩来强有力的帮助，加上革命同志的努力，毛泽东的领导地位奠定了。周恩来尊重毛泽东，在生活上像朋友一样关怀毛泽东。毛泽东外出下榻的地方，周恩来常去检查一番，试试沙发的高低，台灯的明暗；在历次大型会议上，周恩来总是按照毛泽东的习惯检查讲台，看看导线会不会影响毛泽东的脚步，话筒多高最适合毛泽东的习惯等。正是因为周恩来的行为，毛泽东对他十分信任，甚至在毛泽东晚年，"四人帮"设置陷阱，制造谎言，在毛泽东面前称周恩来迫不及待要取而代之时，毛泽东对此不屑一顾，而只认为江青自己才有这种心态。毛泽东对周恩来的信任源于周恩来一贯的表现，四十多年来，从来就把自己看成配角，时时刻刻注意不功高盖主，也正因为此，才得到毛泽东的一生重用和信赖。

结合实例，谈谈你的感受。

4. 1910 年，美军部队在一次传递命令时，出现过这种情况：

营长对值班军官说："明晚 8 点钟左右，在这一地带将看到哈雷彗星，这种哈雷彗星每隔 76 年才能看见一次。命令所有士兵穿上野战服在操场集合，我将向他们解释这一罕见的现象。如果下雨的话，就在礼堂里集合，我将为他们放映一部有关彗星的影片。"

值班军官对连长说："根据营长的命令，明晚 8 点，哈雷彗星将在操场上空出现。如

果下雨的话，就让士兵们穿上野战服前往礼堂，这个 76 年才会出现的罕见现象将在那里出现。”

连长对排长说：“根据营长的命令，明晚 8 点，非凡的哈雷彗星将身穿野战服在礼堂中出现。如果下雨的话，营长将下达另一个命令，这种命令每隔 76 年才会出现一次。”

排长队班长说：“明晚 8 点，营长将带着哈雷彗星在礼堂里出现，这是每隔 76 年才会有的事。如果下雨的话，营长将命令哈雷彗星穿上野战服到操场上去。”

班长对士兵说：“在明晚 8 点钟下雨的时候，著名的 76 岁的哈雷将军将在营长的陪同下身穿野战服开着那辆彗星牌汽车经过操场前往礼堂。”

你有何感想?”

案例 2　国企老总聊秘书

据说国外的秘书是个极其重要的职位，有权安排老板的日程，知晓公司的内部秘密，联络各部门的工作，所出言行没有十分威信也有九分分量，因此人人都可以理直气壮地宣称‘我是 secretary’。”这似乎与国人所领会的秘书职业有一定的距离。究竟秘书在我国企业尤其是国有企业中是怎样一种状况？我走进了上海城开（集团）有限公司，与该集团总经理、上海房地产业界少帅倪建达作一席谈。果然，受益匪浅！

1. “秘书工作对于企业提高效率来说是非常重要的一个方面。它不是一种显性的、可以量化的工作，涉及的是定性的管理问题。”

我首先问到城开的秘书工作状况。据倪总介绍，公司内部尚没有一个完备的秘书工作体系，眼下正着手建立。“这种状况实际上是企业的一个严重隐患”，倪总对此深信不疑。公司 75%以上的员工具有大学以上学历，受教育程度非常高，但是局限于专业技术人员的范畴。凭借十几年的管理经验和丰富的 MBA 专业知识，倪总看出了这种没有分类、缺少层次的人才结构模式的严重缺陷，“实际上导致了很多过程的低效率。道理很简单，比如，某个项目的论证，谁都是以专家的身份出现，很少有人认真地对大家的意见作记录、整理、归纳，很少形成书面的内容，更没有规范有序的文书运作制度。大家都感觉这样很好，低成本、高效率，何乐而不为？殊不知，即便这类最基础的秘书工作，也是企业运作链中必不可少的节点。事实上，因秘书工作薄弱而引发的弊端已有显露：“由于一个人员的调动，会导致很多项目的终止”，这个损失远远超出了所谓的“打字复印”之类的“高成本”，而且“这种损失是隐性的，在正常的工作过程中看不出来”，等意识到了常常为时已晚，“如果有秘书把各项工作形成文字，留下痕迹，那么不管谁流动，这项工作始终不会中断，就不可能造成任何损失”，“现在我们正在下属公司、办公室以下的各个部门逐步建立起一套文员制度”，这正是“亡羊补牢”之举。

但是目前倪总还没有专职的总经理秘书，相当一部分的行政事务和日常管理工作由办公室完成，比如，为集团实施阶段性战略目标提供决策论证方面的咨询材料和服务；为阶段性目标的实施提供组织体系上的保证；检查落实效果并及时反馈，确保决策的实施有序而且可控，这其中涉及的文字处理、文书制作、资料收集、信息反馈等工作，实际上就是秘书的职能。“秘书工作对于企业提高效率来说是非常重要的一个方面，它不是一种显性的、可以量化的工作，涉及的是定性的管理问题。”远见卓识的倪总曾如是说。

2.“用秘书也有烦恼和困惑，所以，现在我又没有专职的总经理秘书了。”

——令我不解的是，像城开这样一个大型企业集团，怎么会没有专职的总经理秘书呢？

——应该说我曾经有过一个秘书，工作非常努力，也很有灵气，但是与公司的运作现状尚有距离，对国有企业的理解和认同程度也有待进一步提高。他自己也意识到了这一点，合同满一年后就自动辞职了。所以，现在我又没有专职的总经理秘书了。

——您对他的评价如何？

——小伙子很聪明，个性比较强，但受不了委屈；做事有冲劲，但有的地方过了。我觉得秘书应该是我的眼睛、耳朵，是传声筒，但绝对不能是我的嘴巴。有时他会自作主张替我说话“倪总会这样想……”“倪总会这样讲……”下面就会有反弹。这对他的个人成长也不利。

——也许是年纪轻的关系吧，过于强调自我，个性方面欠成熟，是否不太适合做秘书？

——年轻秘书可能经验不足，与年龄偏大的员工在工作协调上也可能发生一些问题，但是我从感情上更倾向于年轻人，因为可以形成一个比较良好的新鲜而有活力的群体，我们之间的沟通也比较容易些，不会有太多障碍。其实我与前任秘书的个人感情还是不错的。

——您觉得领导与秘书之间的个人感情对工作的开展有什么利弊？

——这要看到什么程度，比较理想的状态是秘书对领导充分熟悉和信任。如果秘书的缺点领导看不到，领导的失误秘书也不去补位，甚至觉得领导的意见就是我的意见，我的意见领导也总会支持，那就会出问题。

——那么如果秘书提出了相反的意见，您会怎么样？

——一般不会对我有太大的影响。我的个性比较强，一旦作出决定不会轻易改变。除非我自己意识到了决策的偏差，也正好有讨论的时间和机会，我会同他非常平等地交流探讨，然后作出调整。但通常情况下是体现我的意志，因为很多决策要等到“一致通过”往往会错失最佳时机。当然，如果事后有条件的话，我会跟他沟通，但要每件事都有个交代那是不现实的。好秘书应该了解领导的工作方法，能够体会和领悟领导的用意。比如，在很多情况下，由于立足点不同，下属企业不可能站在集团的角度来思考问题，常会被一些非常具体、微观的小事所束缚，这时秘书就应该有分辨能力，下属企业赚一百万元还是五百万元与企业集团利益以至长远发展相比，孰轻孰重？我希望我身边的秘书高人一筹，比常人更多一点事业感和成就感。在国有企业，真正意义上的秘书执业环境尚不成熟，从而导致企业运作机制的低效率。

——我注意到在您前面的谈话中用了“小伙子”这样一个词。冒昧地问一句，您只用男性秘书吗？是否也是出于对社会环境因素的考虑？女性相对比较内敛、细致、周到，您

不觉得这种性别优势更适合于秘书职业吗？

——确实有这方面的因素。从我的角度来说，男秘书更合适些。因为像我这个年龄坐在这样的位置上（倪总今年37岁），很多人都在看着你。社会丰富多彩，也复杂多变，还是稳妥一点比较好，不可太张扬，以免引起不必要的麻烦。

——您对秘书有什么样的期望？比方说如果有人来应聘总经理秘书的职位，您对他会有些什么要求呢？

首先，要有非常好的文字功底和文学素养，加上对领导意图的揣摩到位，这是做好秘书工作的一个基础。如果秘书写的报告领导总是不满意甚至不用，久而久之，秘书也会找不到感觉。

其次，要有非常好的涵养，这也很重要的。某个问题已经讨论决定了，可是领导迟迟不公布。为什么？可能领导还在等待时机，看什么时候推出比较好。如果秘书缺少涵养，就这么捅出去了，由于他的身份特殊，下属企业会认为这是领导的意见，而实际上时机尚未成熟，就对工作有百害而无一利了。

再次，要对社会有敏锐的洞察力，对主流社会的价值取向要有一个比较正确的评价。因为秘书向上可以看到领导这样一个比较高的层面，向下面对的又是最基层的老百姓，如果没有一个好的心态，人情不够练达，就容易心理失衡。这里也包含有前面提到的个人涵养的问题。

最后，要能够熟练掌握和使用现代化办公设备和工具。比如，给领导的报告做一个演示软件，这在我们的工作中是经常碰到的。此外还要耐得住寂寞、受得了委屈。

——作为一个技术型企业，难道对秘书是否具有本企业的专业知识没有什么特别的要求吗？

——我想，作为总经理秘书，大量的还是管理问题，专业知识倒并不是重要的，因为在我们企业内部会有专门的技术部门处理把关。不知是否可以这样理解，作为秘书，职业化才是他的最高境界，具备专业知识还只是其次。

【分析与拓展】

1. 倪总对于秘书工作价值的认识，对你有什么启发？

2. 倪总怎样评价原来的秘书？请描述倪总理想的秘书。

3. 记得以前有一位秘书在接待上级部门领导检查工作时，甚至要研究一下领导们端杯子喝了几口水之后要马上加水，你是怎么看待的？

4. 一次，市长要在一次青年代表大会上讲话，要找一些大人物在逆境中成功的例子，我立即想起汉代司马迁在《报任少卿书》中的一段话："盖西伯拘而演《周易》；仲尼厄而作《春秋》；屈原放逐，乃赋《离骚》；左丘失明，厥有《国语》；孙子膑脚，《兵法》修列；不韦迁蜀，世传《吕览》；韩非囚秦，《说难》、《孤愤》。《诗》三百篇，大抵贤圣发愤之所为作也。"立即把这段话抄录下来送给市长，市长对此大加赞赏。

还有一次，市长让我修改一份在老年工作会议上的报告，希望能引用一些诗词来赞扬和勉励老有所为，我一是引用了剑英同志的诗句“老夫喜作黄昏颂，满目青山夕照明”，一是引用古诗：“苍龙日暮还行雨，老树春深更着花。”会后，有老同志夸奖我这几句话引用得既有文彩，又很贴切。

学好了古代文学知识，不仅可以装点材料，增加说服力，有时还可以直接服务于经济工作。一次，我跟市委书记到特种养殖基地去考察，基地负责人谈到他们在发展甲鱼和美国青蛙的基础上，还准备发展螃蟹养殖。听到这里，市委书记饶有兴趣地询问关于螃蟹的一些情况，当问到螃蟹会不会打洞时，在场的同志一下子没有谁能答上。我立即接上去作了肯定的回答：“不会打洞，但要寄住在洞里。”市委书记说：“何以见得它不会打洞？”我随口又背出荀子《劝学》中的句子：“蟹六跪而二螯，非蛇鳝之穴无可寄托。”接着我说，“螃蟹自古到今都是寄人篱下的。”市委书记听后说：“嘿，古代文学解决了当代经济工作中的问题呢！”

结合案例，谈谈自己的感受。

案例3 比尔·盖茨招秘书

微软的总裁比尔·盖茨曾说过：“我和微软的成功因为有露宝。”露宝正是他的秘书。

创业时的微软都是年轻人，做软件、搞开发都是能手，但内务却是一团糟。微软的第一任秘书是一个年轻漂亮的女大学生，除了自己分内的事，对任何事情都是一副不闻不问的冷漠劲儿。没过多久，比尔·盖茨就要求总经理伍德给他换一个秘书。

经过认真地招聘考核后，伍德为他送来了几位过关人选的应聘资料，在这些应聘资料中，有不少写着自己年轻、大学学历、精力充沛，有着多年从事秘书工作的经验，只有一位与众不同。这种不同不是夸自己的优点，而是写着自己许多“缺点”，已经40多岁了，是4个孩子的母亲，从事过文秘工作，又从事过档案管理和会计员等不少后勤工作，但这些工作都做得不长，后来一直在家里操持家务。对这份应聘资料，她自己也没有抱多大的希望，伍德本不打算把她的招聘资料给比尔·盖茨看。可是比尔·盖茨看到许多写着自己优点的应聘资料时，却大皱眉头，失望地问伍德：“难道就没有比她们更合适的人选了？”伍德实在拿不出其他人的资料，没办法，抱着试试看的心理，把这位写着自己缺点的应聘资料拿给比尔·盖茨看，当比尔·盖茨一看到这份应聘资料，眼睛一亮说了句：“就是她了！只要她能胜任公司的各种杂务而不厌其烦就行。”盖茨为什么要选择一个没有“优点”的露宝呢？

原来，盖茨从露宝的“缺点”上找到了自己公司最需要的东西：公司在创业初期，百废待兴，各种事情等着盖茨去做，内务管理方面的杂事正是盖茨所欠缺的。42岁，这种年龄有稳定性；多年在家操持家务，说明有内务管理方面的经验；是4个孩子的母亲，自然会有家庭观念，这种家庭观念也会带到微软公司中来。

盖茨的目光确实有远见，应聘后的露宝对公司的每个员工、每份工作都有一份很深的感情。很自然，她成了微软公司的后勤总管，负责发放工资，这引得周围好多人的羡慕。正是露宝这些“缺点”的优势，给微软公司带来了凝聚力，随着微软帝国的建立，盖茨从

露宝那里得到了信赖，露宝则从盖茨那里得到了尊重，也获得了个人职业生涯的巨大成功。

当微软公司决定迁往西雅图，露宝因为丈夫在亚帕克基有自己的事业不能走时，盖茨对她依依不舍，留恋不已，临别时盖茨握住她的手动情地说："微软公司为你留着空位，随时欢迎你来。"

【分析与拓展】

1. 请描述盖茨理想的秘书？

2. 请比较露宝与盖茨第一任秘书职业能力和素养的异同。

3. 比尔·盖茨和露宝的成功对你有什么启示？

4. 18世纪法国有位哲学家叫丹尼斯·狄德罗。有一天，朋友送他一件质地精良、做工考究的睡袍，狄德罗非常喜欢。可当他穿着华贵的睡袍在书房里走来走去的时候，总觉得家具不是破烂不堪就是风格不对，地毯的针脚也粗得吓人。于是，为了与睡袍配套，他先后更新了旧的东西，使书房终于跟上了睡袍的档次。这样做了以后，他心里觉得并不舒服，因为"自己居然被一件睡袍胁迫了"。随后，他把这种感觉写成了一篇叫《与旧睡袍别离之后的烦恼》的文章。200年后，美国哈佛大学经济学家朱丽叶·施罗尔在《过度消费的美国人》一书中提出了一个新概念——"狄德罗效应"。

你如何看待人们对物质的追求？你又有怎样的精神追求？

任务三　专家访谈

【任务目标】

通过对专家观点的了解和思考，提升自身秘书工作的能力和素养。

【参考学时】

2学时。

【任务内容】

案例1　秘书学专家心目中的秘书

记者：谭老师，您好！您的《一个外企女秘书的日记》出版后，在读者中引起了不小的反响。两年多过去了，这股热潮似乎还没褪尽。现在有许多读者对这么一个问题很感兴趣：作为一个秘书学方面的专家，您如果要招聘秘书，会有什么样的要求？

谭一平：这个问题非常有趣！假如我招聘秘书，那我的招聘广告将是这样的："秘书的条件：最好是女性，年龄不小于28岁；外貌端庄，性格开朗，为人稳重；专科以上学历，具备基本的英语水平。”

记者：您的意思似乎男性不适合当秘书？

谭一平：我并不是说男性不适合当秘书，而是我认为与男性相比，女性做秘书有一些天然优势。第一是女性的语言能力要比男性强一些。秘书处于一个组织的交流中枢，主要工作是与各方面交流沟通，对她的语言能力要求高些是自然的。第二是女性的直觉能力要比男性强一些。秘书工作大多是琐碎的、临时的，在处理这类工作时更需要直觉和经验。第三是一般的女性没有男性那种“野心”，她们安心做平凡而又具体的工作，久而久之还会产生一种“管家婆”的心理，因而能对自己的工作精益求精。

记者：那为什么28岁以下的秘书就不够格呢？能说说您的理由吗？

谭一平：我认为，一个秘书至少要有5年以上的工作经验，才有可能成为一个合格的职业秘书。刚刚从学校毕业的秘书，她们可能朝气十足，知识新鲜，外语不错，但是，对于一个职业秘书来说，最重要的是经验。28岁以下的秘书不管她悟性有多高，毕竟工作年限短，阅历浅。

记者：您对秘书的外貌似乎不是很在意，只要求“端庄”就行？

谭一平：其实，“端庄”这个标准也不低了。所谓“端庄”，直白地说就是“看着舒服”。秘书往往是上司甚至是整个单位形象的代言人，如果连你自己都看着不舒服，那你的客人看着就更不舒服了。但是，我对“端庄”的要求不仅包括对身材、五官和肤色的要求，也包括对谈吐、行为举止、礼仪、衣着打扮，甚至说话的声音和说话时表情的要求。

记者：那这个“端庄”也不简单。不过，它与很多招聘广告中所要求的“气质优雅”还是有距离的。

谭一平：我以为“气质优雅”的女性一般只适合做总统夫人，不适合当秘书，成天在办公室“打杂”，抄抄写写。

记者：您似乎很看重秘书的性格？

谭一平：是的，性格开朗是我选择秘书的必备条件。如果一个人性格开朗，那她就能给被钢筋和水泥包围的办公室带来勃勃生机，同时也说明她有一定的交流沟通能力。

记者：您所说的“为人稳重”具体指什么？

谭一平：简单地说，“为人稳重”就是“成熟”，也就是说她至少是一个已经具备自我管理能力的社会公民。“为人稳重”主要表现在这么几个方面，一是办事不毛手毛脚，比如，今天这里给你把文件打一串错别字，明天那里把客户的电话号码少记一位数之类；二是口紧，看见的当做没看见，不该说的绝对不说；三是不要小孩脾气，因为一点小事就跟人家发脾气，甚至生气。

记者：现在社会上对学历的要求越来越高，为何您只要求秘书有大专学历就行了呢？

谭一平：我认为学历不是很重要，因为秘书的工作经验不是在学校能够学到的。而且，我需要的是助手，而不是一个学富五车的理论家。有大专以上的学历，就已经具备了基本的素质和能力。对于一般的初中级秘书来说，与理论相比，经验更重要；与能力相比，态度更重要。而一个秘书的经验和态度与学历没有什么必然的联系。

记者：如果说学历不能代表素质和能力，那英语水平的高低应该是衡量能力的重要指标，为什么您也只要求“具备基本的英语水平”就行？

谭一平：现代的职业秘书当然要会说英语，不然怎么接外国朋友的电话、收邮件、上网查资料？但是，我并不要求秘书能说一口正宗流利的英语，因为秘书毕竟只是秘书，既不做专门的业务，更不是职业翻译，所以，只要会说“Please this way”，而不对客人说“What's your name”就可以了。秘书的口语能力能不能直接参与业务谈判，那并不重要。

记者：我觉得从单项来看，您对秘书的要求似乎不高，但综合起来看却又很苛刻，即使在北京、上海这样的国际化大都市，要招聘到这样的秘书也不是件容易的事。

谭一平：我招聘秘书的条件苛刻吗？其实，我所要求的这些条件也就是职业秘书的基本条件。我觉得，并非从事秘书职业的人就可以称之为职业秘书。一个秘书的职业性是其素质和能力的综合体现。好比职业经理人，即使你当了一辈子的经理，也不一定能成为一个真正的职业经理人。

记者：现在一般用“高级”、“商务”或“政务”之类的词来界定秘书，您却多次提到“职业秘书”这个词，是不是您有自己的用意？

谭一平：我认为，我国目前真正的高级秘书并不多。而在介绍秘书的基础理论时，也完全没有必要过分强调“商务”和“政务”这种行业属性，因为这有可能造成误导。打个比方，如果把政务秘书和商务秘书比作高考前的文科班和理科班的话，那么，对于绝大多数初中级秘书来说，他们都还只是初中生，他们必须首先学好像语文和英语这样的基础课程。

记者：我读过您的新作《职业秘书实务》，觉得它似乎只适合企业秘书阅读，不太适合在政府机关工作的秘书学习。你怎样认为？

谭一平：这是误会。《职业秘书实务》这本书并不是专门针对公司“商务”秘书的，它介绍的是一个职业秘书必备的素质和基本的技能。当然，由于经济的迅速发展，特别是企业急需大量的文秘人员，所以这本书所采用的案例都是企业文秘人员所遇到的问题。但这并不意味着它只适合企业秘书学习。作为政务秘书，当你遇到同样的问题时，解决的原则和方法也是一样的。

记者：与一般的教科书相比，您在《职业秘书实务》这本书中似乎加大了如何处理人际关系等内容的篇幅？

谭一平：是的。我认为，随着办公自动化程度的提高，IT 技术和因特网日益渗透到文秘人员的日常工作与生活之中，秘书工作中诸如打字、存档这类工作的比重正在逐步下降，而帮助上司收集信息和协调各方面关系等工作在逐步增加。所以，《职业秘书实务》在内容上增加了秘书的素质，尤其是人际关系处理能力方面的比重。

记者：好，谭老师，最后问您一个问题，现在都说秘书难做，您如何看？

谭一平：我同意这种看法。在现代职场的所有职位中，我以为秘书的生存环境是最艰难的。秘书往往处于一个单位的管理中枢，每天上传下达，左迎右送，因此她们必须八面玲珑，左右逢源。另外，她们又整天在领导的眼皮子底下工作，不敢有稍微的松懈与马虎。但是，正因为秘书处在这样一个环境，她们素质和能力的提升往往要比一般职位上的人快得多，所以，秘书又是最有前途的职业之一。这就是许多秘书以“鲤鱼跳龙门”的方式跻身政坛和商界，成为我们这个时代的精英的奥秘所在。

记者：好，谢谢谭老师能接受我们的采访。

【分析与拓展】

1. 谭一平老师针对秘书人员和秘书工作有哪些看法和认识？你如何评价。

2. 你如何看待秘书职业的发展？你认为秘书专业的学习或者秘书职业本身会给你的职业生涯带来怎样的助益？

3. 秘书的才干，大体上分为三种类型。一是办事型，要求精明强干、思路敏捷、办事利落。大部分秘书人员应是这种类型。二是秀才型，是主事写文章的，他的办事能力不一定很强，但写文章很擅长，同样要求思路清楚、头脑灵活、有学有识。有的秘书，兼有办事、写作两种才能，那更受欢迎。三是技术型，如打字、印刷，办公设备（传真机、计算机、电话机）使用和维修、机要译电等。你是属于哪种类型的？

4. 你阅读过哪些秘书方面的书籍？请推荐并介绍。

5. 有人说，秘书职业是一个跳板，在这个前提下，你打算如何利用这个跳板？

案例 2　巨贪秘书的华丽转身

2007 年，王晓方接连推出三部长篇小说《驻京办主任》、《驻京办主任（二）》、《市长秘书》，以强劲的势头一跃成为官场小说的代表作家之一。而这个被誉为反腐作家的文坛新星竟是沈阳“慕马大案”中巨贪马向东的秘书！一个巨贪的秘书，为何选择当反腐作家？他对官场是如何认识的？他究竟是怎样一个人？有记者对王晓方进行了专访。

一、选择从政坛抽身的真正原因

记者：如果马向东没有落马，你会选择从官场抽身出来吗？

王晓方：“慕马大案”后，对我有两种议论，一是能常在河边走而不湿鞋，是个好干部；二是常在河边走竟能不湿鞋，未免太诡道了。我觉得这里有个是非判断问题。难道不跟着腐败还有罪吗？假如不发生“慕马大案”，我当然不会辞职，但我也不会再当秘书。因为“慕马大案”发生前，我已经决定辞掉秘书职务了。

记者：为什么？

王晓方：因为当时处境非常难，不跟着腐败会失去信任，而跟着腐败是根本不可能的。我做人是有底线的，我进政府工作是有理想的，我的理想和中国大多数知识分子一样，济世安邦，但直接作斗争又担心影响经过苦苦奋斗得来的政治前程，只有三十六计走为上了。

记者：在中国，能从政尤其是成为权力部门的人，若非万不得已，通常人们是不会轻

易放弃的。

王晓方：我觉得这是个“官本位”味道很强的问题。在我们这个社会里，对一个人成功的评价标准仍然停留在升官、发财两个标准上，当官仍然被大部分人视为成功的标志。可是，在一个开放自由的社会里，成功不应该只有一两个评判标准，“条条道路通罗马”才是最好的社会状态。“慕马大案”后，虽然自己经受住了大风大浪的考验，仍然可以在市政府办公厅工作，但是心灵却经受了炼狱般的折磨。

记者：什么磨难？

王晓方：就像我写的《驻京办主任》中的丁能通、《市长秘书》中的雷默等人，都是知识分子，中国的知识分子有两面性，一方面有爱国意识，有理想，有知识，想做一番事业，想对国家、对人民有所贡献；但另一方面又患得患失，爱面子，自尊心强，名利思想重，妄自尊大。正因为如此，他们为了往上爬，不敢直面腐败，不敢得罪领导，更不敢与领导的腐败行为作面对面的斗争，但又不愿意与他们同流合污，千方百计明哲保身，不愿意自毁前程。《麦田里的守望者》里面有一句话：年轻时为了事业可以牺牲生命，成年后为了事业而卑微地活着。这说明理想与现实之间的距离是遥远的。我欣赏傅雷在《约翰·克里斯朵夫》译者献辞中的一句话：真正的英雄绝不是永没有卑下的情操，只是永不被卑下的情操所屈服罢了。在对人生的目标、事业与职业的关系进行了认真思考之后，我毅然决然地辞了职，彻底从政坛抽身。现在，我只能说，我是一个曾经有政治抱负的人，我的政治抱负在我的小说里实现了。

二、情不自禁地拿起笔来写作

记者：你是怎么走到写作这条路上来的？

王晓方：辞职后，我选择了下海，但是由于仓促上阵，生意做得不理想，我的精神一度陷入痛苦之中。当我服务多年的马向东因腐败而被判死刑时，我被深深地震撼了。在他伏法的第二天，网上有一张他被执行死刑前的照片，坐在一把椅子上，目光绝望且迷离，手里有半截香烟，这大概是他留在世上的最后一张照片。我是在傍晚时分看到这张照片的，当夕阳透过玻璃窗射到我的脸上时，我的内心世界极其悲凉，我将照片打印出来，放在桌子上，盯着照片，一口气写了一万多字，这就是《市长秘书》这部长篇小说的开头。

苦难总会让人思考更多的东西，而与心灵对话的最好方式就是写作。可以说，我几乎是情不自禁地拿起笔来写作的。没想到我写的第一部长篇小说《致命旋涡》被作家出版社选中，很快就出版了，那是 2003 年 9 月，满大街都是我的盗版书。就这样我走上了创作之路，又写了《市长秘书》，并参加了新浪网第二届华语原创文学大奖赛，获得优秀长篇小说奖，从此一发而不可收。

三、秘书腐败有时纯属“逼良为娼”

记者：担任马向东秘书的这些年，当秘书，真像你在小说《市长秘书》中借雷默之口所说的，就是“听领导念自己写的材料，还得扮认真状做笔记的小人物，无聊透顶”吗？

王晓方：这只是主人公雷默的工作状态，并不是我当年的工作状态。我当过秘书，也和很多秘书共同工作过，熟悉他们。为了写《市长秘书》，我花了很长时间在琢磨这类人的特点，琢磨透了才能写出像雷默这样的典型形象。雷默这个形象被认为真实可信，因为这种真实，是从典型意义的现实材料中进行了提炼加工创造的，经过提炼加工创造的真实，含有本质的东西，含有共性的东西，这样的真实具有很强的吸引力和震撼力。但这是艺术的真实，是来自生活高于生活的真实。现实中，秘书也分政治秘书和生活秘书两种，前者大多是高学历人才，有政治敏锐性，文笔好，有思想，选这样的人做秘书的领导大多是有政治抱负的领导；后者靠关系上来的较多，他们可能在机关出身于办事员、打字员、司机，但是与领导之间的关系密切，这部分人进机关原本就是为了当秘书，将来好混个一官半职的。

作为政治秘书，在政府工作，服务的领导主管什么，我就得研究什么。十几年的从政生涯中，我参与过城市建设、商业管理、财政金融、招商引资、工业农业等方方面面重大决策方案的起草工作，参加过第一线的抗洪抢险，参加过棚户区的拆迁改造，参加过许多突发事件的应急处理工作，参加过许多重大接待工作，参加过政府的综合、调研、督办、查办、接待上访等方方面面的工作。我每年都要写上百万字的材料，这些材料都是纳入政府决策的，多么急难险重的材料我都写过。这是一种非常艰辛的创造。

自担任秘书以来，一夜不敢关 BP 机，随时等电话。早上 5 点，这边刚坐到马桶上，那边电话就响个不停，有关键的事情需要马上记下来，赶紧喊妻子送来纸和笔。7 点赶到领导楼下，纸条上已记满了 20 来条需要汇报请示的事情，马不停蹄地跟了领导一天，直到夜里十一二点，把领导送到楼下，才算结束了一天的工作。

记者：政治秘书其实并不像《市长秘书》中所写，秘书雷默甚至被迫为市长张国昌安排女人？

王晓方：当然不是说政治秘书就不管领导生活，生活秘书也不参与领导工作。事实上，领导与秘书之间有多少是工作关系，有多少是感情关系，只有他们自己心里清楚。很多情况下，秘书如果只知道埋头工作，不懂得照顾领导的“生活”，即使工作干得再出色也不会得到领导的赏识，与领导的感情也不可能深，秘书腐败有时候纯属“逼良为娼”。我们常说“上梁不正下梁歪”，其实也不尽然，现实中腐败掉的秘书远没有腐败领导多。以《市长秘书》里的人物为例，市长秘书雷默就坚守了自己，当然也为这种坚守付出了沉重的代价。如果论德才，张国昌远不及雷默，那么为什么张国昌成了领导，雷默委屈成了秘书？我认为这才是值得我们认真思考的深层次问题。

四、转身之路其实走得很辛苦

记者：有人说，你在从政的时候，在官场游走，享受着这个群体特殊的待遇；现在你离开了官场，又将自己的官场生涯换成文字，名利双收，“转身”顺畅得让人惊奇。是这样吗？

王晓方：那是因为他们根本不知道我心灵的苦难，顺利只是表面的。我人生中最惊心

动魄的是我亲身经历了轰动全国的“慕马大案”。曾经的理想破灭了，新的理想是什么？这种精神上的痛苦是一般人无法想象的！经过“慕马大案”炼狱般的考验后，我选择了辞职。人到中年正是事业开始收获的季节，而我却要在迷茫中从零开始。“顺畅”在我的人生词典里几乎不存在。

记者：你的特殊身份对你的写作起了什么作用？

王晓方：我原本酷爱文学，读高中时曾经获沈阳市高中生作文竞赛优秀奖，并在高中、大学阶段发表过诗作；在政府工作期间，我也没有忘记文学，一直关注文学前沿动态，业余时间读过很多文学书籍。如果说这个身份对我有帮助，那就是在政府工作十几年的人生经历，让我更了解中国的改革开放，更了解民生民情，深知官员的七情六欲决定着老百姓的生活；我也目睹了身边领导干部贪污腐败及被党纪国法严惩的惊心动魄的过程，特别是“慕马大案”，这场惊心动魄的腐败大案在我心灵深处造成的磨难也许是我一生中最宝贵的财富。这些都成了我写作的财富。命运让我的心灵经历了重生的过程，生活的历练为我一生的文学创作提供了肥沃的土壤。

记者：现在，文坛的人提起你，总是将马向东秘书的身份和你的写作相连，感觉有困扰吗？

王晓方：猎奇心理，人人都有，我虽不喜欢人家这样，但人家要这样我也没有办法。正义和良知永远是文学的主题，也是我的主题。在现实生活中，正义的力量非常强大，但是腐败的势力也不可小看，官场文学作品的价值就在于通过触动人们的灵魂，让正义力量信心百倍，让邪恶势力心惊肉跳。我希望通过写作能成为中国精神内质的杰出表现者，在文学的表达中寻求精神世界的寄托与超越，用尖锐的语言锋芒刺向现实和人性的幽深之处。

【分析与拓展】

1. 你如何看待王晓方对于人生、社会、工作的观点？

2.“当我服务多年的马向东因腐败而被判死刑时，我被深深地震撼了。”请描述“我”在此情此景时的所思所想。

3.“十几年的从政生涯中，我参与过城市建设、商业管理、财政金融、招商引资、工业农业等方方面面重大决策方案的起草工作，参加过第一线的抗洪抢险，参加过棚户区的拆迁改造，参加过许多突发事件的应急处理工作，参加过许多重大接待工作，参加过政府的综合、调研、督办、查办、接待上访等方方面面的工作。”

作者的工作状态，你有何感想？

4.“很多情况下，秘书如果只知道埋头工作，不懂得照顾领导的“生活”，即使工作干得再出色也不会得到领导的赏识。”你如何认识照顾领导生活与工作出色的关系？

5. 江苏省宿迁市经贸委副主任王清平就有着一段鲜为人知的秘书生涯。在他任职秘书的15年里，服务过的领导包括一位县长、一位秘书长和一位副市长，相继因腐败问题锒铛入狱。但是，王清平并未因此受到牵连。当媒体记者带着疑问找到王清平，他的解释是："一个秘书从一而终服务一个领导的很少，不是因为秘书不愿从一而终，而是因为领导更换频繁，秘书无法选择。我的秘书生涯中服务过多位领导，落马的三位只是其中的一部分。不是我为人狡猾，而是太老实，太单纯，甚至太简单。尽管跟班做秘书，但只在工作上尽心尽责做好服务，其他事情很少介入，因此得以保全。"

结合案例谈谈你如何看待秘书腐败的问题？秘书应该怎样杜绝腐败？

6. 20世纪80年代，一日，正在值班的张秘书接到书记从外地打来的电话，书记在电话里说："张秘书，我爱人明天从北京旅游回来，你与行政科联系一下，派一辆小车，12点以前去机场接她回来，我要过两天回本市，请帮一下忙吧！"

张秘书左右为难，明知道书记是公车私用，有不付车费之意，与制度不合，何况前不久书记还在机关大会上批评了公车私用的现象，自己掏钱吧，又有些困难，怎么办呢？

任务四　文学视角

【任务目标】

通过对文学视角的解读，了解秘书在工作中所需要的素养和能力要求。

【参考学时】

2学时。

【任务内容】

案例1　乔家大院的秘书孙茂才

随着《乔家大院》的热播，人们领略了晋商的风采，惊叹于他们的胆识和富有。然而，当人们把注意力都集中在男主人公富有传奇色彩的经历时，我的目光却紧紧盯着乔致庸身边的那个孙茂才。不为别的，只因为他是幕僚，用今天的话说就是秘书。在清代，官员和商贾聘请幕僚蔚然成风，晋商的杰出代表乔致庸也不例外，他的成功有幕僚孙茂才的一半功劳，但是孙茂才最终却被乔致庸扫地出门，这到底是什么原因呢？

一、大小格局与抵押借款——智谋，秘书之特色

孙茂才出场于乔致庸四面楚歌之际。当时，乔致庸的大哥去世、恋人生离、银库亏空、生意告急，乔致庸自己又是从未涉足商海的一介书生，突降的重担就要把他的脊梁压弯了。在此危难之际，孙茂才叩开了乔家的大门，他对乔致庸说："人生有大格局，有小格局，致庸兄这些日子，是不是太把自个儿限在小格局里，走不出来了？"致庸大惊，问他何谓大格局、小格局。

孙茂才道："大小之别，在于人的内心。你如果身在泥潭心也在泥潭，就只能看到泥

潭；若是身在泥潭心却如鲲如鹏，看到的就是双翼下九万里的天地。”致庸如醍醐灌顶，翻然大悟。他听从茂才的指点，以老宅为抵押，从自己的对手那儿借回三万两银子。

如果说这一番“格局”论，使乔致庸跳出了自我的小天地，挣脱了思想的枷锁，摆脱了视阈的束缚；那抵押借款的主张，则使乔致庸获得翻身的资本和腾飞的翅膀，让奄奄一息的乔家大大地喘了一口气，为日后的重新崛起创造了良好的条件，也奠定了孙茂才在乔致庸心中的特殊地位。此时的孙茂才无疑是一个优秀的幕僚。因此，智谋乃秘书素养之特色。

二、以牙还牙与诚信规则——远见，秘书之亮色

秘书如何把自己的想法渗透给辅主，实是一门艺术，如时间的选择、地点的确定、情绪的把握、长短的斟酌以及次序的安排都需要用心思。把握得好，领导听；把握得不好，领导烦。孙茂才深谙其中奥妙。比如，乔家复字号在与邱家达盛昌高粱霸盘之战中大获全胜，乔致庸及其手下顾大掌柜，无不想趁机出一口恶气，好让邱家死无葬身之地，以报邱家害兄之仇，但是孙茂才巧妙地劝阻了乔致庸的冲动。第一步，创设良好的进谏情境，即把顾大掌柜从乔致庸身边支走，这样做的妙处之一是让他冷静下来，之二是创造一个安静的环境，之三是制造一个单独交谈的机会。

第二步，抓住辅主心理。孙茂才很了解乔致庸的抱负，清楚他不是一个注重蝇头小利的普通商人，而是心怀天下以商富国的鲲鹏，所以他说：“眼下包头商界乃至整个山西商圈最大的危险不在于有一个达盛昌，而在于需要重建秩序，再立诚信第一的商规。我希望这样一件大事，由东家来做!”这番话让报仇心切的乔致庸，含泪捐弃前嫌，和仇家一起重建商界新秩序——诚信。这次劝谏成功意义深远，对于乔致庸而言，避免了因犯低级错误而使商路更加崎岖；对于整个商界而言，走上了良性循环的康庄大道。所以说，远见卓识乃秘书之亮色!

三、武夷山与恰克图——吃苦，秘书之底色

一个优秀的秘书若要辅助好领导，必须具备吃苦耐劳的品质。领导加班时和领导一起加班，领导奔波时和领导一起奔波，压力一起扛，艰辛一起受，这一切孙茂才做到了。包头一役告捷后，乔致庸转移了经商重点。这源于一张《大清皇舆一览图》，那是平遥大商家王协老先生留下的，那张图升腾出他的一个梦想——货通天下，即“我这一生也要像王老先生一样，北上大漠南到海，东到极边西到蛮荒之地，实现晋商前辈没有实现的梦想”，为万民生利。

在那个年代，农民运动风起云涌，国家凋敝，民不聊生，“货通天下”无异于拿性命开玩笑。此时孙茂才犯不着陪他一起跳火坑，也可有充足的理由拒绝。但是，孙茂才非但没有退缩，反而义无反顾地与乔致庸同行，这正是他超出一般幕僚的过人之处，那不仅仅是忠诚、是坚韧、是吃苦的精神所能解释明白的，而是一种近乎悲壮的舍生相伴的英雄行为。在共同理想的激励下，孙茂才和乔致庸过黄河越长江渡湘江南下武夷山，穿戈壁征草

原北上恰克图，历经一年多的时间，行程上万里，饱受沙漠、狂风和蒙古匪帮的袭击，九死一生，终于疏通了被堵塞 4 年的南北茶路，主辅二人共同书写了晋商的辉煌。

四、票号与行贿——越位，秘书之杂色

包头归来，平遥成青崖的票号让乔致庸敏锐地意识到，这种新兴的只做银子生意的行业，将对中国商业的经营模式产生革命性的影响，他决定一试身手。但洞若观火的孙茂才深知，个体办票号是在和朝廷争利，尽管能惠及天下，但是朝廷绝对不会让它存在，因此“看到了你将来会有杀身之祸”。在多次劝谏无效的情况下，孙茂才决定到武夷山经营乔家的茶庄，以避开乔致庸。这是乔孙二人第一次严重分歧，孙茂才采取了回避的策略，不失为一个好办法。此时的孙茂才依然是一个严守秘书职业道德的好幕僚。

令乔致庸对孙茂才怀疑甚至反感的是孙茂才的越位行为。所谓越位是指实施了超越自己职业角色规范的行为。秘书如果有了这种行为，比如，决策越位、表态越位、场合越位等，对工作、对领导、对秘书本人都会带来负面影响甚至严重后果。

当初乔致庸在北京办票号时巧遇张之洞，在张之洞的举荐下，南下粤桂湘赣四省设庄，为朝廷也为天下重开银路。但是广州大德兴茶票庄分号开张之时，乔致庸意外得知，孙茂才瞒着他做主——大德兴江南四省分号与哈大人合股经营官银汇兑，三分其利，大德兴得一，哈大人得二。不管孙茂才是不是真的为生意着想，其结果是乔致庸“从现在起就不会再觉得自个儿是干净的了！我乔致庸也成了一个和贪官污吏同流合污的人！”票号开了，银子有了，关系远了，原因何在？孙茂才越位了！所以说，越位乃秘书之杂色。

五、霸财恋情与扫地出门——欺主，秘书之乱色

拿破仑的名言：不想当将军的士兵不是好士兵。但是如果把这句话套用到秘书职业上，说“不想当领导的秘书不是好秘书”，却是大错特错。秘书是一种很特殊的职业，它是以领导者和领导活动为工作对象的，越位越权已经埋下了种种隐患，再觊觎领导的位子和权势，想架空甚至替代领导，那无疑是引火烧身。孙茂才的结局正是绝好的例证。

人到中年一身风尘的孙茂才，为什么放弃在广州哈芬大人府上做幕僚的美差回到乔家呢？目的有二，一是将乔家的庞大产业弄到自己的手中，二是娶乔致庸的大嫂为妻。试问，他孙茂才哪里来的胆子敢狮子大开口？

其一，真情使然。孙茂才暗恋乔致庸的大嫂多年，却有严重自卑心理，因为孙茂才出身低微，用他自己的话说“不就是个卖花生米的吗，”但胸中奇才又使他自负；加之，乔家大奶奶出于种种原因，对孙茂才不仅没有低看，反而给予了很多关爱，这让孙茂才想入非非，并且痴情不改，终身未娶。

其二，主弱使然。从天牢释放出来的乔致庸，身体极度虚弱；又被朝廷圈禁在山西，不能到外面做生意，犹如笼中困兽，纵有天大的本事也无力施展拳脚；而且每年要向朝廷缴付一百万两赎罪银。因此，孙茂才敢向乔致庸索要权力，妄图取而代之。

其三，私欲使然。“多年经商改变了他的心，他现在不但垂涎乔家的银子，还垂涎乔

家的全部家业”。

其四，了解使然。合作多年，孙茂才对于乔致庸的秉性了如指掌，他知道对于乔致庸来说“货通天下，汇通天下”高于一切，以商富国、以商利民才是他的真正追求。所以，他敢肯定如果他能帮乔致庸实现梦想，即使让乔致庸交出全部家业，他也会答应的。事实也正如孙茂才所料，他“答应茂才，只要他肯将这件大事业做下去，他随时可以将乔家全部托付于他”。

但是人心不足蛇吞象，孙茂才不但要财要权还要乔致庸的大嫂，这让视嫂为母的乔致庸怒不可遏，正所谓是可忍孰不可忍，便把孙茂才轰出了大门。孙茂才的梦就此破灭，他的幕僚生涯画上了一个灰色的句号。所以，欺主乃秘书之乱色。

任何职业都有它的职业素养要求，古今中外概莫能外，谁遵从了它谁就会成功，谁违背了它谁注定要失败，如同孙茂才一样。

【分析与拓展】

1. 请你评价孙茂才的秘书素养和秘书能力。

2. 谈谈你对《蜗居》中秘书宋思明的认识。

3. 谈谈你对《红楼梦》中秘书形象的认识。

4. 曾经秘书甲陪县委书记到一个乡镇检查工作，晚饭时乡镇领导准备了酒席，秘书甲凭着自己能喝酒的优势在酒桌上主动出击，频频向乡镇作陪的领导举杯，乡镇领导碍于县委书记在场不得不喝，最终喝醉了好几个乡镇领导。他们对县委书记很敬重，本想借此机会敬县委书记几杯酒，结果被秘书甲一掺和，不但没有敬成领导，自己反而被灌醉，心里非常恼火。

秘书乙陪领导到企业调研，晚上当地电视新闻播出来后，观众看到秘书乙多次挤到领导的前面，秘书乙的镜头比领导的还多。

秘书丙有一次陪县委书记到另外一个县去考察，车到达后，坐在前排的秘书丙抢先下车伸出手与前来迎接的对方领导握手问好，弄得对方以为这个秘书丙就是书记，而把真正的书记晾在后面。

谈谈这三位秘书的失误在哪里？

5. 拿破仑说，不想当将军的士兵不是好士兵。但是如果把这句话套用到秘书职业上，说“不想当领导的秘书不是好秘书”，却是大错特错。你认为呢？

案例2　秘书陈娟

《曹老板和他的十八个秘书》是一部挑秘书毛病的电视剧。陈娟是该剧中出现的第一个秘书，也是贯穿全剧的人物。陈娟身上有很多优点，聪明，勤快，忠诚，工作认真负责、兢兢业业，工作作风严谨、细致。这些特质是秘书所必备的，也是秘书赢得领导赏识的重要因素。可为什么这样一位爱岗敬业又有七年秘书工作经验的资深秘书最终不被新领导所用？细究起来，还是陈娟自身的原因导致了她事业的失败。

陈娟是个失败的秘书。用秘书学理论来分析，陈娟的失误在于她没有掌握与新领导相处的技巧。一个有经验的秘书，遇上一位业务生疏的领导该如何应对，要解决这个问题，秘书应从三个方面做起。

一、与不同类型的领导人相处，应该采取不同的方法

作为董事长秘书，陈娟与老领导配合得很默契，她以自己的忠诚、聪明和超强的工作能力赢得了领导的信任。陈娟在老领导手下可谓如鱼得水，拥有充分施展自己才华的广阔舞台。但天有不测风云，董事长因病退至幕后，单位换了新老板。继任者是董事长的儿子，父子二人处事方式不同，工作风格迥异：董事长是个只考虑企业效益，不顾员工利益，不讲情面，有着铁腕手段的领导人，习惯于用霸王条款来约束员工；而董事长的儿子、新任总经理是个宽厚、温和的领导人，注重人文精神，提倡人性化管理，关心员工的身心健康。不同类型的领导对秘书的要求自然也不同，秘书不能以一种不变的行为模式去应对。对有七年秘书工作经验的老秘书陈娟来说，怎样为新领导服务犹如"老革命遇到新问题"，这对她是个新的挑战。

当新领导到来后，秘书要做的首先是了解新领导的工作习惯和工作方法，主动调整自己以适应领导，一如既往地做好服务工作。遗憾的是陈娟没有调整自己，缺乏适应新领导的心理准备，在许多情况下固执己见、不知变通，工作缺乏灵活性。她不明白"一朝天子一朝臣"的道理，换了服务对象而工作作风没有随之变更，仍采用为老领导服务的理念来应对新领导，并企图以自己的经验、价值观念来约束和改造新领导。由于有老领导在背后撑腰，陈娟便在工作中对新领导采取不尊重、不配合的态度，她总是把董事长的决定、公司的规定挂在嘴边，企图来制约总经理，使得新领导举步维艰。更有甚者，当总经理与自己意见不一致时，陈娟不是采取与领导积极沟通的方式来解决问题，而是采取打小报告的方式越级向董事长汇报。她还替董事长监视新领导的一举一动，使得新领导失去行动自由，尤如芒刺在背。

事例一，总经理想要撤掉厂区外墙上的标语，征询陈娟的意见，被她一口回绝。她不仅语气坚决地说标语是董事长让挂的，没有董事长的同意谁也不能撤掉，而且以居高临下的姿态要求总经理多关心一下工作上的事。在总经理派人拿掉标语后，陈娟马上找总经理理论，质问总经理为什么没有得到董事长的同意就拿掉标语，在总经理恳请她多多包涵的情况下她才罢休。

事例二，当总经理让她请回已被董事长辞退的周经理并决定委任他为厂长、并补发扣除员工的三个月工资时，她竟然表示谁都无权改变董事长的决定，没有董事长的同意自己肯定不会去做。当她看到出现在总经理办公室里的原周经理已被任命为厂长时，知道这件事已经生米做成熟饭，恼怒之下竟甩门而去，不仅不给总经理留一点面子而且事后仍不依不饶地吵着要总经理给她一个解释，坚持说请回周经理会给公司造成不好的影响。她还奚落总经理说，要补发已扣除的员工工资是由于他被几个女人包围而晕了头，告诫总经理如果没有了距离感就没有了威信。

事例三，总经理在与对手三美公司竞争中以让利8%的代价签了合同后，陈娟马上找董事长告状，而且理所当然地认为她这样做是对公司负责，如果不如此公司会毁在总经理手上。

陈娟事事都要较真、事事都要与领导理论、绝不妥协的态度使得新领导寸步难行，不明白秘书到底是来协助自己工作的还是专唱对台戏的。陈娟事无巨细地向董事长打小报告的做法使得新领导觉得虽然她名义上是自己的秘书，而实际上更像一位处处教训约束自己的领导、一位时刻都在监视自己一举一动并随时向退居幕后的董事长告密的克格勃。陈娟的所作所为让新领导觉得自己成了牵线木偶，一向厚道的他终于忍无可忍，下决心换掉了这位令他一见就头痛的秘书。

二、要多看领导的长处，不要总盯着领导的短处

曾经做过董事长秘书的陈娟受董事长委托，又做了总经理的秘书。她面对的是一位业务生疏且在没有做好思想准备的情况下仓促上阵的新领导。这样的领导人难免会时不时地犯一些小错误。领导人犯错误，秘书应该如何对待？

首先，秘书要明白这样一个道理，领导人是人不是神，和普通人一样犯错误在所难免。

秘书要考虑的是，第一，如何把领导失误引起的负作用限制在一定范围内，使之不致于影响决策；第二，如何扬领导之长以避免或取代其短，而不是总把目光盯在领导的缺点上。美国前总统尼克松的白宫办公厅主任霍尔德曼在《权力的尽头》中回忆自己如何与领导人相处时说，我感到，如果还打算多少起些作用的话，我首先应做的事就是设法保住我的这份差事。说良心话，我并不认为这是为了我自己的利益而采取的保全自己的自私措施，而是一种能更好地为尼克松的利益服务的态度。我到今天还感到满意的是，我至少没有采取迎合尼克松的坏的方面这种最简便的方式来获取和保持我同他的关系。但是，我感到遗憾的是，我也没有同他的坏的方面进行过什么直接的斗争。我不过是力图在当时条件所允许的范围内，通过一切可能的手段，以他的好的方面取代他的坏的方面。我采取的政策是积极鼓励他好的方面，“宽厚地忽视”他坏的方面。

“以他的好的方面取代他的坏的方面”，这是秘书对待领导犯错误，尤其是犯小错误时应采取的可行的办法。

对于领导时不时地犯些小错误的问题，我的观点是只要不影响工作，不影响领导的威信，秘书不妨采取缄默的态度，宽厚地忽视。秘书虽然有谏诤的责任，但不一定要瞪人眼睛对领导的每一个错误都给予纠正。如果把大量的精力花在挑领导的毛病上，可能就没有更多的时间和精力去关注和处理工作上的问题。另外，对领导来说由于涉及面子、尊严问题，对秘书的挑剔他会难以接受。非常遗憾的是，陈娟面对领导的错误却采取了非常不明智的做法，她像个管家婆，眼睛总盯着领导的小错误，并试图一一纠正。比如，她这样纠正总经理的着装习惯——面对第一天上班穿便装的总经理，她命令他必须穿上西装、系上领带，西装上衣起码要扣上一个扣子；接着她纠正总经理的行为习惯——当看到总经理把

脚放在茶几上时，她马上说上班时间这样不雅观，弄得总经理像个犯错误的小学生一样手足无措。对于总经理的嗜好，只要她看不顺眼，马上提出疑义，见到总经理在办公室里摆上花草，她教训说，这里不是苗圃，把这些东西摆在这里会妨碍工作。陪总经理出去谈判时，她对总经理乘坐的车子提出疑义，认为这有失身份，会让对方轻看。这样处处挑领导毛病并试图一一纠正的结果是，领导人对秘书发出指示，不想再见到她。

当然，如果领导所犯的错误影响到决策的话，秘书就不能坐视不理，应该及时提醒甚至劝阻领导，因为使领导少犯或不犯错误是秘书义不容辞的责任。但秘书在给领导提意见时一定要讲究方式和技巧，要把动机与效果统一起来，否则就会事与愿违。

三、要有清醒的配角意识，自觉地居于幕后

对一位资深秘书来说，与新领导相比她有很多优势，对公司的人事安排、生产销售、客户资料都比较熟悉，而且有一定的工作经验，处理业务得心应手。即便如此，秘书也不能以领导的导师或引路人自居，不能当面指责领导，更不能代替领导行使职权。再能干的秘书也还是秘书，是秘书就要坚守秘书的本分，低调行事，自觉居于幕后，而不能处处显山露水，更不能在决策问题上与领导作对。遇到棘手问题时秘书应该替领导分忧解难，在幕后发挥参谋作用，分析利弊让领导权衡、决策；遇到风光露脸的事，秘书应把领导推到前台，以维护领导人的尊严和权威。

陈娟在与新任领导相处中却因自我意识膨胀、表现欲过强而导致角色错位，把自己当成了公司的领导而不是配角。比如，她说话态度强硬，常用命令的口吻和总经理说话，动不动就是“必须”如何如何。为了显示自己的业务能力和在员工中的威望，陈娟在和总经理一起去见客户时，见到对方经理她不但不向其介绍自己的新领导，而且总是抢在总经理前面说话表态，使得总经理无法说话，十分尴尬。在会见中，对方也夸她能干，说有这样的秘书是曹老板的福气，面对赞扬陈娟得意扬扬，全然不顾总经理的感受。

公司内部开会，总经理示意大家坐下，可陈娟没有发话谁也不敢就座，总经理迫不得已又站了起来，等到陈娟说坐下大家才入座。业务部的员工想找总经理提意见，瞅准陈娟不在经理室的机会，在主任的带领下鼓足勇气去找总经理。见到一脸温和的总经理，他们七嘴八舌、唧唧喳喳地表达自己的意见，陈娟闻声赶来，马上沉下脸来批评指责他们。总经理不忍让员工们受指责，赶快解释说他们是自己请来的，陈娟仍然毫不留情地让他们离开总经理室。当总经理向她询问情况并提议补发员工工资时，陈娟却追到业务部发难，指责业务部主任帮了员工却害了总经理。这种无视领导的存在，在领导面前大声喝斥员工甚至指责部门负责人的行为也是做秘书的大忌。

【分析与拓展】

1. 有一天，英国女王维多利亚办完公事深夜才回家，她见卧室门紧闭，就举手敲门。听到敲门声，女王的丈夫阿尔伯特问：“谁?”女王回答：“我是女王。”门没开。女王再敲，阿尔伯特又问：“谁?”女王回答：“维多利亚。”门还是没开。女王再敲，阿尔伯特仍

然问："谁?"女王回答："你的妻子。"这时，阿尔伯特满面笑容地走出来，用双手把她拉进了卧室。

对此，你有何感想。

2. 有人针对老秘书如何服务新领导时说，关键是要确立这样一种态度：不是领导才来，而是"我"才来。你认为呢?

3. 秘书应该如何与霸道型、婆婆型、任人唯亲型、优柔寡断型上司相处?

4. 唐代大诗人杜甫一生结交了不少朋友，严武便是其中重要的一位。二人是世交，都爱好作诗，又曾同朝为官，感情颇深。严武邀请杜甫参与其幕府工作，第一次杜甫委婉拒绝了，当严武第二次邀请时，杜甫答应了。谁知好景不长，杜甫在严武的幕府待了半年后，就主动辞去了幕职，归居浣花溪草堂。是什么原因导致杜甫放弃了这份待遇优厚的工作，最终离开了呢?你能猜猜看吗?

5. 你如何看待陈娟的行为?

模块二　具体职能

秘书工作繁杂琐碎，涉及保密、会议、协调、接待、文档等很多方面，因此，秘书部门又被称为“不管部”。如何履行好这些职能，是秘书人员首先要思考的问题，本模块通过具体案例的分析和拓展会给秘书人员的这一思考带来有益的启示。

任务一　保　密

【任务目标】

通过案例学习掌握秘书保密的必要性、措施，杜绝泄密的渠道，摒弃泄密的心理。

【参考学时】

2 学时。

【任务内容】

案例 1　秘书泄密行为与心理

人的言论、行为以及社会活动，都是受某种心理因素制约和支配的。那么，秘书人员的泄密行为究竟受哪些心理因素支配呢？归纳起来，我认为大致有以下几种。

一、性格方面的弱点被人利用

性格标志着某个人的为人方向，人的性格有坚强的一面，也有脆弱的一面。由于人所处的环境、情景以及生活条件、所受的教育不同，其性格表现也不一样。当外在某种不健康的因素与性格中的脆弱一面相“吻合”时，有些秘书人员就会丧失性格中的坚定一面，使弱点被人利用，而陷入泥潭，不能自拔，很可能由泄密发展为窃密。因性格方面的弱点而泄密的秘书人员主要有两种类型。

一是缺乏理智型，言行举止易受情绪左右。泄密者不是由理智支配自已，而是被情绪支配。当个人的某种要求、欲望没有达到，或者心理失去平衡时，便产生泄密心理，以泄露国家秘密来补偿所需要的东西。例如，某市一机关保密员因犯错误，受到单位领导的批评，于是情绪沮丧，悲观，感到前途渺茫，便产生了邪恶念头，利用工作之便，窃取了本单位机密文件数份，企图叛逃投敌，后被我边境公安人员抓获。

二是缺乏自信型。从某种程度上讲，人最难战胜的是自己。意志薄弱的人则常常因为不能迫使自己放弃某种东西，如金钱的诱惑，女色的挑逗，甜言密语的捧场，而轻易地作了俘虏，将秘密泄露出去。例如，某工业部办公厅秘书处工作人员王某，为了操办婚事和婚后的富裕生活，在担任机要秘书工作期间，将两份国防工业重要文件偷出，打算以高价卖出。当他与购买者在约定的地点会面时被公安机关当场抓获。

二、不善于约束自己的言论

一是自控能力差，易盲目冲动。有这种心理素质的秘书，通常不顾场合，不分内外，不看对象，用感情代替原则，情不自禁地将国家秘密泄露出去，造成无法弥补的损失。

二是思想上麻痹大意，缺乏保密意识。认为现在是全方位的开放，有密难保或无密可保。因此，常常出现见密不识密、知密不保的现象。

三、膨胀的虚荣心理作祟

一是炫耀自己，把知悉的国家秘密看作是抬高身价的装饰品。如某市港务局秘书范某，为了讨得一女职工的欢心，竟两次将数份绝密文件送给女职工看，造成严重泄密。

二是名利驱使，把国家秘密作为资本。如某省侨联秘书长顾某，为了使女儿在香港拉上关系，打开门路，竟不择手段地把党和国家的一些重要秘密泄露给港商。

三是想出风头，把国家秘密作为话题。为了在亲友、恋人或同乡、同学面前表现自己工作的优越性，赢得别人的羡慕，而将国家秘密泄露出去。例如，某省保密厂黄某回家探亲，为了炫耀自己，将国家重要军工秘密泄露给同学，后又扩散多人，严重泄露了我国原子能方面的分布情况。

人的心理活动是极其徽妙复杂，而且多变的，秘书人员的泄密心理也同样如此。以上泄密心理的表现，有的是以单一形式出现的，有的则是相互影响、交替出现的。探析泄密心理，目的在于根据不同的泄密心理，采取必要的、相应的防范措施，不断加强对秘书工作人员的保密教育，增强保密意识，以确保国家秘密的安全。

【分析与拓展】

1. 一家企业为了扩大本企业影响，将企业的许多情况印入精美的画册，逢人便送。由于画册中有不少商业秘密，一个外商正是从这本画册中了解到这家企业今后的发展计划和商标图形，使将这个企业的商标在其他地区抢先注册，使这家企业的海外开拓计划流产。

分析这家企业保密工作失败的原因。

2. 1991 年仲夏，一个法国人在珠宝商店购买了一串贵重的项链，把它赠送给在美国纽约国际商用机器公司总部当秘书的女友。女秘书收到礼物后，便高兴地戴在了自己的脖颈上。一个月后，商用机器公司的老板惊奇地发现，该公司刚刚研制成功的一种先进的军用计算机软件系统已成为德国一家大公司的产品，即将出口阿拉伯某国家。本来，这种计算机系统计划用于改良北约集团战略导弹的反干扰性质，具有很高的军事价值和经济价值，因此在国际商用机器公司属于高级机密。那么，这一机密是如何落入德国公司手中的呢？经过一番调查，才得知问题出在商用机器公司老板的那位贴身女秘书脖颈上挂的那串漂亮的项链上。原来项链的环扣上被暗暗装上了灵敏度极高的窃听器和无线电传送装置，以致商用机器公司的重大决策和科技机密，几乎无一幸免地被窃听并传送出去。而那位赠送项链的法国人，则是被德国公司雇用的一名经济间谍，交友赠礼都不过是窃密的一种手段。

谈谈你的看法。

3. 你认为，可能会造成企业秘书泄密的渠道有哪些？

4. 人到中年的赵秘书担负着县委常委会议的记录工作，他当然深知保密工作的重要性，一般情况下，他对不该说的重大机密还是能做到守口如瓶的。但老赵有一个弱点——虚荣心强，有时爱显摆自己，还好讲所谓的义气。有时有意向他打听县委常委会议某种情况的人，给他说几句好听的，给他戴个“高帽子”，他就有点把持不住了，感到打听的事也不算什么国家机密，就用暗示的语言给别人泄露一些消息。比如常委会决定提拔此人，他就会说一句“准备请客吧！”如决定处分此人，他就会说一句“情况不妙”，这实际上等于说出了常委会的决定。于是，一些人给老赵起了个外号，叫他“温度表”，意思是从他身上能看出常委会的有关情况。县委领导发现这个问题后，为了对工作和他本人负责，及时给他掉换了工作。

对此你有什么看法？

5. 希腊神话中，国王弥达斯因为长着两只驴耳朵，所以整天戴着帽子，但无论如何也瞒不过理发匠。理发匠们都忍不住要泄露机密，一泄露机密就被砍了头。后来，有关部门终于找到了一个最能保密的理发匠去服务国王，不料时间一长，这个理发匠也憋不住了，跑到野外无人之处，在地上挖个洞，对着洞口痛痛快快地大吼了几声：“国王长了个驴耳朵！”然后他把洞口堵上，又很恭敬地回到王宫。不料那地方却长出一丛芦苇，风一吹过，芦苇竟也发出了“国王长了个驴耳朵”、“国王长了个驴耳朵”的声音。

这则神话使你想到了什么？

6. 于雪是王副总经理的秘书。有一次王副总请于雪去帮他把一件手饰送给一个人。开门的是一位年轻漂亮的女士，她接到东西高兴得几乎跳了起来，“啊！王哥连我的生日都还记得，真是太好了，谢谢王哥送给我的生日礼物！”姜总经理问起这件事，于雪该怎么回答？

7. 景泰蓝是中华民族智慧的结晶，它高贵典雅，为历代皇家之御品，其制作工艺复杂而精湛，原为我国所独有。但是日本人在参观我国景泰蓝生产厂家时，由于我方过于热情好客，慷慨地允许其拍下全部制作的工艺流程，日本人很快掌握了其技术秘密，不久生产出了“青出于蓝而胜于蓝”的日本景泰蓝，严重影响了我国传统景泰蓝工艺品的出口，使我国的景泰蓝产品蒙受了巨大的损失。

美国可口可乐公司之所以能够雄居国际饮料行业霸主地位，首先得益于 100 多年来对

其产品工艺技术、配方的严格保密。当然，可口可乐中的大部分配料是众所周知的，但关键配料是绝对保密的。据说，知道可口可乐完整配方的不到 10 人。

两方对比，请你阐述一下保密工作的重要性。

案例 2　秘书如何养成保密习惯

提高警惕性是贯彻保密工作指导思想的前提，积极防范是加强保密工作的方针，自觉养成良好的保密习惯是做好保密工作的重要措施。在工作中，我们应该如何养成保密习惯呢?

当我们在与人交往中，严防由于一时惬意或为某种炫耀而“胡言乱语”，保密工作内外有别，什么该讲，什么不该讲，要掌握分寸，长话短说，防止无意中充当泄密的“信使”。

当我们携带密件外出时，要尽量避免与人纠缠（如与人撞车、围观某一事物、与熟人长时间攀谈等），以防有人乘机窃密。

当我们因工作需要随身携带国家秘密出远门时，请认真考虑一下在携带过程中的保卫保密措施。例如，在汽车、电车、火车、飞机、轮船上，在上下汽车、飞机、船舶时，如何保管好我们所携带的秘密？不要有丝毫的疏忽，不要携带秘密游览、参观、探亲访友和出入公共场所。

当我们要起身离开某一地方时，在握手道别前，首先检查一下我们所携带的文件包之类的物品，不要遗忘在异地，以免发生泄密事件。

当我们阅读文件时，切勿将文件、资料摊满办公桌，以免别人来办事时造成错拿和夹带，或者自己遇有急事来不及收拾而顾此失彼，要认真做到“人离文入柜”。

当我们要离开办公场所时，要注意上锁，关好门窗，以防不法分子伺机作案。

当我们需要记录秘密时，请记在专门记录秘密事项的保密本上，千万不能将秘密事项记录在不符合要求的纸页上。未带保密本时，要尽量用脑记，记要点，回去后及时整理到保密本上。

当我们写出一篇宣传报道稿件时，请认真审查一下，有无涉及秘密的事项；和上级报道口径是否一致，有无超越报道范围。最好的办法还是请专业人员看一看，千万不要为了抢新闻争稿费而自作主张。

当我们将要把撕碎的纸片和揉捏的纸团扔掉的时候，请仔细检查这些纸片和纸团上是否留有和秘密有关的片言只字，当我们焚烧字纸篓里那些遗弃物时，请不要忘掉完整的红灰上仍有清晰可辨的字迹。

当我们或单位出售废旧书籍、报纸的时候，请不要怕麻烦，认真检查一下，里面是否夹带了秘密文件、资料和内部刊物。这些只能到指定的造纸厂监督销毁，千万不要为了图省事或者一点收入，就卖给废品收购人，须知我们所售出的“废物”，在某些人眼里可能是想得而得不到的宝贝。

当我们用普通电话、对讲机、手机与对方通话时，均不可忘记它们是不保密的。

【分析与拓展】

1. 请你回顾一下秘书的保密纪律。

2. 我们应该如何提升自身的保密能力？如果你是办公室主任，要提升办公室人员的保密能力，你将从哪几方面入手？

3. 清代纪晓岚任侍读学士时，就曾因泄密获罪。纪晓岚和卢稚雨为儿女亲家，卢稚雨任两淮转运使，亏空巨额库金，朝廷要下令抄其家产以抵公款。纪晓岚得到这个消息后，就在其幼子手上写了一个“少”字，叫他到卢家让卢看手上的字，并嘱其子不要说话。卢稚雨看后知道“手”加“少”为“抄”，立即明白了将要发生的事情，就作了些抄家的防备。事后，朝廷察觉追究，纪晓岚以泄密获罪，被罚到新疆充军。

对此，你如何看待？

4. 孔光出身于名门贵族之家，汉成帝永始二年，孔光被擢升为御史大夫，担任尚书省的主要职务，并掌管机要部门的工作，前后达十余年之久，接触和掌握了很多朝廷重要机密，但他一贯谨言慎行，从不泄露。特别是涉及有关人事任免的事项，他更是守口如瓶。史书上说他“有所荐举，唯恐其人之闻知”。不仅如此，“沐日归休，兄弟妻子燕语，终不及朝省政事”。有的家人问孔光：“温室省中树，皆何木也？”即尚书省温室中的树木，有些什么树种呀？孔光听罢，只是嘿嘿哈哈，不予正面回答，而是改答其他的言辞岔开。

对此，你如何评价？

5. 请你分析下面案例了分别运用了什么保密艺术？

(1) 避实就虚模糊法

(2) 绕开正题脱套法

(3) 引其入套控制法

(4) 寓理于事推脱法

(5) 风趣幽默激将法

(6) 金蝉脱壳避实法

a. 罗斯福在任美国总统前，曾任海军要职。有一次，一位朋友想从他那里探取海军建立潜艇基地的绝密消息，罗斯福并未简单地回绝这位好友的探问，而是悄悄地问他：“你能保密吗?”对方信誓旦旦地回答说：“绝对能!”罗斯福微笑着说：“那么，我也能。”

b. 某地准备调整一批干部，有个同志担心自己下岗，就去找领导的秘书探听虚实：“我就是领导能力相对弱一些，这次打算提出退下来，你认为组织会同意吗?”这位秘书笑笑说：“那你就好好提高领导能力吧，只要能力强了，在什么地方都有用武之地。”

c. 前苏联卫国战争期间，敌人用酷刑逼卓娅说出斯大林的去向，为保证斯大林的安全，卓娅坦然答道：“斯大林在自己的岗位上!”

d. 某同志想弄清自己的下步工作安排，去找在上级机关当秘书的老同学探听虚实，刚进门就听到老同学嚷道：“老同学，今天又要刺探点什么情报啊?”此话一出，这位探密

者的自尊心受到刺激，立刻说："老同学，你也太警觉了，我可不是为这个而来哟。"

e. 据说在一次记者招待会上，一位西方记者问道："总理先生，请问中国人民银行有多少资金?"周总理爽快地答道："中国人民银行的货币资金嘛，有 18 元 8 角 8 分。"

f. 某人找到上级领导的秘书，想打听领导对自己任用的意见。秘书一方面热情接待，另一方面对这位同志大加赞扬："我记得有一次，你老同事儿子面临提拔，老同事问你是什么意见，你不但没有告诉他，还批了他一顿。"这位同志听了秘书的夸奖哭笑不得，没好意思再追问自己的事。

6. 你如何应对下面的问话?

"这次分房名单中是否有我?""今年年终奖发多少?"

任务二　礼　仪

【任务目标】

掌握秘书礼仪、修饰的要求和技巧。

【参考学时】

3 学时。

【任务内容】

案例 1　秘书礼仪一百条

第一条　上班应提前 30 分钟

提前半小时上班可以看出你对工作态度认真，也可以使你有时间坐下来从从容容地理一下一整天工作的头绪，分清轻重缓急。

第二条　整理办公室

擦拭办公室桌椅、电话听筒，将日历翻至当日，准备好文具用品，倒掉废纸屑，扫地、擦玻璃窗、打开水。用过的资料放回原处，文件妥善保管。使桌面、抽屉永远保持整洁。同时，也要养成整理领导办公室的习惯。

第三条　穿着要得体干净、简洁、明朗、庄重

服装颜色不能太艳，款色不要太奇，饰品不要太多，化妆不能太浓，鞋跟不要太高，领口、袖子必须干干净净。秘书是单位的"窗口"，因此，穿着一定要合乎身份。

第四条　见面要问好

早晨见面大家都要互相问候，预示着一个良好的开端。不仅对领导、同事都问好，而且对勤杂人员也要问候。对领导的问好要正式些，精神饱满，对同事可以打手势、点头。距离较远的可以行注目礼、点头和微笑。说话音量不能太低或太高。

第五条　迟到时的道歉

先不要为迟到辩解，真诚地道歉：“我迟到了，真对不起。”当被问及迟到原因的时候，再予以说明与解释，并尽快进入工作状态。

第六条　请假礼仪

及时、直接地向办公室主任请假。不要请同事代为请假，让家人请假则更不好。早退则尽量不要引起别人的注意。

第七条　迅速地处理一切事务

上班后，根据领导的指示，分清轻重缓急，迅速开展工作。无论是拟写文稿、接打电话、接待来访，还是复印、打字、传真，都应满腔热情、仔细认真。

第八条　保持办公室良好的工作氛围

上班期间，不要一边喝茶、一边看报，即便是介绍本单位的小册子也要带回家里去看。更不能串门聊天。

第九条　公私分明

个人信件不使用单位的信笺、信封、邮票；有关个人的私事也不要经常使用单位电话。特别是给恋人打电话时要简洁明了，以免引起别人的反感。

第十条　外出办事要写明意向

外出办公务应写明去处和回单位的时间，以便让同事了解你的去向，一旦有紧急公务，能够和你联系。

第十一条　养成微笑的习惯

秘书要养成微笑的习惯，对领导、同事、职工、来访者都应如此。微笑是促进人际关系的信号，能较容易获得对方的信任。美丽的笑容是魅力的发源地，是美好仪态的基础。据说，好莱坞女演员这样练习微笑：她们对着镜子，把念“cheess”时的口形当作最佳笑容时的唇形练习。

第十二条　克服不良习惯

办公期间打呵欠、哼小调是工作疲软松弛的表现，应加以克服。同事的办公室有人来访时，不要在门口探望；与陌生人交谈不要夹带外文单词，这样的卖弄只能显得自己很笨拙。

第十三条　走廊里的礼节

在门口、楼梯口、电梯口以及其他通道走廊遇上女士，男士宜侧身站在一旁，让其先行。如在走道里遇到来人时，要稍稍侧转身并向对方轻轻点头致意。

第十四条　化妆扑粉应去洗手间

禁止在工作期间在办公桌前扑粉化妆。这样会使别人认为你是个生活散漫的人，而且你的单位也会被认为是纪律散漫的单位。因此，化妆扑粉之类的事应到舆洗室去做。

第十五条　不可在人前抓自己的身体

别当着人的面摆弄身体，这儿痒痒，那儿挠挠，或摆弄头发，这会使人感到你的品性低于街道上没有教养的人。

第十六条　禁止在背后议论人

该说的话不当面说，却在背后议论人、发牢骚，容易造成同事间关系不和，是一种非常无聊的行为。

第十七条　递物原则

需要递物品给别人时，如剪刀、笔等，应把尖头一面对着自己；递茶杯给客人时，要将杯柄朝向对方，这样方便客人使用。

第十八条　自觉做好保密工作

不该说的不说，不该听的不听，不该问的不问，不随便发表意见。不能利用工作便利的条件和内部资料写作并公开发表。与外人谈及单位的事情，只透露众所周知的事情，其他的一律闭口不谈。

第十九条　甘为幕后英雄

人们接受的秘书是属于低调的一类，属于幕后的工作人员，是附属于领导的无名英雄。一旦表现得稍为高调，就会惹人瞩目，有可能被以为过分出风头。所以，一方面秘书要有较高的学识和智慧修养，另一方面却不张扬，静静渗透于工作之中。

第二十条　仔细、认真的工作态度

粗心大意的人是一定不会成为好秘书的。做秘书工作特别需要仔细，尤其在处理零碎杂务时，要动脑子，想周全。自以为随手办妥了，但很多时候不上心、不经意，便会出错，并且是意料不到的大错。

第二十一条　不要忘记随时带好名片

名片是最得体大方且详细而又便捷地介绍自己的方法，也令人比较容易记起自己。名片是秘书的护身符，非随身携带不可，否则，就是一种失礼行为，要向对方致歉。一个聪明而仔细的秘书，应该在不同的地方，分别放置领导的名片，以备不时之需。

第二十二条　注意自己的形象

秘书应该不卑不亢、落落大方、潇洒自如、自然诚恳。不喧哗，不放声大笑，不在远距离大声喊人。走路不要搭肩膀，脚步要轻，遇急事可加快步伐，不可慌张奔跑。

第二十三条　注意个人卫生

适时理发，经常梳理，胡须要刮净，鼻毛应剪短，指甲要修剪，头皮屑太多要洗干净。内衣、外衣经常保持整洁，特别是衣领袖口要干净。皮鞋要擦亮。在参加活动前要适度化妆。不要吃葱蒜韭菜等味道过重的食品，必要时可含上一点茶叶，以消除臭味。

第二十四条　合作第一的精神

规模越大的单位，互相合作显得越重要。工作是靠大家合作进行的，只要不忘记这一点，一切才能正常地运转。

第二十五条　努力寻找妥协点

努力发现和尊重对方任何一点可信赖之处，这样就可以找到妥协点。分歧实在无法消除时，也不要说不负责任的话。

第二十六条　对方情绪激动时

对方情绪激动时，自己不要跟着激动，而应该冷静化解。

第二十七条　学会关心他人

秘书要学会关心他人，这样，你在别人心目中才会占有一席之地。

第二十八条　不要厚此薄彼

对领导之间、同事之间、员工之间要做到不厚此薄彼，一视同仁。

第二十九条　切忌嫉妒和妄自尊大

在诸多同事中，经常会有人被提拔，你应及时调整心态，不埋怨领导、不迁怒同事，保持宁静之心；即便在许多同事中只有你被提拔了，也不要认为这是个人能力所致，而应该感到这是大家配合、合作的结果，不要忘记“谦虚使人进步，骄傲使人落后”这句格言。

第三十条　不要独占功名

争抢功名的心理要不得，堂堂正正地尽忠职守，大大方方地谦让才是有度量的表现。

第三十一条　注意尊重前辈

无论亲密、一般还是生疏的关系，都要尊重前辈。对前辈说话的深浅和态度都应掌握分寸，既不过分亲昵，也不要冷漠。

第三十二条　秘书之间的友谊

与单位、公司内各个部门或首长的秘书打好交道，建立深厚的友谊对推进工作相当有利。

第三十三条　不窃窃私语

秘书之间，尤其男女之间在办公桌上用手撑着脸颊，或者倚在椅子上窃窃私语，这可算得上是一种旁若无人的行为，它会影响单位或公司及个人的形象。

第三十四条　和职工交朋友

做一个称职的秘书不能与基层的职工有距离，应利用食堂、娱乐或上下班的路上的机会多交朋友、了解下情。不仅树立了自身的形象，无形中也为领导树立了形象。

第三十五条　认真倾听他人的谈话

认真聆听领导的指示，真正领会他的意思和言外之意。仔细倾听他人的发言或建议。不随便打断他人的谈话，目光应注视对方，以示专心和尊重。认真仔细地倾听，不要装样子，否则，在不该点头时点头，不该摇头时摇头，会影响个人及单位形象。

第三十六条　充分听取他人意见

工作上与同事意见不一致的事常常会发生，不要固执己见，如果能充分听取对方意见往往会出乎意料地找到共同点，使工作做得更好。

第三十七条　热情地帮助员工

细心倾听对方要办理的事情，然后选择一些你能力范围内可以立即替他办妥的，马上着手去干，在短时间之内给他答复。至于那些无能为力的委托，就不妨向对方解释清楚或为他指出寻找其他方法解决的途径。

第三十八条 坦率地认错致歉

工作出了差错，有主观客观的原因。责任在自己的，要坦率地承认失误，进行狡辩往往会适得其反；责任不在自己的，也要有容忍领导、不明真相人的指责的度量，等以后有机会再加以说明。

第三十九条 在领导面前的态度

在领导面前，应双目注视，正确站立，不要点头哈腰，也不要过分紧张。认真地听取领导指令，必要时，拿笔记下要点，并复述确认一遍。

第四十条 汇报工作

向领导汇报工作，要直截了当、简洁明确，提纲挈领。领导想听你个人想法和意见时应该客观陈述。

第四十一条 避免冲突

善于克制忍耐，避免与领导发生冲突。

第四十二条 受到批评后不要哭泣

在受到领导批评后觉得委屈而哭泣，并不能成为辩解的武器，只能使人感觉到其固执、软弱，挫折承受力差，对本人不利。

第四十三条 接受领导任务时

接受领导委派的任务时，不要当场询问要去什么地方详细地了解情况，或经领导确定邀请宾客的通信地址，而应由秘书自己想办法去查找。

第四十四条 纠正领导的错误

领导读错字或在会谈中说错话时，不要在人前当面纠正，但如果领导引用数据出现较大错误时，要适当地更正。

第四十五条 正确领会领导的暗示

要正确领会领导常用“口头禅”的含义。在非常情况下及时而正确地领会领导的暗示，绝对不能把领导的暗示当做“错误”进行纠正。

第四十六条 领导意气用事时

当领导感情失控、意气用事时，不要当场劝谏，应在其心平气和时再提出自己的意见建议。要想方设法为领导挽回负面影响和损失，并若无其事地开展工作。

第四十七条 领导成员之间发生误会

当领导之间发生误会和问题时，应尽快找到对双方适合的方式或找办公室主任解决。

第四十八条 当领导与职员发生矛盾时

领导与职员在办公室发生冲突时，尽快找办公室主任调停。若当场不能找到，秘书可以劝说双方冷静下来，并劝职员暂时离开办公室。

第四十九条 要适当为领导分担一些家庭杂务

领导忙于公务无暇顾及某些需要办理的家务时，秘书要主动地适当分担。但不能动用公家的财物为领导办私事。

第五十条　出入电梯

乘电梯时，看到领导和来宾时应退下一步礼让，装作不认识或抢先冲进去使电梯内拥挤的做法有失礼仪。如果是自己陪同客人，在有专人服务的电梯里，请客人先进，到达时也应让客人先出；如果电梯无人服务，自己先进去，再让客人进，到达时则让客人先出。

第五十一条　不随便插话

领导或宾客在讲话过程中，除非涉及较大的问题，秘书一般不可随便插话。

第五十二条　要控制好自己的表情

在跟随领导外出谈判时，要控制好自己的表情。对方出价之低也许出乎你的意料，但如果这时你的脸上不经意地表现出笑意，则很可能会中止本该成功的买卖。

第五十三条　不轻易泄露领导的行踪

领导的住处、电话号码及去向，陌生人来查询时，要婉转地拒绝；相识的人员来找领导，也要慎重考虑，不轻易透露；对于单位员工提出想见领导的要求，秘书要遵守预约制度，但要尽量地予以满足。

第五十四条　做领导的资料库

要为领导收集意见、听取意见、储存资料、分析形势，记在脑子里或用笔写下。待领导应用时，可以随时提供，但不需要秘书主动提供信息，即用耳多于用口。

第五十五条　及时提醒，减轻领导精神负担

要记住领导在一天中的各项工作安排，到了预约时间，及时提醒领导做好准备。别看轻这些提醒，它可减轻领导的精神负担，不占用过多精力，集中精力考虑重要的事务，而不需担心迟到或忘记重要事务。

第五十六条　领导出差要为他准备清单

每逢领导外出公差，秘书要为领导预备一份物品、文件清单，然后根据清单做好准备。准备的文件清单，要根据他的访问对象及业务目标进行挑选，并尽可能多考虑一些意外业务所需要的有关文件资料。

第五十七条　工作要有始有终

秘书工作相当繁杂但十分重要，可谓面向千家万户，工作千头万绪，只有千方百计、千辛万苦才可以做好，又谓“上面千条线，下面一根针”，所以，未完成的部分是需要格外注意的。当秘书开始了一项工作后，把未完成的部分写在记事簿上，每天查看记事簿上还剩下多少尚未完成的任务，最终完成它。一旦工作完成，就及时标记完成。

第五十八条　要认清自己的工作职责

不要因为和领导的工作关系过于亲近而产生错觉，自以为工作职责范围很大，有很多公事都可以由自己替他办妥。这种自动自觉的操守不一定会备受赞赏，因为不同的职责由不同的部门处理，很有可能在秘书不知情的情况下领导已把要做的工作亲自向有关部门做了交代。所以，不要只知道主动工作而忘记协调的重要性。

第五十九条　不能随意私拆领导的信件

领导没有授权，不能随意私拆领导信件，误拆后要致歉；领导授权的，也应两个人在

场监拆，以示郑重。

第六十条 起立、离席接待来客

接待来访者时应起立、离席、问明来意。

第六十一条 接待来客应主动热情

必须有一个良好的精神状态，待人要主动热情、落落大方，冷冰冰地接待来客会影响单位的形象。无论何时何地都要想到自己是单位的代表。但不要频频鞠躬、点头哈腰，过分卑屈很不雅观。

第六十二条 根据来客的身份和来意，请客人到办公室或接待室交谈

如手头忙于其他事务，一时难以脱离，应向客人说明情况，请其稍候或联系其他秘书协助接待。切忌让客人坐“冷板凳”，长久等候，无人问津。

第六十三条 接待客人时，妥善保管好有关文件

有客人进门，应将办公桌上的文件、资料合起来；迎送客人需离开办公室时，要将文件、资料放置好，以免泄密或丢失。

第六十四条 需领导接待，应适时退场

如需请领导或其他人与访客交谈，应将客人请到适当的交谈场所并倒好茶水（或咖啡），稍后适时离开，离去时要向客人致意。

第六十五条 对等接待原则

按照大体对等的礼仪原则，根据本单位领导的意见通知有关领导人接待客人。秘书人员要安排好会见地点与陪同人员。会见之前，要向该领导介绍来访者的有关情况。

第六十六条 正确递送名片

给对方名片时，要双手递送。将文字正面对着对方；接受对方名片时，也要双手接过，并道谢。接过别人当面递过的名片后，一定要看一遍，看不清楚的应及时请教，然后慎重放好。

第六十七条 沏茶礼仪

同样的来客中应从身份高的开始沏茶。端送咖啡时要把咖啡杯放在托盘里，杯里放上调羹，双手托盘。咖啡杯的杯柄和调羹杯应向着客人的右边。在客人未沏完时，不要给本单位的人沏。

第六十八条 陪同客人走路

如果距离较远，不要闷头各走各的路，要进行一些比较得体的话语，如介绍当地的一些风土人情，名胜古迹，本单位的一些情况以及询问对方的情况。

第六十九条 上下楼梯

上楼梯时，女性应让男性先走；下楼梯时，女性应走在前面。

第七十条 进屋须敲门

进客人所在房间时必须轻轻敲门，待听到回答时才能进门。敲门一般敲三下，门铃则按一下。陪客人进领导办公室，也要先敲一下门再进。要注意的是，如门往外开，应请客人先进，如门往里开，要自己先进去，扶住门，然后请客人进去。

第七十一条　介绍时要用手示意

介绍客人与领导，要有礼貌地以手示意，而不能用手指指人，更不能用手拍打。

第七十二条　引见介绍顺序

客人与领导、同事见面，通常要由秘书介绍。简要说明被介绍人所在单位、职务及姓名。介绍的顺序为：先把本单位的领导介绍给外宾、外单位的领导；先把身份比较低的、年纪较轻的介绍给身份较高、年纪较大的；先把男同志介绍给女同志；先把未婚的介绍给已婚的。如果是几位客人同时来访应按照职务高低依次介绍，职务相同时，则宜先介绍年纪大的。

第七十三条　握手姿势

正确的握手姿态应当是五指齐用，微微一握，并轻轻上下摇动，时间以两三秒为宜。双眼注视对方，含笑致意。握手之时，掌心向下显得傲慢，掌心向上显得谦恭，而伸出双手去捧接对方的手更显得谦恭备至。一般来说，手心朝上的伸手方式受人欢迎，这样不但亲切，而且优雅大方。

第七十四条　握手顺序

由主人、年长者、身份高者、女士先伸手，客人、年轻者、身份低者见面可先问候，待对方伸手再握。男女握手不能太重或太轻、太久。女秘书要注意握手的轻重，很轻的搭一下对方是被认为没有诚意的表现。如果对方先伸手，也要马上把手伸过去，免得对方尴尬。

第七十五条　陪同客人的位置

陪同客人，一般应请客人位于自己的右侧，以示尊重；如秘书自己承担主陪任务，应与客人并排不能落后；如果自己属于陪访随同人员，应走在客人和主陪人员的后面。

走到路口或走廊拐角处，应走在客人的左前方数步的位置，用手示意方向，并有礼貌地提示："请这边走。"进门时应主动拉门，请领导、客人先进。

第七十六条　与客人非正式会谈（1）

秘书与客人谈话表情要自然，语言和气亲切，表达得体。谈话时可以适当作些手势，但动作不要过大。不宜与对方离得太远，也不要过近。不要唾沫四溅。现场超过三人时，应不时地与在场的其他人攀谈几句，不要只与一两个人交流。善于聆听对方谈话，不轻易打断别人的发言。相互交谈时，目光注视对方的鼻唇处，以示专心和尊重；不左顾右盼或注视别处；也不要经常看时间或做出伸懒腰、玩东西等漫不经心的动作。

第七十七条　与客人非正式会谈（2）

国外有五不问，即不问年龄，不问婚否，不问经历，不问收入，不问地址。一般来说，不涉及疾病、死亡等不愉快的事情；不询问妇女的年龄、婚否，不直接问对方履历、工资收入、家庭财产、衣饰价格等私人生活方面的问题；与妇女谈话不宜说长得胖、身体壮、保养得好等话题。

第七十八条　正式的站姿

脸部朝正前方，不抬头，不低头，下颚与地面平行，脊背挺直，脖子用力向上伸长，

耳朵比肩部更靠后，肩膀要放松，手臂下垂。收腰，臂部向上抬，但不要往外翘。膝盖并拢，伸直，脚跟并拢，脚尖之间约分开一个拳头的距离。这是属于礼节性的，给人以紧张感，但时间不长。

第七十九条　非正式站姿

秘书与人交谈时，采用此站姿。绝不可摆动太大，脸朝前方，脊背要挺直，脖颈自然伸长，肩、臀不要用力，可以放松胸部，手臂可以自由摆动，收腰，收小腹肌，膝盖不能弯曲，双脚可以分开，间距不能超过肩的宽度。

第八十条　不正确的坐姿

双脚张开，摆成八字形；双脚交叉，一副懒散的样子；不可足尖翘起；不可露出衬裙。

第八十一条　正确、优雅的坐姿

落坐时，双足要尽量并拢；把右脚尖向前斜伸出，显得悠闲；把脚斜放的坐法可以保持女性身段均衡的自然美；把左腿跷在右腿上，给人高贵大方的感觉，但不能跷得过高，不然有失风度；坐沙发不要太靠里面，否则小腿紧靠沙发的边沿，有损美观。

第八十二条　优美的步态

步态反映了人们对生活的态度及情绪状态。秘书的步态应该是自信、敏捷从容稳健的。具体说来，即是上身正直不动，双肩相平不摇，两臂自然摆动，步幅适中均匀，两脚落地一线，以显优美。

第八十三条　秘书的蹲姿

秘书在取低处的文件或其他物件时，不要弯腰曲背，低头翘臀，而是两脚稍分，屈膝下蹲，慢慢低下腰部拾取，才显得优雅。

第八十四条　不要双手交叉在胸前听人说话

双手交叉在胸前听人说话是很不礼貌的行为，尤其是嘴衔香烟、双手交叉在前胸的姿势必须抛弃。

第八十五条　乘车礼仪

上车要请领导和客人先上，自己后上。要主动为领导来宾打开车门，并以手示意，待领导或来宾坐稳后再关门。车到目的地，自己要先下，为领导、客人打开车门。在乘车的座位方面也有讲究，习惯的坐法是，“右为上，左为下，后为上，前为下”。也就是说，秘书要请来宾坐在汽车后排右侧的座位上，自己坐在来宾的左侧。尤其忌讳客人进座后自己随后从同一车门进座，应从另一车门进座。如果有领导人员主陪，应让领导坐在客人的左侧，自己坐在司机的旁边。

第八十六条　女秘书坐车法则

中式坐法：上车，先臀部急坐，再把并拢的双腿一起抬入车内；下车，双脚先着地，再起身。

西式坐法：上车，侧身一脚先进入车内，入坐后，然后再收起别一条腿；下车，先伸出一脚，侧身站起，再收起另一只脚。

第八十七条　参加宴请礼仪（1）

出席宴会应正点或提前两三分钟或按主人的要求到达。出席酒会，可在请柬上注明的时间抵达。通常情况下，在宴请活动中，确实有事需提前退席，应向主人说明后自行离去。也可事先打招呼，适时离席。宴会结束，在主宾退席后再陆续离去。

第八十八条　参加宴请礼仪（2）

宴请外国人吃中餐，也有中餐西吃的，既摆碗筷，又设刀叉。刀叉的使用是右手持刀，左手持叉，将食物切成小块，然后用叉送入嘴内。每道菜吃完后，将刀叉并拢平排放盘内，以示吃完。如未吃完，则摆成八字或交叉摆，刀口应向内。

第八十九条　参加宴请礼仪（3）

取菜时，不要盛得过多。盘中食物吃完后，如不够，可以再取。如由服务员分菜，需增添时，待服务员送上时再取。对不合口味的菜，切勿显露出难以接受的表情。吃东西要文雅，要细嚼慢咽，喝汤不要吸，不要出声，如汤、菜太热，可稍待凉后再吃，切勿用嘴吹。嘴内的鱼刺、骨头不要直接外吐，用餐巾掩嘴，用手（吃中餐可用筷子）取出，或轻轻吐在叉上，放在菜盘内。

第九十条　电话铃响后马上接

在铃响三遍之前摘机，否则就是失礼；铃响四遍以上，要致歉。

第九十一条　接通电话后要问好

接通电话后，首先要向对方问好，然后报出自己办公室及姓名。如“你好，××公司总经理办公室王秘书”。

第九十二条　和气、亲切、得体

对方讲话粗野、脾气很大时，不要以同样的方法回敬，应有以柔克刚的涵养。

第九十三条　语速要适中

电话中讲话的速度不可太快，否则对方不容易听清；语速过缓也不好，容易使受话方产生厌烦情绪。

第九十四条　自己打电话时

打电话之前先把内容要点写下，在心里做好整理，电话接通后不要吞吞吐吐，丢三落四，要讲得明确，使对方能掌握要领。

第九十五条　能辩别声音

在电话内能辩认对方的声音，一方面易于建立人际关系，起到给人好感的作用，对提高领导的声望也有帮助；另一方面也不会错误地把很多领导不愿意接听的电话转接进来，否则会浪费领导的时间和精力。

第九十六条　电话结束时

电话交谈临近结束时，要使用“麻烦了”、“谢谢”、“再见”之类的礼貌用语。如果你是拨电话的一方，在讲完话后，要隔一个呼吸的时间再放下话筒；如果你是接电话的一方，在对方没有放下电话时，不可立即就放下。

第九十七条　自行过滤信息

秘书将外界的消息与口信转达给领导时，要先行过滤，把不必要让领导知道的情况过滤掉。当然，其中要遵守一个原则，即被删掉的是不良的信息。如一些职工激动起来在秘书面前说的牢骚话之类。

第九十八条　宴客技巧

领导或老板确定宴客的名单后，秘书要跟对方的秘书交流，而不要自己直接邀请。以两个平级身份去转达这份邀请的诚意，那就不会令对方有只从主人秘书口中听到邀请的感觉了。

第九十九条　不经常抬腕看表

从下班前30分钟起便经常抬腕看表是心神不宁、精力不集中的表现，只有那些不去注意时间始终埋头工作的人，才会得到人们的肯定。

第一百条　下班时应向领导确认

到了下班的时间，自己完成了一天的工作任务，领导又没有新的工作布置，就可以向办公室主任说明："如果没有其他的事情，我先走了。"

【分析与拓展】

1. 认真研读并演示秘书礼仪一百条。

2. 某土产公司与一位泰国商人谈判出口土特产。在公司朱秘书的努力下，谈判工作进行得很顺利。但是，在即将签协议的时候，泰商却带着他的孩子不辞而别。事后才知道，起因是朱秘书为了表示亲切，用手抚摸了一下泰商孩子的头顶。而在泰国人看来，头顶对人来说是至高无上神圣不可侵犯的，摸人头顶是对人的极大侮辱。朱秘书在外事接待工作中触犯了对方的禁忌，失去的不仅仅是一笔即将到手的生意，更损害了客商的感情。不懂天文地理者不足为将，不懂风土人情者不可行商。秘书人员特别是涉外企业中的秘书，只有了解各国文化差异，才能协助企业在市场开拓中取胜。

在我国与国际接轨的过程中，秘书人员与外国朋友接触的机会越来越多，你都了解哪些涉外礼仪？请查阅相关资料，进行介绍。

3.《庄子》中有这样一个故事，一次，哲学家杨子到宋国去，寄宿在一家客店里。店主有两个妾，一个长得漂亮，一个长得丑陋。奇怪的是，长得丑陋的受到人们的尊重，而长得漂亮的却无人理睬。请你说说原因。我们如何提升我们的礼仪修养水平。

4. 有一年"八一"建军节，部队首长应邀出席驻地军民联欢酒会。鉴于小武平时的表现，师首长让小武随从。小武第一次随首长参加这样的宴会，自然格外兴奋。酒过三巡，师首长兴致极高，让小武给军地领导唱段秦腔助助兴，因为小武来自陕西关中地区，在部队多次晚会上他的秦腔都获得官兵们的一致好评。小武唱完一曲，在座的军地领导都为他高亢的嗓音鼓掌喝彩，有的说简直是活灵活现的蒋大为，有的要求再来一曲。听了这些赞美之词，小武有些飘飘然，加上喝了些酒，不再像平时那样讲究分寸。他分别给各位领导敬酒，忘乎所以地向地方领导大谈自己大学时代以及从军后的"历史"，说话云里雾里，东倒西歪，完全置部队首长于不顾。酒会后，半醉半醒的小武仍沉浸在兴奋之中。以后，逢人喝酒小武便会得意地提起这段历史，认为自己给领导争了光。不久，上级首长找小武谈话，让他下基层接受锻炼。小武对突如其来的变故不知所措，终日失魂落魄，几乎不能自拔。

谈谈你对小武“不幸遭遇”的认识。

案例2　秘书在不同场合的着装礼仪

周五早晨，秘书小宇仔细琢磨着镜子里的自己，发现自己最近有发胖的趋势，又一次痛下决心，决定开始减肥。早餐一个苹果就解决了，中午她打算利用午休时间打一会儿羽毛球，为了方便运动，她直接穿了一身运动装就去上班了。

没想到，一到办公室，办公室主任就上上下下打量了她一番，看得她浑身不自在，“你怎么穿成这样?”扔下这句话，主任就走了，小宇愣在那里半天没有回过神来。这时小宇的师傅乔娜走过来拍了她一下，“怎么啦？站在这里发愣?”“主任说我今天穿的不像话。”乔娜上下打量了她一下，点点头说：“是有点不像话。你今天怎么穿的这么随便?”“我中午想锻炼一下，拿着衣服挺麻烦的，大家又都很熟了，今天也没有什么重要的会议和客人，我就……”“拿着衣服大包小包的确不方便，我都是放在办公室一套运动装，我们秘书工作中有很多突发事件，日程上确实没有什么重要的事情，但我们却不能保证今天一定没有大事发生，我们千万不能存有侥幸心理。今天说到这个穿衣的问题，我再多说几句，我看你平时也不注意穿着打扮，其实服饰是人形体的外延，不仅起着遮体御寒、美化形象的作用，它还是一种无声的语言，能够反映一个人的社会地位、文化水平和各方面的修养，也能透露出一个人的个性、身份、涵养及其心理状态等多种信息。正如莎士比亚所说：服饰往往可以表现人格。一个人穿戴什么样的服饰，直接关系到别人对他的评价。得体的穿着、恰当的打扮，不仅可展示个人的风采，也有助于树立所在单位或部门的良好形象。

“1961年美国总统大选期间，共和党总统候选人尼克松思维敏捷、从政经验丰富，选前的民意测验结果也显示尼克松领先于其对手民主党候选人肯尼迪。但大选的结果出乎不少人的意料。肯尼迪以美国历史上最微弱的优势（49.9%：49.6%）战胜尼克松。尼克松的落败，据说是由于1960年9月26日在芝加哥举行的一次电视直播辩论导致的。当时，经过精心梳妆的肯尼迪展现在7000万选民面前的是一副精神饱满、气宇轩昂的形象。他还有特别顾问教给他如何坐着显得好看、不说话时应该干什么等。而尼克松不仅由于感冒而脸色苍白，不久前的膝盖受伤也使他体重减轻。他还拒绝化妆，并穿了一套与背景反差不大的灰色西服，因此在电视屏幕上显得憔悴不堪。有意思的是，辩论结束后进行的调查显示，通过收音机听辩论的选民认为说话有条理的尼克松赢得了这场辩论，而通过电视看这场辩论的选民，则被肯尼迪的翩翩风度所倾倒，认为肯尼迪是辩论的胜方。

“这是远的，再说近的。我认识一位年过五十岁的老文秘工作者老王，跟过不少领导，见过不少世面，经过不少事情，可以说要经验有经验，要资格有资格，要脾气有脾气。也

许因为体胖怕热，一到夏天，老王就喜欢换上拖鞋。机关明文规定工作人员不许穿拖鞋上班。前几任领导也抓过一阵子，但对违规者并未查处。老王自以为此乃生活小事，无须大惊小怪，拖鞋就一直穿了下来。后来一位年轻领导上任，大力提倡树立机关良好形象，并首先从机关工作人员的穿着打扮抓起。领导身边的老王自然首当其冲。先进了半辈子的老王'一失足成千古恨'，竟然受到点名批评。可以看出，我们秘书人员在日常工作中一定要精心打扮自己，服饰穿戴应符合一定的审美标准，使自己在社交活动中待人接物落落大方、成熟自信。目前，国际上尊行的TPO着装原则，就是要求你在决定穿一件衣服时，首先要考虑所去的是什么场合，在什么时间去这种场合，是因为什么事或是要和谁去哪里见面。当综合考虑了这些因素之后，再根据需要选择最得体的服装，这样就能够受到别人的重视和欢迎。

"另外秘书着装要做到'五要'。一要整洁。保持着装整洁，主要是靠'四勤'。一是勤换，二是勤洗，三是勤熨，四是勤检查。二要合体。合体就是追求着装与人体特点的统一。过肥或过紧的衬衫，过大或过小的裤腿，过高的高跟鞋以及不得当的颜色搭配等，都会影响人的形象。像你这样为图省事，穿着运动裤，往返于公司之间，看似方便了自己，实则给领导留下了邋遢的印象。三要规范。譬如'三色原则'，'三一定律'。四要从上。秘书人员的主要任务是为领导服务，因此也要根据领导的着装来选择自己的着装。一是切忌与领导穿一模一样的服装。二是不能与领导的着装风格反差太大。三是着装不能过于突出自己。我有个同学为一位女老板当秘书，她们俩都喜欢穿着打扮，爱时髦，两人除工作上配合很融洽外，个人情趣也很相投，所以关系一直较好。但有一天，我的这位同学在同事面前展示自己一身新款服装，正在喜滋滋地接受同事夸奖的时候，却被女老板叫进办公室，挨了一顿劈头盖脸的臭骂，搞得她莫名其妙的委屈。原来，她与女老板竟穿了同一个品牌同一款式的套装，由于她年轻、身材好，同样的衣服穿在她身上比穿在女老板身上要漂亮得多，女老板很是不高兴。五要适事。秘书人员着装不仅是为了好看，而且是为了更好地开展工作。必须针对不同的场合选择不同的着装，如果不懂得变通，就有可能会显得不伦不类，甚至闹出笑话来。总之，作为秘书人员，在着装上应做到大方优雅、整洁得体，既体现自身气质，也有助于维护单位的形象。"

小宇："TPO着装原则我以前听说过，我主要不太会搭配色彩。"

乔娜："服装作为一种静态的社交语言，在信息传递过程中，其色彩的影响力和感染力往往超过它的款式及质地，因为人的视觉对色彩的刺激最敏感。在人们对衣装整体产生明确的印象之前，色彩作为第一可视觉元素首先给了人第一印象。这种第一印象使观察者对着装者形成了初步的评价和态度。因此，秘书要善于选择适当的色彩进行合理搭配，这是美化着装的重要手段。俗话说，没有不美的色彩，只有不美的搭配。

"一般地讲，服装色彩的搭配主要有三种基本方法。

"第一，亲色调和法。这种方法是将色调相近，但深浅浓淡不同的颜色组合起来，形成一种和谐美。亲色调和法比较简单，容易掌握，且配出的颜色效果也比较好，给人以端庄、稳重、高格调的感觉，适合礼仪场合。但需注意，色与色之间的明度差异不能太大，明度对比太大，会给人整体割裂的感觉。一般宜用明度适中的色调作为过渡，逐步形成层次感。

“第二，对比色调和法。对比色调和是指以一种颜色衬托另一种或另两种颜色，使之相映生辉。对比色调和法有很多种方式。有的将两种对比色加以搭配，如红与绿、黄与蓝、黑与白等；还有将三种颜色搭配，如红黄蓝、橙绿紫等。不管以哪种方式搭配，只要达到和谐效果就是美的。

“在以上的颜色搭配中，灰、黑、白是比较安全的颜色，与任何颜色搭配都有比较好的效果。但需注意，在着装颜色搭配上，切忌上下身都采用鲜明的颜色，这样会显得很刺眼，令人不舒服。例如，鲜绿色的裙子最好不要配鲜黄色的上衣。

“第三，主色调搭配法。选定一种起主导作用的基调和主色，相配于各种颜色。采用这种配色方法，必须先确定整体服饰的基调，即冷色调还是暖色调，明色调还是暗色调。其次选择与基调一致的主色，最后选择辅色。主色调搭配不当，会有损人的形象。通常应该掌握这样的原则：主色在整体服饰中所占比率应最大，置于最显眼、最重要的位置；辅色选择应重点考虑基调的性质，尽量多用与基调性质相同的色彩；主色与众多对比色的明度应尽可能相同或相近。”

小宇：“娜姐，你说的应该是我们秘书礼仪的全部了吧！我今天学到的可真多啊！”

乔娜：“这还不是全部，秘书礼仪还应该包括秘书的举止礼仪。举止是指一个人的动作、表情，是一种不说话的‘语言’，也称‘肢体语言’。它反映了一个人的基本素质，受教育的程度以及被信任的程度。人的举止礼仪是其本人气质内涵的外在表现。哲学家培根有句名言：相貌的美高于色泽的美，而秀雅合适的动作美又高于相貌的美。这是美的精华。举止是一种展示自己才华和修养的外在形态。因此，在与他人交往中，秘书的举止尤为重要。我有个朋友李军在一家广告公司工作。一次，他通过朋友与另一家公司商谈一项大的广告合作事宜，几天后对方却答复说已经与另一家公司合作了。李军很奇怪，商谈过程很顺利，当时对方也没有什么不同意的表示，之前朋友也没说有别的公司竞争，于是请朋友帮助从侧面询问对方原因。朋友打来电话说，对方公司说你不屑与他们合作，你在谈话时，时而仰靠在沙发上，抖着二郎腿，时而把手放在口袋里摆弄钥匙，一会儿手机又响，还满不在乎就接电话，根本不在意他们的存在，于是他们就换了家公司。中国人民大学的金正昆教授在举止礼仪方面的标准是规范、自然、文明、稳重、美观、大方、优雅和敬人八个方面。我们秘书的举止礼仪范围包括：站立、行走、就坐、回头、下蹲、见面、握手、介绍、交谈九个方面，这里头的细节很多，我就不一一说了。”

小宇：“娜姐，你懂得真多！”

【分析与拓展】

1. 请你详细谈谈秘书在站立、行走、就坐、回头、下蹲、见面、握手、介绍、交谈九个方面，有哪些注意事项？

2. 秘书在工作中大致会参加四种场合，即喜庆场合、庄重场合、悲伤场合、休闲场

合，请思考如果你要参加以上四种场合，你会如何着装？

3. 男同志需要化妆吗？如果需要，化什么？怎么化？

4. 有人说，美在和谐，秘书着装也要体现出整体和谐之美。你如何看待？

5. 练习着装、化妆，以小组为单位，进行整体展示评比。

任务三 沟 通

【任务目标】

了解口头表达和非语言表达的技巧，掌握沟通、协调的艺术。

【参考学时】

5学时。

【任务内容】

案例1 秘书说话有原则

秘书的口才，直接影响着秘书参谋和助手效能的发挥。比如，某秘书向他的领导说："……以上就是我的意见。不错吧？"向他周围的工作人员说："……这些意见你们必须认真执行。"这样说话，会使对方产生一种排斥意识。领导会认为太狂妄，群众会认为太专横，即使是很好的意见也不容易被人所接受。那么，作为一名秘书，在运用自己的口才时，应当遵循哪些原则呢？我的感觉是，除了秘书的工作性质决定了秘书在工作中说话的职能原则，比如，保密原则、不越权原则等外，还应遵循以下运用口才的基本原则。

一、以听者为主体

口才问题，表面上看，说者是主体，但用交际效果来检验，说者的言语都是围绕听者进行的。从这个角度来说，口才运用应该遵循以听者为主体的原则。

以听者为主体，就要考虑听者的接受能力、处境、心情、实际需要、思想性格以及自己说话是否符合规范、对方是否听得懂等。

一位中文系毕业的大学生分配到一个工厂当秘书。厂长迁入新居，这位秘书对厂长说："我念大学时的王老师是书法高手，我去讨幅墨宝挂在你的墙上。"厂长说："讨个'磨盘'挂在墙上？像什么话！"秘书哭笑不得，心里暗暗嘲笑厂长水平低。其实，真正该嘲笑的倒是秘书自己。行有行话，俚有俚语，厂长懂管理、懂技术，未必一定懂得"墨宝"这种不常用的"雅语"。如果秘书把这句话说成："我去请我念大学时的王老师为你写几个字挂在墙上，美化美化你的居室。"厂长一定会赞成的。

又比如一文具厂厂长正在为该厂生产的小学生文具盒滞销积压发愁，秘书却大惊小怪地向厂长报告：某某厂破产了，正在拍卖。于是，厂长没好气地回答："你对破产感兴趣？你对拍卖感兴趣？有你这号秘书，不破产也得破产！"如果这位秘书懂点心理学，说话注意听者的心态，他绝不会去触这个霉头。

二、看场合说话

只要不是自言自语，说话必然都有一定的现实语言场合。场合，是多种条件的综合，主要包括时间、地点和听众。

地点，是场合的一个重要因素，是说话时所处的特定空间。每一特定空间，对说话双方都有一定的心理影响，使得说话双方在话题、内容以及表达方式上都必须有一定的尺度，要注意"到什么山头唱什么歌"。这不叫"圆滑"，这是"需要。"

比如，某计划生育委员会的一位工作人员病逝了，某秘书在追悼会上致悼词时说："我们一定要努力完成死者未竟的事业，把人口降下来！"本来这句话的意思是不错的，但在为死者举行的追悼会上讲这个话，却不太妥帖。难怪有调皮的小青年在背后讽刺说："把人口降下来，好办，号召大家都跟着死者去死！"

地点是环境的一部分，对情绪影响极大。秘书跟领导谈工作，最好在办公室，办公室体现了双方职责所在，能使双方谈话认真、严肃，谈话内容更具工作性。如果秘书找人谈心，最好亲自到对方家里去，以便连同看望他的家人，这样能在轻松愉快的环境中心贴心地交换意见。

秘书说话还要讲究时间，"什么时候念什么经"。如果是下班以后去领导家里商议不太紧急的事情，进门后应先观察领导忙不忙，是不是正准备出门，有无其他客人在坐，身体是否欠安；如果去的不是时候，领导是没有心思跟你交谈的，遇到这种情况，最好改日再说。平时，在汇报"忧信息"或向领导提意见时，要注意选择领导心平气和的时候，这时领导才容易冷静地接受意见、思考问题、处理问题。如果遇到领导因其他不顺心的事而迁怒到秘书身上，当秘书的要多多体谅，这时，最好什么都不要说，宁愿耐心等待，让领导消了气，有可能接受你的意见时再开口。

秘书说话，还要看听众。"见什么人说什么话"，这话原是含有贬义的，其实，从某种角度讲，还是有道理的。杨子荣打虎上山，深入匪穴，为擒座山雕，不是操一口"匪话"吗？所以，作为领导的助手，在公关旋涡里工作的秘书，说话时，更应当根据不同的对象采取不同的谈话方式。关于这个问题，毛泽东同志早在《反对党八股》一文中，就用"射箭要看靶子，弹琴要看听众"的比喻说明了。如果说话不看对象，就是"对牛弹琴"。

三、创造良好的交谈印象

作为秘书，不只是靠衣着打扮塑造自己的形象，更重要的是靠自己的言谈举止塑造自我的形象。有个别秘书，只重视西装革履的外表，而忽视自己的言谈举止。说话时，要么脸红脖子粗，声音大如雷，唾沫满天飞；要么低三下四，唯唯诺诺，结结巴巴。如此姿

态，有损秘书的形象。每个人都在许多特定的场合中“推销”自己，创造良好的交谈印象正是“推销自己”的重要手段。比如，一位秘书去一家公司联系事情，见到该公司的销售科长，便马上主动伸出了手：“您好！请教您的尊姓大名。”“免尊，姓李，名世芳。”“啊，李世芳同志，我可以麻烦您一下吗？我想找您谈谈有关……”女科长高兴地答应了。显然这位秘书是熟谙交际的，他首先问了对方的姓名，然后重复一遍，这既增加了亲切感，又留下了自己真诚、礼貌的良好交谈印象，对方当然就乐意谈下去了。

创造良好的交谈印象，除了注意谈话的内容与方式外，还要注意服饰整洁，举止文雅，微笑亲切，谦虚诚恳，这样，才能实现秘书言语交际的最佳效能。

四、表达要明确

秘书说话，表达要明确；如果表达不明确，那就等于没说，甚至还会贻误工作。有位秘书向他的上司汇报情况时，总爱引用对话，一会儿“他说”，一会儿“我说”，一会儿“他又说”，一会儿“我又说”，加之“接着说”，“后来说”，“又才说”，如此说来说去，简直把领导弄糊涂了。又比如，某皮革厂的一位秘书向前往视察的市长介绍情况时，开口一个“三眼女牛”，闭口一个“五眼男牛”，使市长不知所云。后经解释才知道“三眼女牛”是指有三个鞋带孔的女式牛皮鞋，“五眼男牛”是指有五个鞋带孔的男式牛皮鞋。

要表达明确，说话首先要中心突出，即头脑里储存的那个极力需要表达的思想，在讲话时，要非常突出地讲出来，不要让丛生的“杂草”掩盖了“鲜花”。其次，说话要准确地表达思维结果。言语是思维活动的外部表现，人们在说话时伴随着进行的复杂思维活动，如判断、推理、分析、归纳等，都会有一个具体过程；我们在进行口语表达时，说出来的只是思维结果，思维过程已经综合在思维结果中了。比如，一位秘书向人介绍厂里的一位女工：“她现在二十四岁。进厂时才十七岁，是我们厂子刚建五号楼那会，那是一九八五年……”他把推想女工年龄的过程都说出来了，这是多余的。

要表达明确，还要求说话条理清楚。秘书在说话时，先说什么，后说什么，都要有一个合理的顺序，这样才能使所说的内容条理化，以便别人听话时顺着你的思路，一层一层地把意思理解清楚。如果秘书说话时，东一榔头西一棒，颠三倒四，听话的人就茫然，就心烦。心理不相容，便听不进去，影响言语效果。

在“时间就是生命”、“时间就是金钱”的改革时代，为了提高工作效率，秘书说话还要注意用语简洁。凡说话啰嗦的人，多半由于思维跟不上趟，即“想”跟不上“说”，于是不自觉地重复一些语义相同的句子或增加一些诸如“嗯，嗯”“这个，这个”“唔，唔”之类没有任何表达意义的音节。除此之外，有些秘书长期工作在领导身边，似乎不学“官腔”，不讲几句“这个”“那个”便不足以显示自己的身份。这也是表达不够明确，说话啰嗦繁冗的原因之一。还有的秘书为了迎合领导，无话找话说，东拉西扯，词不达义。既浪费了自己的时间，更浪费了领导的时间。

【分析与拓展】

1. 你在平时注意语言的艺术吗？作者给了你哪些启示？

2. 有人做过统计，说我们在说话的时候用的最多的一个字就是“我”，你认为这种现象有利于人际沟通吗？

3. 有人说，用什么方式说话永远比说些什么重要。你认同吗？

4. 公司老板与供货商刘经理就进货问题谈了几个回合，刘经理来公司准备签合同，但老板又提出供货中的问题，一个上午又无果而终，刘经理回去的时候，秘书送他到电梯门口，在电梯门口，刘经理苦笑着对秘书说：你们老板怎么变得婆婆妈妈的，没有一点男子汉气概。

如果你是秘书你会怎么回答？

5. 请你结合《触龙说赵太后》谈谈其中的语言艺术。

6. 比较

(1) 秘书说：“××首长，我认为您的决策有些失误的地方，想和您谈谈，好吗?”

(2) 秘书说：“××首长，我对您的决策提点意见可以吗?”

(3) 秘书说：“××首长，我有个想法说给您听听，不知行不行?”

7. 某公司秘书在迎接香港客商时，由于紧张，竟然对客商说：“我们总经理在那里，他叫你过去。”香港客商很生气地说：“他叫我去？我就一定要去？我又不是他的下属，凭什么叫我？你们现在就是这样对待合作者的？以后还了得？合作应当是关系平等的。”于是这位客商当即转身，一边走一边说：“贵公司如果真有合作诚意，叫你们总经理到我入住的宾馆去谈吧。”

请你评析双方的语言问题。

8. 盲姑娘在街边乞讨，面前有一张字条：“好心人，请可怜可怜我。”结果收获甚微。一位诗人走过这里，很可怜这位姑娘，就将她面前的字条改为：“春天来了，可是我什么也看不见。”你猜结果如何？原因是什么？

9. 假如有一天早上，你上班迟到了，面对领导的询问你会怎么说？

(1) 今天乘公共汽车出了毛病，所以迟到了，非常对不起。

(2) 今天迟到了，非常对不起，因为公共汽车半途出了毛病。

10. 如果第一天开了办公会议，经理让秘书第二天上班前拿出会议纪要。秘书回去整理会议记录，几易其稿，一直到凌晨才把纪要写好。第二天上班前，秘书把纪要拿给经理，并说；“哎哟，总算写好了，我昨天一直干了一夜，不知您满意不满意?”你如何评价?

11. 补充

一次，某单位邀请某著名学者来讲学，单位领导设宴欢迎。在开宴前，处长高举酒杯祝酒：“欢迎王教授能再次光临我们这儿讲学!”这句本该用在告别宴会上的礼仪语言却用在了欢迎宴会上。好在这位王教授灵活机变，接上了这么一句：“……”巧妙地化解了尴尬。

案例 2　秘书必须了解的赞美技巧

在人际交往中，适当的赞美对方，能够创造出一种热情友好的气氛，使交往朝着积极

的方向发展。美国学者威廉·詹姆斯说："人性最深刻的原则，就是恳求别人对自己加以赞赏。"赞美能让对方感到自我价值得到确认，从而产生"自己人效应"，即便是最优秀、最有成绩、最自信的人，也希望得到适度的赞扬、中肯的评价。赞美是照在人们心灵上的阳光，有助于创造良好的情绪和情境。赞美对方的宗旨是尊重对方、鼓励对方，以期创造友好的交往气氛。但是，赞美必须恰到好处，才会让对方感到你是在尊敬他。如果言不由衷，是虚伪；如果有求于人而表示对他人的赞许，是交易。过于频繁的赞美，也会产生适得其反的效果。赞美不能随心所欲，当我要想达到良好的效果，在交谈中赞美他人时总是注意以下几个方面。

一、赞美要出自内心、发自诚意、诚恳坦白

赞美首先必须真诚。英国专门研究社会关系的卡斯利博士曾说："大多数人选择朋友都是以对方是否出于真诚而决定的。如果你与他人交往不是真心诚意，那么要与他人建立良好的人际关系是不可能的。"赞美别人也是如此，如果你的赞美不是出于真心，别人不但不会接受这种赞美，甚至会怀疑你的意图。

和陌生人打交道，对方要么会对你很冷淡，要么会对你心存戒备，而真诚的赞美能消除彼此的陌生感，顺利完成使命。龙应台是台湾著名作家，为人低调，一般不接受采访，但中央电视台《东方时空》主持人温迪雅却成功地采访了她。以下是她们之间的对话。

温迪雅："作为您的读者，我喜欢您的作品中所表现出来的直率与坦荡，喜欢您信手拈来皆文章的敏锐……"

龙应台："你读过我哪些作品?"

温迪雅："我读过您的五本自选集，我最感兴趣的是您以胡美丽的笔名和真名龙应台所展开的讨论，剖析了您作为女性对自身不同层面的思考。而且当读了您的《女子与小人》，又让我为您的细腻琐碎而感动，让我着迷的是，您在这本书中流露出的母爱与那个会写批评的龙应台竟是如此不同。"

龙应台："你说得很对，胡美丽与龙应台截然不同，恰恰是我追求的效果。"

此时，龙应台露出难得的笑容，而温迪雅趁机提出自己的要求："龙女士，我们可不可以做一个专访，让更多的人去了解您?"结果龙应台爽快地答应了她的请求。

温迪雅一番真诚、中肯的赞美，拉进了双方的距离，融洽了双方的关系，使龙应台有如遇知音之感，接受对方采访就成了顺理成章的事了。

二、赞美要具体明确、符合实际、恰到好处

在公关交往中，可以称赞他人的地位、成就、经验、知识、精力、才干、业绩、品德、外表、风度，也可以赞扬他人对某件事的行为，以及对一件事情的努力过程。

赞美要符合被赞美者的身份及与赞美者之间的关系。如果言过其实，别人会认为你是在阿谀奉承。你不能用赞颂领袖的言辞去赞美一介平民。对于一个百姓，你只要称赞他的安分守己、为人正直的品格就会使他满足。但对于一位领袖，你最好赞扬他的伟大和英明。如果你用安分守己、为人正直去赞颂领袖，用伟大和英明去称赞百姓，对于二者来讲，都构成了揶揄和讽刺。

赞美的话没有说出口时，要先掂量一下，这种赞美有没有事实根据，被赞美者听了是否相信，其他人听了是否不以为然，一旦出现了异议，你有无足够的证据来说明自己的赞美是站得住脚的。

1961 年，在我国内外交困之际，周恩来总理出国归来，其他党和国家领导人到机场迎接他。第二天，周总理看到一张报纸上登载他回京的消息上有“周恩来总理神采奕奕地走下飞机”时，不由得皱起眉头，他指着报纸对值班的秘书说：“你打个电话，问清楚这条新闻是谁写的，叫他马上到我这儿来一下。”

那位记者很快来了，周总理放下手中的工作，拿起那张报纸说：“我们现在国家遭难，人民受苦，我周恩来凭什么还神采奕奕?”记者知道错了，忙向周总理检讨。同时汇报说，他当时写这则新闻时只考虑到了国际方面的情况，没有考虑国内方面的因素，因此出了差错。周总理略一沉思，又谆谆告诫说，我们共产党的干部都是人民的公仆和勤务员，现在天灾人祸闹得我们饭都吃不饱，我周恩来作为国家的总管，居然还“神采奕奕”? 这样的宣传“上不合国情，下不安民心”，群众看了会怎样想? 周总理的精辟分析使那位记者感到很愧疚。

三、赞美要因人而异、注意场合、讲求效果

要选择符合赞美对象心理需求的词汇进行赞美，比如，在私人场合，除了赞美对象本人以外，其房屋、设施、家庭成员等，都可以成为你赞美的对象，注意要做到恰到好处、大方自然。如果交情不深，又有求于人，此时赞美的作用是为提出请求创造一个融洽的气氛。在这种场合的赞美常同寒暄连用，会有一种自然过渡、缓和双方心理的作用。如果不与寒暄连用，专为恭维而恭维，则容易给人居心叵测之感。

某推销员去某工厂推销产品，该厂厂长说：“本厂已有订货，不再需要其他公司的产品。”推销员早已从其他途径了解到该厂有容纳其产品的能力。于是在午餐前，他去了厂长的家，但他并没有提任何与产品销售有关的问题，而是跟厂长的孩子“玩”了起来，并连连向大人夸奖孩子的优点。听到他恰如其分的赞美，厂长与家人都很高兴，后由孩子提议“留叔叔在家吃饭”，这下子气氛就更融洽了。餐毕，厂长说话了：“关于你推销产品的事，下午到我办公室咱们再谈谈。”就这样，一个原本没有希望的订单，在这样的特定场合下竟然变成了现实。

四、赞美要选择角度、变换说法、出人意料

赞扬一个人最得意、别人不以为然的事情、不被别人注意的某些长处，最能博得他人的欢心。要使自己的赞美收到好的效果，必须对对方的情况有所了解，了解得越多，赞扬的话就越符合被赞美者的赞同，越能让对方从心里感到高兴和自豪，从而获得好的效果。

领导者和名人经常会受到公众的赞美，但是人们往往只赞美他们的成功，赞美他们所

收获的表面东西，如权力、地位、名誉等，而往往忽略了其本人的价值，所以尽管溢美之词很多，却很少能说到他们的心坎上。

香港著名小说家金庸，以武侠小说而闻名于世。世人皆传“有华人的地方就有金庸小说”。他的弟子倪匡曾说过，一般人见到金庸总是称赞他武侠小说写得好，其实那都是客套话。因为关于这一点已经举世公认，金庸本人也听得太多。要赞美金庸，最让他开心的是赞美他围棋下得好。棋圣聂卫平曾与金庸多次对弈，一次他到香港访问，拜访金庸时称他围棋水平在香港文化人中排名第一，令金庸大为高兴，认为知己。俗话说：“好话说三遍，谁都不喜欢”，这句话道出了人们共同的心理特征。对领导者和名人来说，如果人们在其面前所说的恭维话几乎都是一样的，被赞美者听了绝不会被感染和触动。而出人意料的赞美，更能博得别人的好感与欢心。

【分析与拓展】

1. 如果你的母亲让你列举出 6 项你对她的改进意见，你打算怎么做？

2. 赞美与拍马屁有区别吗？

3. 请你评析以下观点

(1) 赞美像食物一样为人所需要，不懂赞美有罪。

(2) 可以间接的赞美。

(3) 请教是一种含蓄的赞美。

4. 蒋介石平生恨别人擅权，对身边人员更是防范甚严。蒋介石手下曾有一名得力助手杨永泰，此人是旧政学系领导，精明干练，满腹经纶，很受蒋的赏识，被蒋破格提拔为军事委员会秘书长。杨永泰为了迎合蒋介石，每逢向蒋汇报，身上中山装左右两只口袋内，都备有正反两面的条陈。他先畅所欲言，在谈话中探察蒋介石倾向于哪一方面，然后迎合蒋的意见，从口袋中取出预备好的条陈，请蒋介石审阅。人们把杨永泰这一手，戏称为“乾坤袋”。蒋介石得知这一秘密后，立即引起了警惕之心。告诫自己：“此人非我同道，非忠于事者。久之，其心必异。”因此，有意疏远。

读后，你有何感想？

5. 如果一位经理人同时具有博士头衔，当他在一群经理人中和在一群博士中，你会如何赞美他？

6. 读完该案例，你最大的收获是什么？请你赞美你的同学或老师。

案例 3　秘书工作中的非语言传播

秘书小文刚到公司不久，小文悟性高，业务上的事情很快就学会了，让她最苦恼的是如何把握领导和客户的心思。她看到公司的老秘书韦蝶青总是能够恰到好处的做事，领导还当着小文的面夸奖韦秘书和他很有默契，小文一直想向韦秘书请教，但苦于没有合适的机会。正好这次小文和韦秘书一同出差，又同住一室，小文决定抓住这个机会，问问韦秘书是如何修炼出这套摸透他人心思的本领的。

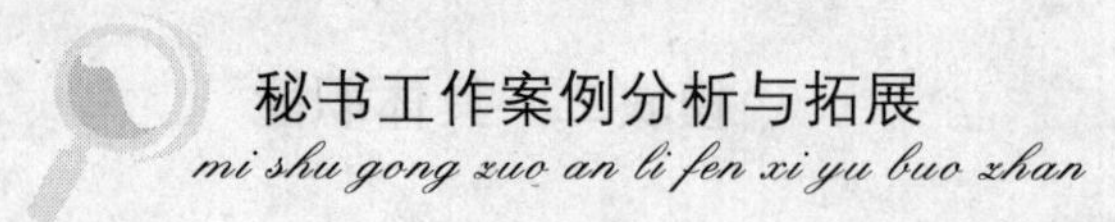

小文："韦姐，我看你总是能很准确地把握他人的心思，你是怎么做到的？"

韦蝶青笑笑说："这可是个难说的问题，你请客吧，看你请客的档次，我再决定告诉你内容的深浅。"

小文："好了，韦姐，你就别卖关子了，我请你到五星级饭店吃饭还不行呀？"

韦蝶青："行啊！其实与他人进行顺畅的沟通，大多数人都只注重对方说什么，而没有注重一种被称为非语言的东西存在。美国口语传播学者雷蒙德·罗斯认为，在人际交往活动中，人们所得到的信息总量中只有35%是语言符号传播的，而其余的65%信息是非语言符号传播的，其中仅面部表情就可传递65%中的55%信息。美国学者艾伯特·梅拉宾制定了这样一个公式：传递一项信息的总效果=7%的词语+38%的声音+55%的面部表情。他认为，面部表情的信息冲击力远超过声音和言辞。在与他人相处的过程中，我们想要很好地了解他人的所思所想，就必须通过非语言传播的多种方式，发送和获取他人所需要的信息及其意义。"

小文："啊？这么复杂，那什么是非语言的东西呢？"

韦蝶青："譬如，面部表情，在东方文化中，按照自我控制和礼让尊奉的基本道德要求，人们在就餐时常常对自己喜欢吃的东西表现出很有节制的样子。西方人在餐桌上很少劝食，以表现自己得体的待客方式。东方人控制情感意愿、不喜形于色的处世方式西方人一般是不能理解的。如果公司发生了伤亡事故，你去现场处理，不管此时你心里有多么大的喜事，都须摆出难过、同情之类的表情；同样，不管你心情多么坏，在办公室里，在气氛热烈的庆祝宴会上还得带上真诚的微笑。

"还有目光。在人际交流中，目光传达的意义是十分复杂和丰富的。通常情况下，就目光交流习惯而言，东方人比较拘谨，西方人则较为放松。比如，直盯着某个人看，东方文化视之为粗野的表现，西方文化则将低头或躲躲闪闪的目光视为掩饰和不真诚，是'不感兴趣'或'缺乏自信'的表现。在与人交流时，职业秘书要正确区分不同文化环境下目光传达的意义和情感。有一个年轻貌美的女秘书，应邀到某大学讲述秘书工作的切身体会。台上她娓娓而谈，渐入佳境；台下忽有一男生高声说：'小姐，你性感的身材让人忘乎所以。凭着这点做秘书自然是不费吹灰之力，又何必在我们面前高谈阔论？'全场先是沉寂数秒，紧接着有人起哄，还有人吹起口哨，等着看女秘书气急败坏、脑羞成怒的模样。孰知她竟不惊不忙，用沉着而锐利的眼光扫视两遍会场，全场顿时肃静。然后她目光直视那个男生的眼睛，须臾，微微一笑：'首先，我得感谢这位同学对我的高度评价。其次，我想告诉你，我要是像你一样有随意打断别人谈话习惯的话，我身材再好也做不好秘书。再次，各位同学，我很快要和大家谈到这方面体会，请别着急！'全场掌声如雷……

"再如距离。我们可以通过空间距离来判断关系的亲密度，同时也可运用空间距离来规范彼此的关系。我跟你说啊，近范畴为1.2～2米，它通常是我们处理公务的距离，是秘书人员从事接待来客、会见新领导或公司经理等公务时应该采用的最佳距离。当公司经理会见秘书时，秘书应站或坐在左前方1.2～2米处，这样做满足了经理的支配欲，使他觉得受到了应有的尊重。远距离为2～3.7米，适用于更正规一些的社交场合或公务活动

中。在办公室里，秘书人员接待来访者保持这种远社交距离是必需的，这样他可以接着工作而无须和他闲聊，双方靠近时，这么做就显得有点失礼了。

“再如姿势。一定的动作、姿势具有一定的意义，代表一定的情绪；一定的情绪通过一定的动作、姿势表现出来。与你交谈者尽量将其身体、膝盖部、脚尖朝向你，甚至有模仿型姿势出现，说明他对你的谈话很感兴趣；如果他感到厌烦，不想继续听下去，他可能会不断地改变姿势，四肢可能会经常摆动、摇晃，‘多余’的动作会明显增加。

“还有衣着，在洽谈生意的宴会上，我们秘书人员的穿着不应比老板的风光而威胁到他的重要身份；而且还要提前了解或预料参加宴会的其他人员的衣着，以使本公司与会者的衣着和其他与会人员的衣着相协调，利于形成平等、融洽的谈判气氛。这些都会辅助我们更好的了解他人。”

小文．“韦姐，你说的真好，你再多说点吧。”

韦蝶青：“好吧。其实，我们不仅可以通过非语言的东西了解他人，也可以通过非语言的东西向他人传递信息。譬如，就姿势而言，如果总是在领导面前挺胸昂首或将身体放松到极度，就表示对领导持否定态度，不佩服，不尊重；就动作而言，如果在会场向领导举一下手里拿的文件，并在相互注视后点点头，就可以暗示：文件已经拿回来了，您交办的事情已经办妥了；就眼神而言，如领导在与他人议事的情况下，秘书突然相对眼神，表示对所谈内容理解，看法一致，相反，若在此情景下注目之后眨眨眼，即可提醒领导对对方所谈情况不要太相信；就穿着而言，在非常重要和庄重的场合，秘书身着一身款式大方整洁漂亮的西装即可表示对此很重视、很认真；就颜色而言，譬如，领导交办为他人送一份贺喜礼物，秘书应选择黄、橙、红等暖色带礼品纸加以包装，而不宜用普通白纸；就气味而言，如果希望人们前来并多逗留一些时间，往往在这个场合内使用一些气味诱人的香水；就时间而言，秘书对领导交办的事情应按时办结，参加重要会议或赴约如果无故迟到，就会暗示对此事不重视，不礼貌或表示出不满意的心情；就空间而言，如果领导需要秘书帮助他做一些辅助性、服务性工作，而秘书总是躲着领导，离得远远的，这就暗示不喜欢或不满意领导，或是不喜欢这项工作，秘书工作人员走路、落座总是将自已定位在领导的后面或后侧面，这一空间即表示自己的身份、地位，也说明他有正确的空间感。”

看到小文听的出神，韦蝶青接着说：“其实不光秘书注重体态语，很多伟人也很注意呢。美国前总统伍德罗·威尔逊在任职期间得了瘫痪性中风，叱咤风云的人物终于被病魔击倒了。参议院的对手们总想探明总统的病情，于是借口了解总统对当时美国与墨西哥之间纠纷的看法，派参议员乂伯特·福尔和吉尔伯特·希契科克拜访总统。两位参议员一进入总统卧室，威尔逊就伸出右手用全力和福尔握手，并故意用右手拿起一份报告有力地挥动着同来访者谈话。在整个接见和会谈的过程中，威尔逊利用这种障眼法蒙住了两位老资格的参议员的眼睛。会见结束后，福尔回到白宫总统府前门接受记者采访时说：‘总统头脑健康，思维清晰，在谈话中还不断挥动双手，同我们激烈争论。’事实上，这时的总统整个左半身已经完全瘫痪，毫无知觉了。威尔逊总统利用自已的形体语言，不露痕迹地骗过了刺探者，化解了一场政治危机。

小文："韦姐，我好像明白一些了，我有一个在高校当教学秘书的同学，曾经有过这样的经历。由于其他客观原因，一位外聘教师的课酬计算出了差错，这个教师脾气暴躁，一发觉也不问青红皂白就气势汹汹地责骂他，并羞辱他说：'你最好重修小学数学。'他当时也是非常的脑火，恨不得跟他针锋相对地吵一顿，但他转念一想，这无异于火上浇油，况且也于事无补，便一言不发，微笑地看着他。想不到这招还挺灵验，这位教师一下从极度激动中平静下来。我同学趁机对他作了解释，并核对底单，说清楚不是在我同学这个环节出问题，误会很快消除了，这位老师也礼貌地对他道了歉。"

韦蝶青："是的，你说的是微笑这种体态语的威力。当然并不是所有的微笑都会产生好的效果。我记得有个单位有同志因公殉职，几位干事随领导上门慰问烈士遗孀。其时，烈士遗属正在家中按照家乡习俗拜祭死者，给死者招魂，现场情形确实有点滑稽可笑，一个年轻的秘书忍不住偷偷地笑了一下，却不巧让那烈士遗孀看见了，顿时，这位妇女悲愤交加地哭闹起来，指责他们一行不是来慰问而是来看热闹的，当场将他们赶出门口……其实，笑得恰到好处的话，那笑仿佛雪中送炭，笑得不合时宜就会变成了雪上加霜。"

韦蝶青："其实，在我刚开始工作的时候，由于没有意识到体态语的重要性，我也犯过一些很低级的错误。那天，我在公司接待室接待公司的一个客户，那客户叼着一根烟，呛得我直想咳嗽，不经意便用手扇了几下，猛然看见经理脸色一沉，我赶紧停下。幸亏那客户并不在意。事后虽然领导没有直接批评我，但我发誓要掌握这门艺术。当然，体态语这些东西不是三言两语就可以说清楚的，等你请我吃了大餐再说吧。我需要去看看领导有没有什么事情了。"

【分析与拓展】

1. 你在生活当中是如何运用非语言传播的？你还有什么补充吗？

2. 请不同的同学上台说下面一句话"女士们、先生们，欢迎你们光临！"其余的同学评价谁表达得最好。

3. 你认为了解一个人，通过他的语言还是非语言传递的信息更真实、更重要？

4. 意大利悲剧影星罗西到国外旅游。在吃饭的时候被影迷认出，非要让他表演一段，罗西无奈只好满足影迷的要求，因为罗西用的是意大利语，所以听众都听不懂，但却很受感染，情绪都低沉了下去，其中有一个侍者却跑到门外放声大笑，原来这位侍者学过意大利语，他听出来罗西念的是菜谱。

这个故事给你怎样的启示？

5. 如果领导在讲话，你认为你怎样做领导会高兴？

案例 4　一位信访工作者的协调艺术

我是一个信访工作者。自参加工作后，一直从事信访工作，近 10 年来我接待了不少上访人员。下面，我结合自己亲身经历和处理的两个信访案例，谈谈我的协调艺术。

1. 2005 年 7 月，我接待了残疾人徐某的上访。这位上访者从小因患小儿麻痹症双腿残

疾，靠双拐行走。40岁时，经人介绍娶了一个带着两个孩子的寡妇，婚后又生育了一双儿女。徐某在家境贫困的情况下，宁可让自己的亲生儿女辍学，也想方设法供妻子带来的女儿在哈尔滨上大学。徐某为女儿在大学办助学贷款，但是学校不信任他，地方政府相关职能部门帮助也不到位，徐某非常生气，到了见人不说事而是说“我要跟你拼命”的地步。那天，徐某找到了我，我和他整整谈了一个下午。我肯定了徐某的无私胸怀和正当要求，也分析了他办事方式上的不妥之处，诚恳的沟通和交谈使徐某一扫心中阴霾。后来我还想方设法帮助他办成了助学贷款的事。

2. 2006年3月，有着30多年工龄的村干部陈某，其女儿在广东开办了一家具有一定规模的企业，家庭条件很好。过去因为村政府与镇政府结账，陈某为村里垫付了8万多元现金。税费改革后，村里基本上没有收入，陈某为村里垫付的现金无法收回。陈某多次到镇政府反映情况想要回自己的钱，甚至直接到市委、市政府上访论理。这一次，他到我们这里上访，听了他的申述，我心平气和地表达了三层意思。第一，我肯定了他作为村干部为村里垫钱，对村里的工作是有贡献的，欠他的钱也是该还的，但他对这件事“看到树木说一圈，见到一个人讲半天”的做法是不对的。第二，村级债务是各地普遍存在的问题，国家终究会拿出一个解决的办法，靠村、镇政府是一时半会儿难以解决的。第三，你的条件并不是过不去，这几万元终究会还给你的。你家的条件这么好，现在正是享福的时候，到处上访心情不好把身体搞垮了划不来，这也不是你女儿所愿意看到的。由于我细致地沟通，设身处地地为他着想，慢慢地陈某接受了我的观点，打消了越级上访的过激想法。

从上述案例中总结经验，我认为作为一名办公室工作人员，在与上访者进行语言沟通的过程中，要把握以下几点。

1. 适时肯定上访对象的观点，赢得上访对象的尊重，在情感上争取上访对象的理解。作为一名上访人员，肯定有其上访的理由，有其想不通的地方，某些要求是应该得到肯定的。如果全盘否定上访者的做法，对方势必会产生逆反心理。如果在情感上没有相互之间的理解与尊重，也就不会有上访对象的信任和谅解。

2. 认真听取上访对象的诉求，努力寻求解决问题的突破点，取得解决问题的主动权。在处理上述两件信访工作中，我都耐心听取了对方的诉求。在处理徐某上访的过程中，通过听取徐某的诉说，我认为其在为人父母、遵守社会道德上都是值得尊重的，也确实有困难需要得到社会和政府的帮助，我们应该做的是为其出主意、想办法，促成问题得到妥善解决。而在对陈某上访的处理中，对他要求归还欠款的要求，我无力承诺解决，但是我在与他交流的过程中，找到了“享受天伦之乐”这个共同话题进行疏导，使其在问题得不到马上解决的情况下能调整好过激的情绪，不再上访。

3. 把握上访对象心理，切中对象要害，在政策或道理上让上访对象心服口服。徐某为何以死相拼要讨个说法？就是因为他有“我不能办助学贷款帮继女完成学业，妻子、继女和社会对我将如何评价；作为一个残疾人、一个贫困家庭为何就得不到国家的救助；社会和政府为什么如此鄙视弱势群体”的心理。陈某为何总要“看到树木说一圈，见一个人讲半天”？是因为其有“我借钱为村里排忧解难，村里现在‘卸磨杀驴’，不闻不问，我不是为了钱，就是讨个说法”的心理。徐某的心理在一定程度上是个死结，用他本人的话说就是“你不能给我解决问题，你就要给我指一条活路”，所以必须帮其出主意、想办法。陈某的心结不在于钱，用他本人的话说就是“我的钱比你镇政府的钱还要多，但你借了我的钱就得还”，所以必须把其引导到“这么一点钱对你来说算不了什么，气坏了身体不值得”的开朗心境之中，让他自己去比较孰重孰轻。这样一来，陈某也就无话可说了。后来，他拍着我的肩膀说：“小郑，你说的在理，我听你的。”

【分析与拓展】

1. 一位老秘书工作者讲过：“秘书同普通干事不一样，要适应角度转换，用50%的精力搞协调，50%的精力搞文字。”你认同吗？为什么？

2. 有人将秘书协调的原则概括为：

(1) 信息沟通原则。

(2) 整体优化原则。

(3) 平等协商原则。

(4) 利益均衡原则。

(5) 分级负责原则。请阐释。

3. 秘书所在的公司是一家生产医疗麻醉设备的高科技公司。星期一一上班，就收到一份传真，传真是一家医院发来的，说是公司生产的麻醉机出现了质量问题，造成了严重的医疗事故，病人家属情绪很大，不仅提出巨额赔偿的要求而且准备向新闻界寻求帮助，因此医院要求公司尽快派人过去处理。

如果你是秘书，你会怎么做？

4. 这是一个发生在美国的故事。胡佛总统执政期间，25000余名第一次世界大战的退伍老兵请愿，要求政府给予“退伍军人补助金”。他们与政府进行了多次对话，但都互不相让。最后，胡佛拒绝了退伍兵的一切要求，并出动军队将退伍兵强行赶出了华盛顿。罗斯福上台后，退伍兵们又以更大的声势请愿。同样，几次谈判未果。后来，罗斯福与夫人埃利诺商定，由埃利诺出面协调。埃利诺与总统助手路易斯一同前往，到了退伍兵聚集地时，埃利诺让路易斯留在车上，她独自一个人下了车，没有丝毫犹豫地踏着齐踝深的泥水，微笑着向退伍兵们走去。退伍兵见到满身泥水的总统夫人，备受感动，忙把她扶了过来。埃利诺询问了他们的疾苦，倾听了他们的诉说，还和他们一起唱了歌，气氛非常融洽。在这种融洽的氛围中，埃利诺成功地说服了退伍兵，使他们做出了让步，问题得到协商解决。

谈谈你的看法。

5. 有人总结出来企业秘书做好协调工作“四要诀”，即要树立一个“公”字，要坚持一个“准”字，要把握一个“度”字，要信守一个“诚”字。

你怎么理解？

6. 某镇一蔡姓女子因家中建房花光积蓄，还借了债，欠下部分上交款难交清，秋征时，被村里干部打伤。蔡某求助于村支书要求公正处理。村支书在接待时说："养儿防老，种田完粮，这是天经地义的事情，要是每一个村民都像你一样找客观理由，那上级下达的任务怎么完成？你先把提留交清再来找我。"一席话，说的蔡某火冒三丈，随即找到市委书记上访，如果你是市委书记的秘书，你如何处理？

7. "五一"国际劳动节快到了，安装公司办公室主任交给参加工作不久的秘书小陈出黑板报的任务。但是由于小陈既不会画画也不会写美术字，为此从另一办公室现选调了一位美术功底较好的小杨负责版面排版工作，小陈专门负责组稿、改稿工作。小杨是美术科班出身，画画写美术字驾轻就熟，在小陈面前有点骄傲，根本不把她放在眼里。眼看着"五一"劳动节快到了，小陈的组稿和改稿工作基本上完成了，可是小杨还慢悠悠地未见动静，小陈催他，他却说："别着急。"弄得小陈不知如何是好？

你会怎么做？

8. 王县长收到一封"县粮食局下属的种子公司卖给当地农民杂交水稻稻种是假冒伪劣品种"的控告信。眼看着播种期已到，控告人要求县长"为民做主"。县政府组成由县政府办公室王主任、粮食局办公室李主任、种子公司女技术人员小张的三人调查组。在王主任的率领下，他们接到命令当天赶到事发地点。第二天上午便分头深入农户了解情况，中午返回驻地汇总情况。没想到一开始王主任和小张就发生了激烈的争论。

原来，王主任找到写信的农民，并查看了稻种和该农民试育的种子，出芽率仅为20%左右。回到驻地，他见小张正哼着流行歌曲，便劈头盖脑地责备起来："你们种子公司为了小集团的私利，昧着良心，竟然干出坑害农民的事情来！"年轻气盛的小张还未等他说完便竖起脖子跟他吵起来，说完小张便冲出了住处。

这时，李主任回来了，见王主任一声不吭地吸香烟，觉得气氛有些不对头。而且李主任通过对几户农民所买的两类稻种的时间、价格，以及种子的成色、颗粒均各不相同的情况的了解判断，应该是有人冒种子公司之名行骗。

(1) 如果你是李主任，该怎么办呢？

(2) 你如何评价王主任的做法？

(3) 你如何评价小张的做法？

任务四　会　议

【任务目标】

掌握秘书组会的程序、技巧，提升秘书办会的能力。

【参考学时】

2学时。

【任务内容】

案例 1　秘书如何提高办会能力

盘古外贸公司成立 10 周年，公司总裁决定举行一次大型的庆祝典礼，一是为了鼓舞公司员工的士气；二是为了向社会各界朋友表示感谢；三是为了扩大公司的知名度。郝懿是公司的总裁秘书，总裁让她全权负责此次庆典的筹备工作。

接到任务后郝懿马上开始了会议的准备工作。

1. 将成立会议临时机构的设想上呈总裁决定。会议临时机构组成人员为各部门负责人，自己任大会秘书长统筹负责。根据会议需要，会议临时机构下设秘书组、组织组、宣传组、后勤组、保卫组等。

2. 制发相关会议通知。在与总裁确定与会人员的范围之后，郝懿制作了精美的请柬并将请柬及时发送到相关单位。有些重要的人士她亲自送上请柬，并确定对方能否光临；有些特别重要的她还征求领导的意见是否由领导亲自送上；有些需要邮寄的，信封上除了标明与会者的详细地址、工作单位、姓名外，她还在显著位置上醒目地标出“会议通知”的字样。她还在回执中说明一周后她将进行电话确认。

3. 与同事积极准备会议文件。她将本次会议的文件开幕词、闭幕词、公司手册、交流材料、领导讲话稿、会议指南等，一一列出任务清单，指定专人负责，要求在规定的时限内完成。文件准备妥当之后又将需要分发给客人的会议材料整理成册，放入会议袋，清点份数后放入文件柜。

4. 布置会场。郝懿根据此次会议的目的和规模决定将会场定在公司附近的青年广场，并通过电脑操作将会场进行了模拟布置。

5. 人员编组。郝懿按照客人与公司的关系将客人编了组并指定小组负责人，同时打印出编组名单分发到与会者手中，要求与会人员在安排食宿、参观时，都应按编组进行。

6. 后勤服务工作。郝懿根据会议的要求又准备了会议必须品，安排了食宿和车辆，做好了证件制作、与会者登记、安全保卫、卫生保健、会前检查等工作。

7. 联系新闻单位，做好前期准备。

10 月 10 日庆典如期举行。

郝懿一方面组织会务人员科学地进行了会场管理。

（1）会前检查会场。如桌椅、电源、照明、音响等设备及安全情况。

（2）引导就座。

（3）分发文件。

（4）维持会场秩序。

（5）做好会议记录。

（6）撰写会议简报。

（7）协助新闻单位做好相关工作。

另一方面对会场外进行了有条不紊的管理。

（1）会间食宿安全。

（2）会间交通顺畅。

（3）会间活动安排。会间的参观、文艺展示、接见、摄影照相等活动，郝懿对时间、地点、场所、经费、人员等都进行了落实。

（4）做好会间保健和安保工作。

【分析与拓展】

1. 用自己的语言陈述秘书组会的过程及注意事项。

2. 有一次，某市召开一个工作会议。会务人员检查准备情况时，没有注意到茶水问题。结果，由于服务员泡的是茶叶末子，并且水不开，茶叶飘在水上边。领导作主题报告时间较长，中间喝茶时不小心沾了一嘴茶叶末子，连吐带擦好一阵子才处理好，使得领导很尴尬。

你认为，秘书组会要特别注意什么问题？

3. 某地委全体会议闭幕式即将开始，领导同志已走上主席台准备入座。会务工作人员急忙赶过去，请示主持会议的领导同志，送审的主持词是否有改动？如属程序变动，请告知，以便做好会务准备。会议主持人却说：我没有见过主持词，不知道会议由谁主持。现在就要开会了，不熟悉会议程序，我不能主持会议。原来，这位领导有两位秘书，其中一位接到会务工作人员提前送来的主持词后，因为领导同志与别人交谈，也没有按照会务工作人员的要求及时请示，主观认为领导同志没有特别交办，估计主持词不会有什么改动，因而造成主席台上的僵局。幸好，会务组事先打印了几份送审的主持词，摆在几个主要领导同志的座位上，并做好了会务准备。因此，待领导同志临时商议，重新确定主持人后，会议仍按预定程序进行。

在该次会议中不同的人员应该承担什么样的责任？

4. 某单位在大礼堂隆重召开会议，主持人宣布起立奏国歌，结果音响不响，大家干等着，这时的一分钟比平常的一个小时还要长。负责会议的同志赶快查原因，原来是忘了通知管音响设备的同志。主持会议的领导很不高兴，大家坐下后，整整批了职能部门十分钟，指示这个部门会后要做整顿。

在某次大会上，我负责照相，结果因为没有调整好距离和角度，再加上我们公司的正职瘦又黑，副职胖又白，结果照片出来的时候显得副职领导成了主角，正职领导成了配角，尽管领导没有说什么，但我看到照片，心理很不好受。

你都经历或听到过哪些组会的失误？

5. 2003 年，某市召开经济工作会议，安排与会人员参观几家企业，需要 8 辆大客车。前一天办公室将安排车辆的任务分别落实到个人，可第二天早上参观用车却只到了 7 辆，而安排车辆的同志人人都说自己安排的车辆已经到位，后经分别追查才得知，原来有两个人落实了同一辆车。这就是工作不细、大而化之造成失误的一个例子。虽然经过补救没有耽误工作，但当时的慌乱可想而知。如果工作谨慎细致一点，提前将落实好的车辆的车牌号、车主姓名书面核对一下，是完全可以避免这种被动局面的。你认为呢？

案例2　一个高级秘书开好会的诀窍

好多人都羡慕王经理，因为他有一位办事干练、效率超高的好秘书——邵白，尤其是在组会方面更是很有一套，邵白总能既不浪费与会人员的时间又能恰到好处地将问题解决。时间长了，大家发现他有一套开会的诀窍。

会前——做好准备。即使是小型的会议，邵白也不疏忽会前准备工作。

首先，细化会议议题。比如，总结上周工作、汇报下周工作，沟通重要项目的实施情况、提出新项目或课题等。不仅如此，邵白的会前准备并不仅仅限于设计好议题，他还进一步要求自己或者主管部门将需要达成的目标、需要决定的要点、采取什么样的沟通形式（比如，头脑风暴），都要提前考虑好。从而避免了将会议变成了无休止的沟通和讨论。

原来，邵白在会前做的是加法，尽可能将议题细化，讨论什么议题、达成什么结果、实施方案、完成时间等都要有明确的设定。

其次，提前几天公布议题。不但主管部门要明晰自己的议题，更要让所有与会人员知道。不打无准备之战是邵白的又一秘诀。

最后，确定参加者。邵白说，让许多与议题无关的人参会，只会让会议效率变得更低。比如，非相关人员在不明情况下发言，其意见的参考价值会大大减弱，甚至会误导相关人员的看法，同时会议时间也必然增长。

会中——绝不“跑题”。

首先，明确会议讨论方向。我们平常的会议，常会出现讨论层面不清晰的状况。比如，有的人在讨论战略层面，而有的人已经在讨论战术层面的问题了。最让人遗憾的，有时会议看似开得很热闹，可一总结才发现，连最基础的战略问题其实都没有确定下来，其他不都是徒劳吗？

邵白在每次开会之前就将议题设置清楚，开会期间总能引导大家围绕议题发言，即使偶有插曲也会很快言归正传。

其次，抓住会议核心人物。在任何团体和活动中，都会有核心人物，而他并不一定是位高权重者，但他一定是最具有影响力和说服力的人。因此，邵白总是盯紧他们的表现和言论，随时引导和纠正他们的讨论方向，这样做，总能使会议效果事半功倍。

最后，不让气氛湮没实质。有时，领导为了营造一种沟通的气氛，偶尔会抛砖引玉，但是有时砖难免会抛得“远”了一点儿，或者是有人在发言中，说了句笑话，接下来的发言者，一不自觉就引申到了其他内容上。这时，邵白总能及时发现问题，加以引导。

会后——还有很多事。

首先，做好总结。在会议结束前，如果可能邵白总是提醒领导再适当地总结要点，再次明确每项任务的责任人、工作要点、完成时间等，将会议上达成的一致成果加以总结。这不仅能让员工再次明确自己的责任，还具有很强的提醒功能。

其次，做好会议纪要。邵白从不因为每个参会者都做了记录，就省略此举，他认为，会议纪要是一个很重要的资料，尤其对于达成了明确目标、责任人、注意事项、完成时间等内容的成果，都是对项目、个人、成果进行考核的依据。

最后，会议结果拒绝模糊字眼。比如，“基本上同意”、“大致通过”这样的话，邵白是很少用的。因为，他认为，这样的话根本没有意义，会议一定是要有明确结果，哪怕没有明确结果，也要给出达成结果的时间。

【分析与拓展】

1. 韩国三星集团曾经出过一本书——《开会就要学三星》。

为什么三星会将开会这样的“小事”出一本书？是因为三星认为会议文化的差异，将直接影响一个公司的经营业绩。在三星会议中，有三个最基本的原则不可不知。

第一个原则，周三不开会。对于许多公司而言，开会一般是不会考虑哪天不宜开会的。而在三星，则确定了周三不开会。因为这一天，无论是员工的工作状态还是业务，都是处于最高潮的时候，一定要抓住这个良好的状态服务于工作。

第二个原则，会议时长 1 小时，最多不超过 1.5 小时。召开会议时，三星还会将一个定量为一小时的沙漏，放置在会议室中，为严格遵守时间施加了无形的压力。而三星这么做，也是有充分科学依据的，专家称，一个成年人集中精力的时间，不超过两小时。同时，为了避免闲谈或因无关的事浪费会议时间，三星还采用了可使效率提高两倍的站立式会议形式。因为，据说人的大脑活动最活跃的时段是在站立的状态下，并且是确定好了结束时间的时候。

第三个原则，将会议内容整理成一张纸。有时只要一说会议结束了，至于谈了什么、结果是什么、必须实施的内容就记不清楚了。因此，三星规定会议内容要由专人整理好，发给参会者和相关人员，同时，这份记录一定要是简洁的一张纸。

结合案例谈谈你的看法。

2. 在某地一次地方和驻军联合召开的表彰会上，颁奖仪式正在进行。盛装的礼仪小姐在热烈的乐曲声中鱼贯而出，手捧奖品交给在主席台前排就座的领导同志准备颁奖。不知是由于紧张还是疏忽，有一位礼仪小姐没有跟上，把应交给前面一位部队首长的奖品递给了下一个位置的地方领导人。这样，原本一一对应的顺序被打乱了，排在队伍末尾的礼仪小姐因为送不出奖品，不知所措，最后竟逃回后台。手上没有奖品的部队首长左顾右盼，未见礼仪小姐再送奖品，而此时上台领奖的人已经登台，首长站在那里，尴尬得面红耳赤，最后干脆离席退场。由于少了一位颁奖人，最后一名领奖的同志上台后，发现没有人给自己颁奖，只好灰溜溜地跑下台。而由于原定的颁奖顺序被打乱，领导们手拿奖品却找不着相应的领奖人。一时间，你问我，我问他，你跟我换位置，他跟我换奖品，主席台上一片混乱，表彰会应有的庄严、隆重、热烈的气氛被这个差错一扫而空。而当时负责会务工作的几位秘书，在安排礼仪小姐上台后，就认为万事大吉，到休息室闲聊去了，当发现会场上的情况时，已经无法收拾。这次表彰会的会务工作是由地方负责的，事后地方领导和会务工作人员一再向那位部队首长赔礼道歉，但还是给双方心里留下了遗憾，给军地关系造成了不良的影响。

结合案例，谈谈你的看法。

3. 领导在开会之前叮嘱说，没有特殊情况，不能打扰他。开会过程中，有人非要见领导，你会怎么处理？

4. 刚上班时，我从工资里挤出些钱专门用来买茶喝。经常加班熬夜，不喝茶就犯困，犯困就完不成任务了。至于开会不喝水，那也是被逼出来的。我说一件事，你可不要见笑。刚做秘书不久，有一天局里开会，局长正要做总结时，我实在是忍无可忍了，匆匆忙忙去了趟厕所。第二天会议纪要起草出来，我兴冲冲地送给局长看，局长扫了一眼，对我说，丢东西了，丢东西了。

我突然想起昨天从厕所回来时局长正在做总结。刚开始的话我没有听到，当然也是不可能记下的。怎么办呢？总不能让局长自己添上吧？况且局长已经把纪要甩给了我。我便硬着头皮找了几位科长核对笔记，才算把工作做“圆”了。自那以后，局里开重要会议我再也不敢拿水杯了。

你有什么感想？

5. 某区召开区委扩大会。由区办公室负责行政后勤事务的张副主任负责会议的组织筹备工作。会议日程安排在第三天上午，由区委书记做总结发言。但就在开会前 5 分钟，有关人员才发现讲稿还未送来。时间已经来不及了，区委书记只好登上讲台即兴讲话。台下，区委办公室主任正采取紧急措施，派人去取讲稿，并忍不住当众批评张副主任工作不细致。张副主任解释道：“我长期分管后勤，对会务工作和接待工作较熟悉，会议讲稿的撰写、印送工作历来由综合科负责，而且有一名副主任分管，我不便过多干预。”最后，综合科的科长主动承认失误是他们造成的。原来，头天晚上，综合科的同志连夜起草讲稿，送审后立即交文印室打印。当时说好第二天一早来取，但具体负责的同志遗忘了这件事。待讲稿送到会场交给书记时，大会已进行了 30 多分钟了。

请你分析造成失误的原因。

6. 某市召开一个会议，提前下发通知，要求各区县“一把手”参加。A 县“一把手”因外出招商未归，安排秘书向市委办公室请假。秘书请假时，市里接电话的几位同志都说不清楚有这个会议，让问一下某市直部门（因为会议内容涉及该部门）。秘书问这个部门，得到的答复是“会议延期，另行通知”，遂告知领导。

哪知第二天市里会议照常召开，因 A 县没有人与会，也没有请假，上上下下都很被动。事后查明，市委办公室先后接过电话的同志恰巧都不知道这一会议，而市直部门所说要延期的却是另一会议。之所以造成失误，是因为打电话时对会议名称双方都只说了个大概，导致误解。

谈谈你的认识。

案例 3　一位医院秘书是怎样做好会议记录的

在会议过程中，工作人员把会议的组织情况和具体内容如实、准确地记录下来，就形

成了会议记录。会议记录工作是办公室工作的一项重要内容。我供职于医院办公室，经常需要在医院的各级会议上做会议记录。刚开始，我以为做会议记录就是“照葫芦画瓢”，相对比较简单，真正做了才发现，会议记录对记录员素质的要求是很高的。在经过较长时间的锻炼和经验积累后，我对如何做好会议记录有了一定的理性认知。

一要有高度的责任感。医院办公会等只有单位领导参加的会议，往往会讨论一些如医院发展方向、科室改革、人事任免、人员奖惩方面的重要议题，有些议题一时难以产生定论，有些讨论结果不方便对外公开，有些议题甚至与记录员本人或认识的人关系紧密等，无论如何，记录员都应当实事求是地记录下会议中的讨论过程，不能把自己的观点渗入会议记录。要严守保密原则，绝不对外泄露一个字。

二要具备快速听记的能力。作为会议记录员，一定要具备快速听记的能力。会议记录的过程，是一个把发言者所讲的话记在脑子里，经过快速逻辑处理再记录下来过程。在这个过程中，记录员的耳、脑、手必须紧跟发言人的节奏。因此，记录员要有灵活的反应力、高超的理解力、牢固的记忆力、准确的判断力。这种快速听记的能力不是很快就能够培养出来的，需要不断锻炼与总结，但还是有一些技巧可循的。

比如，在记录中常常会涉及一些数值比较大的数字，如果发言者语速快或者一句话比较长，甚至一句话中包含好几个数字，就很容易在记录的过程中出错，所以可以先将数字记下来，然后再补充语句。要学会用一些符号来代替专业术语，医院会议中常常会涉及数字的增加或减少，“增加”就用符号“↑”代替，“减少”用符号“↓”代替，而一些名词也可以用缩写来代替，如科室名称“心血管内科”缩写为“心内”，“普通外科”缩写为“普外”，“核磁共振”用英文缩写“MRI”代替，等等。这样记录是为了节约时间，会后要将这些缩写补充完整。

三要熟悉发言人的语言风格。单位的常规会议记录总会有几个固定的发言人，要想准确快速地记录下发言人的讲话，一定要熟悉这些人的语言风格，准确理解其讲话的意图。记录员很难把发言人的话一字不漏地写下来，而且无论谁的发言，也难免夹杂一些无关紧要的话，这些都不必详细记录。但是，为了避免略记造成前言不接后语，记录员要对发言人的发言准确概括和补充。这就需要会议记录员熟悉发言人的语言风格，能够理解发言人使用的反问句、感叹句等特殊句式背后的真正含义。尤其是遇到晦涩、含蓄的发言时，就更需要记录员冷静地理解其深意远旨及“弦外之音”，将其准确、完整地录诸文字。同时，记录员还要懂一点方言。单位开会时，常常有一些不讲普通话而只讲方言的同志，记录员如果不熟稔这些方言，就很难做好会议记录。因此，作为记录员，平时可以多同人谈话，多熟悉一些方言，使会议记录更加真实、准确。

四要熟悉本单位的专业用语。记录员必须熟悉本单位的行业用语和专门名词。各行各业都有很多专业用语，比如，我们医院经常用到“QC 小组”，指的是质量控制小组，还有“围手术期”、“药占比”等。对这些专业用语，记录员必须准确掌握。另外，记录员应准备一份本单位人员名单备查，这样遇到冷僻的名字时就不容易出错。

【分析与拓展】

1. 介绍“圆桌会议”的由来。

2. 一个周六的下午，医院分别召开门诊患者、住院患者、离退休干部职工、社会义务监督员等几个座谈会，广泛征求群众意见。会后，几个小组的会议记录全都汇总到了秘书手中，党办主任吩咐下周一之前把材料整理出来交给党委书记。会议记录很凌乱，字迹也潦草不清，秘书整整用了一天的时间才将多达 180 条的意见和建议整理完，并在用词造句上对这些意见和建议作了一些修改，待工作结束时已是周日晚上十一点多了。第二天，秘书将整理好的近十页材料交给党办主任，满怀希望地等待主任的表扬。可等到的却是主任的严厉批评，你能说说为什么吗？

3. 为做好记录，我们可以采用哪些辅助手段？

4. 秘书小文刚到办公室就被主任叫住了，“刚才王总想要一个去年的销售数据，我查阅去年该月份召开的一次办公会会议记录，字迹太潦草，我根本看不清，你快来看看吧！”主任着急地说，小文一听马上接过记录一看，坏了，因为时间过去的太长了，她自己也不清楚自己当时是怎么记录的了。主任生气地看着她，很无奈的只好通过其他部门的记录解决了这个问题，回来后，主任拿出小文以前所有的会议记录，一一评点：“你看看你这份会议记录，会议的时间、地点、主持人、出席人、缺席人、列席人、记录人等项目记录不全，这里出席人只记姓，这里只记职务，这里只记×××等同志，日后我们怎么利用？你看看这份，任命××为“副科长”、××为“科长”，是哪个科的副科长？哪个科的科长？你再看看这份会议记录，通篇记的是与会者的发言，而没有会议决议。当然了可能是这次会议对这一问题未形成决议；也可能是会议主持人的结论性发言就是会议决议。不管是哪种情况，你都要作注解，要不然后面的人怎么知道啊。还有以后对会议决议执行情况都要作注。执行了没有，执行得怎么样，否则，时过境迁，后人怎么知道当时的实际情况？还有这份竟然没写会议的议题，你自己再看看，还存在哪些问题，整理一下。”

谈谈你的感受。

5. 一位秘书把领导签发过的纪要下发后，有个部门认为其中一个数据不准确，要求更改纪要，这位秘书收到情况反映后也认为数据可能有误，就擅自对纪要进行了更改，不久此事被领导发现，这位秘书受到了辞退的处分。

该秘书为什么受到了处分？

6. 以宿舍为单位，自拟主题，自由发言，做好会议记录。

任务五 接 待

【任务目标】

认识接待的意义，掌握接待的流程，把握接待的技巧。

【参考学时】

4学时。

【任务内容】

案例1　一个企业秘书对接待工作的认识

接待是企业秘书一项经常性的事务工作，是秘书人员树立良好组织形象，建立和增进与客户的友好协作关系，有效协助领导工作的重要环节。接待工作的重要意义就好比是春播一粒粟，秋收万颗籽。

一、“春播秋收”的含义

1. 为收而播。企业秘书对客户的接待就好比是“春播”，由此缔结的关系能促进业务拓展，这就好比是“秋收”。秘书的接待既不是无谓的，也不是无意识的，而应该在耕种时就寄寓着一种可期待的收获。

2. 以少取多。任何播种都是以少取多或以小取大，秘书的接待也要有这样一种效益观念，无论是精神付出、物质付出，还是精神收获、物质收获，都要尽可能地少投入、多产出。应当告诫的是，并非大摆宴席、游山玩水才能赢得客人的好感。

3. 寄望未来。做接待工作应克服急功近利的思想，不要以为现下隆重接待了，过不多久就会显现良好效果；也不要以为今天不见发芽长叶，明天就注定颗粒无收。虽然我们不能说接待效果的显现必定要等待一个漫长的过程，但秘书要有个寄望未来的思想准备。

二、“春播秋收”的原理

接待，就是给予宾客应有的礼遇。“礼”是一种精神的付出，通过一定的条件可以转化为物质或精神的回报。万物生长靠太阳、靠土地，在接待工作中，也有这样的土地和太阳，那就是“情感”和“信息”。

1. 友好舒适的心情更有利于开展协作。成功的接待能在双方的心灵世界中创造出一个阳光明媚的春天，双方的合作会变得非常默契而富有效率。即使在业务活动中生成几块乌云，接待中的热情也会让它们烟消云散。

2. 接待中所建立起的友情能让理智“让步”。有些商人在自己取得优越地位后，就会不太考虑商业利益，接待中所受到的热情礼遇，会使他们“丧失理智”，重情轻利。

3. 接待中所体现出的真诚可以规避风险。如果接待活动能使双方认识到所进行的是一项真心诚意的合作，那么就会减少合作中的风险成本。从某种角度来讲，接待是一个展示真诚和认识真诚的过程。

4. 协作领域在接待中得以广泛开拓。秘书的热情接待能促使更广泛的协作领域在信息交流和情感交融中充分展现，这样，很有可能本次的业务会延展为下次的业务，本次的友情会变成下次的业务往来。

5. 有利信息通过接待得以及时沟通。接待中的交谈给捕捉有利信息增加了可能。有些信息也许对双方的协作并无多大作用，但却能给对方与第三方的协作带来益处。

三、“春播秋收”的关键

1. 播种环节

在春播环节，接待的关键是要选好“种子”，而选种的要求是在原则范围内“投其所好，避其所恶”。在接待中，我们重点观察和琢磨以下几个方面。

态度方面，一般人都喜欢亲切、热情、大方、尊重、积极、稳重、认真的态度，厌恶无礼、傲慢、拘谨、怠慢、冷落的行为。

娱乐方面，有对棋牌、游览、影戏、歌舞、说笑、球赛、文学等不同活动的爱好。

生活方面，食有烟、酒、茶、菜、饭等的口味和嗜好；住有档次、环境等的不同要求；行有对不同交通工具的使用习惯。

话题方面，一般要选择宾客的关注性话题、荣耀性话题、趣味性话题、所在行业性话题。然而具体什么话题是他所关注、在行的，必须做有心人才能知晓。

观点方面，在政治、时事、经济、生活等方面，不同人有不同的看法，在接待中，对于非原则性问题不必各执一词。

礼俗方面，比如庆生日不送菊花；敬酒时有些人讲究“感情深，一口闷”，有些人则把“随意”当做是对客人最大的尊敬，等等。

心思方面，比如，所送的礼物正是对方梦寐以求的；主动应允帮忙的事正是对方想说又难于启齿的请求，等等。

2. 料理环节

播种之后还有一个精心料理的过程。如果把第一次接待看做是播种，那么随后的一系列有关活动就是浇水施肥、拔草除虫。

浇水施肥。感情投资既是一个聚沙成塔的过程，也是一个细水长流的过程。所以我们在“播种”之后重点注意以下几点。

一是把相关的活动看成是一个整体。很多接待都不是同一个时间段内一次完成的，接待的内容一般包括下面四个方面，茶话应酬、生活安顿、业务协助、离别赠送。哪一个环节都不能疏漏，也许一张机票订错了，此前的所有招待服务都打了水漂。

二是把相关的活动看成是一个流程。涓涓细流才能汇成海，时时关爱才能聚作情，过年过节时给有一面之交的“朋友”寄点贺卡之类的小礼物，当别人有喜庆或悲惨之事时，则去电去函表示祝贺或慰问。这是接待工作的有效延伸。

拔草除虫。既然接待作用于人的感情，那么，秘书人员就有必要注意到情感的敏感性、脆弱性。

一是客人的每一次来访都不能怠慢，否则很有可能前功尽弃。一般来说，不论是浅交的朋友还是深交的朋友，都不能轻易拒绝接待。

二是客人的每一种境况都要一视同仁。辉煌时要接待，落泊之时也要接待。不要让人有世态炎凉之叹，从而对接待的真诚性产生怀疑。

三是及时消除接待中或业务交往中产生的不利因素。比如，上次接待中某个礼节无意中被疏忽了，下次接待时则要有意地给予特别的补偿；在业务活动中某个环节因己方原因出了差错，给对方带来诸多不便，除了业务中给予及时补救外，接待中也要体现出道歉和补偿的诚意。

3. 收割环节

秘书出色的接待工作会给企业的业务活动开展带来很多便利因素。然而收割绝不仅仅是业务人员的事，秘书人员仍要发挥应有的作用。具体应注意以下几点。

不能坐享其成。收获就意味着还要花力气上树采摘、下田收割。此时秘书可采用暗示等手段让客人自己惠予帮助或运用恰当的语言开口请求，如果羞于启齿，则很有可能颗粒无收。

收割没有季节。接待之后何时体现成效，没有一个确定的时间。秘书要自己用心去寻找这个金秋时节，抓住时机，见机行事。不能过早，要待水到渠成、瓜熟蒂落之时；也不能过迟，也许过了这个村就没那个店，或被人收去，或烂于枝干上。

收获没有定产。可能只收一季，也可能年年硕果累累。收获有待秘书用心去挖掘，像挖番薯一样，可能挖了一个还有一个。

收获可以储存。接待所生成的果实并非都要及时采摘，有些可以寄放于枝头随用随取，不会因时间的推移而枯烂，因为其中有很深的感情基础，其本质就是友情。它往往以一种郑重承诺的方式表现出来，一旦需要，有求必应。

田里没有现成的白米饭。接待的回报不可能都是钱款，也不可能都是订货合同，更多的则是信息。这些信息就像稻谷、蔬菜之类要加工、配合、转换之后方能成为美味佳肴一样，秘书人员要认识到它们的有用性，通过自己的加工处理使之生效。

【分析与拓展】

1. 请你总结作者的接待理念。

2. 胡秘书在办公室忙着，进来了一位西装革履的男士，自称与李总有约。但胡秘书查阅日程安排并没有发现这样的约会。胡秘书接过对方的名片一看，是一家杂志社广告业务部的钱经理。胡秘书觉得对方是一个推销员，但仍然很热情的请坐、端茶，然后问道："您是否和李总约在上午见面?"

对方回答："越快越好。"

胡秘书明白，对方没有约会。于是说："您看，很不凑巧，今天上午李总刚好有一个临时会谈，我马上设法和他联系，告诉他您在这里等候。或者另约时间，可以吗?"

钱经理马上同意了，胡秘书说："您看我怎么向李总汇报您的情况?"

钱经理介绍了自己的情况，胡秘书汇报了李总，李总说不见。

如果你是胡秘书，你会怎么办?

3. 高登公司总经理正在办公室准备下午董事会议的发言稿，这时，一位不速之客闯进了办公室的外间，声称有要事要见总经理，谈话不超过一个小时。白秘书连忙起身阻挡，但来人说知道总经理在公司。白秘书再用"总经理不在"来敷衍来人已不可能。白秘书只得请示总经理安排见面。

一个多小时过去了，来人还没有要走的意思。白秘书进入会客室，对总经理说："很抱歉，打断你们的谈话，总经理，你的下一个约会时间到了。"然后，对来人说："对不起。"

白秘书做得对吗？为什么？

4. 小王是一家外贸公司经理秘书。有一次，一个俄罗斯贸易团来公司洽谈生意，经理让小王安排食宿，她意识到这是一个不可多得的表现机会，她把客人安置在一家档次不低、价格不高的宾馆，还不知从哪里弄来一箱"二锅头"，在每位俄罗斯客商房中放上几瓶。这些嗜酒如命的"老外"乐坏了，生意出乎意料的顺利，经理高兴得直夸小王，小王说："为人处世，须为他人多着想，秘书更应如此。做秘书虽然听命于人，但同样需要发挥自己的创造性。"

谈谈你的看法。

5. 有一次，我刚接起电话，就听到话筒里传来了急切而愤怒的声音："学校还有没有人管了？这大冬天的，我们小区的暖气怎么不热?！我要找校长！让他接我的电话！"我一听也有些生气：你反映问题归反映问题，我们帮你联系解决不就行了，这样的事还犯得着找校长?！我强忍着怒火对他做了解释，并且答应马上协调解决，可是来电人不依不饶，坚持要校长亲自过问此事。我实在有些忍无可忍，便断然回绝了他要和校长通话的要求。结果，他"嘭"的一声就挂了电话。

几天后，虽然这个小区的暖气热了起来，但是小区业主的BBS上却出现了批评学校领导面难见、领导秘书态度差的帖子。我感到很委屈。办公室主任安慰我说，这件事处理的结果还不错，但是处理方式还可以再考虑。

你认为呢？

案例2　秘书的接待礼仪

迎来送往是秘书社交接待活动的最基本形式，是表达主人情谊、体现礼仪素养的重要环节。在整个接待过程中，应遵循如下礼仪规范。

迎接，是给客人良好第一印象的最重要工作。在接待工作中，把迎宾工作做好，对来宾表示尊敬、友好与重视，来宾就会对东道主产生良好印象，从而为下一步深入接触打下基础。在迎宾工作中，应主要做好以下前期准备工作。

一、准备礼仪

1. 掌握基本情况。秘书一定要充分掌握来宾的基本状况，尤其是主宾的个人情况，如姓名、性别、年龄、籍贯、民族、单位、职务、专业、偏好等，必要时还需了解其婚

姻、健康状况、政治倾向与宗教信仰等。如果来宾尤其是主宾曾经来访过，则在接待规格上要注意前后一致，无特殊原因不宜随意升格或降格。来宾如报出自己一方的计划，比如来访的目的、来访的行程、来访的要求等，应在力所能及的前提下满足其特殊要求，尽可能给予对方照顾。

2. 制订具体计划。为了避免疏漏，一定要制订详尽的接待计划，以便按部就班地做好接待工作。根据常规，接待计划至少应包括迎送方式、迎送规格、交通工具、膳宿安排、工作日程、文娱活动、游览、会谈、会见、礼品准备、经费开支以及接待、陪同人员等基本内容。

3. 确认抵达时间。有时候，来宾到访时间或因其健康状况，或因紧急事务缠身，或因天气变化、交通状况等影响，难免会有较大变动。因此，接待方务必要在对方正式启程前与对方再次确认一下抵达的具体时间，以便安排迎宾事宜。

二、迎宾礼仪

1. 迎宾人员。一般来说，迎送人员与来宾的身份要相当，但如果己方当事人因临时身体不适或不在当地等原因不能前来迎送也可灵活变通，由职位相当的人士或由副职出面。遇到这种情况，应从礼貌出发向对方做出解释。另外，迎宾人员最好与来宾专业对口。

2. 迎宾地点。来宾的地位身份不同，迎宾地点往往有所不同。一般情况下，迎宾的常规地点有交通工具停靠站（机场、码头、火车站等）、来宾临时住所（宾馆）、东道主的办公地点门外等等。在确定迎宾地点时，还要考虑以下因素，双方的身份、关系及自身的条件。

3. 迎宾时间。到车站、机场去迎接客人，应提前几分钟到达，绝不能迟到让客人久等。客人刚下飞机或下车就能看见有人等候，一定会感激万分；如果是第一次到这个城市，还能因此获得一种安全感。若迎接来迟，会使客人感到失望和焦虑不安，还会因等待而产生不快，事后无论怎样解释都无法消除这种失职和不守信誉造成的印象。

4. 迎宾标识。如果迎接人员与客人未见过面，一定要事先了解一下客人的外貌特征，最好举个小牌子去迎接。小牌子上尽量不要用白纸写黑字，这样会给人晦气的感觉；也不要写“××先生到此来”，而应写“××先生，欢迎您!”“热烈欢迎××先生”之类的字样；字迹力求端正、大方、清晰，不要用草书书写。一个好的迎宾标识，既便于找到客人又能给客人留下美好印象——当客人迎面向你走来时会产生自豪感。在单位门口，不要千篇一律地写上“Welcome”一词，而应根据来宾的国籍随时更换语种，这样会给来宾一种亲切感。

问候与介绍。接到客人后，切勿一言不发、漠然视之，而要先与之略作寒暄，比如说一些“一路辛苦了”、“欢迎您来到我们这个美丽的城市”、“欢迎您来到我们公司”之类的话。然后要向客人介绍自己的姓名和职务，如有名片更好；客人知道你的姓名后，如一时还不知如何称呼你，你可以主动表示“就叫我小×或××好了”。其他接待人员也要一一向客人作自我介绍，有时可由领导介绍，但更多的时候是由秘书承担这一职责。秘书在作介绍时，态度要热情，端庄有礼，正视对方并略带微笑，可以先说“请允许我介绍一下”，然后按职务高低将本单位的人员依次介绍给来宾。对于远道而来、旅途劳顿的来宾，一般不宜多谈。

5. 握手。握手是见面时最常见的礼节，双方相互介绍之后应握手致意。握手时，要注视对方，微笑致意，并使用“欢迎您”等礼貌用语。迎接来宾时，迎宾人员一定要主动与对方握手。

6. 献花。秘书人员有时迎接重要宾客还要向其献花，一般以献鲜花为宜，并要保持花束的整洁、鲜艳。在社交场合，献什么花、怎么献花，常因民族、地域、风情、习俗、目的的不同而有所区别。一般情况下，应注意从鲜花的颜色、数目和品种三个方面加以考虑。

7. 为客代劳。接到来宾后，在走出迎宾地点时秘书应主动为来宾拎拿行李，但对来宾手上的外套、坤包或是密码箱等则不必“代劳”。客人如有托运的物件，应主动代为办理领取手续。

8. 休息室接待。在迎送身份特殊的客人（VIP）时，可事先在机场、车站、码头安排贵宾休息室并准备一些饮料、播放一些高雅的音乐，以消除客人旅途的劳顿。如对方是外宾，休息室内还可挂上所在国的国旗，摆放一些报刊，增进与客人之间的感情。

9. 话题。在接待客人时，客人一般会对将要参加活动的有关背景资料、筹备情况、有关的建议，当地风土人情、气候、物产，富有特色的旅游点，近期本市发生的大事，本市知名人士的情况，当地的物价等感兴趣。

三、陪同礼仪

1. 陪车。客人抵达后从机场到住地以及访问结束后由住地到机场，有时需要主人陪同乘车。主人在陪车时，应请客人坐在自己的右侧。有司机的时候，后排右位最佳，应留给客人。上车时，应主动打开车门，以手示意请客人先上车，自己后上。一般最好让客人从右侧门上车，主人从左侧门上车，以免从客人座前穿过。如客人先上车坐到了主人的位置上，则不必请客人挪动位置。

2. 宾馆接待。将来宾送至宾馆，秘书要主动代为办理登记手续，并将其送入房间。进入客人房间后，秘书应告知客人餐厅何时营业，有何娱乐设施，有无洗衣服务等以便客人胸中有数。客人一到当地，最关心的就是日程安排，所以应事先制订活动计划。客人到宾馆后，应马上将日程表送上，以便客人据此安排私人活动。根据活动安排，客人将与哪些人会面与会谈，也应向客人作简略介绍。为了帮助客人尽快熟悉访问地的情况，还可以准备一些有关这方面的出版物给客人阅读，如本地报纸、杂志、旅游指南等。考虑到客人旅途劳累，主人不宜久留，应让客人早些休息，分手前要说好下一次见面的时间和地点，并留下自己的地址和电话号码，以便客人有事时联系。

3. 奉茶。我国人民习惯以茶水招待客人。在招待重要客人时，选择什么茶具、怎样

倒茶和递茶都有许多讲究。在给客人送茶时，茶具不能有破损和污垢，要洗干净、擦亮，杯内的茶水倒至八分满即可，不可倒满，免得溢出来溅洒到客人身上。茶水冷热也要控制好，千万别烫着客人。端送茶水最好使用托盘，既雅观又卫生；托盘内放一块抹布更好，以便茶水溢出时擦拭。端茶时，有杯柄的茶杯可一手执杯柄一手托在杯底或单手执杯柄；若茶杯没有杯柄，注意不要用手握住茶杯，以减少手指和杯沿部分的接触，更不可把拇指伸入杯内。敬茶时可以按由右向左的顺序逐个奉上，也可按主要宾客或年长者—其他客人、上级领导—其他客人这个顺序敬奉。

4. 引导。宾主双方并排行进时，引导者应主动走在外侧，而请来宾走在内侧。三人并行时，通常中间的位次最高，内侧的位次居次，外侧的位次最低，宾主的位置可依此酌定。在单行行进时，引导者应走在来宾前二三步；走到拐角处时，引导者一定要先停下来，转过头说"请向这边来"；引导客人上楼时，应该让客人走在前面，引导者走在后面；引导途中，引导者切勿与客人高谈阔论，更不许与客人玩笑打闹，以免客人走神当众摔跤出丑；下楼时，引导者应走在前面靠墙壁一侧，而让客人走在后面靠楼梯栏杆一侧。

5. 会客室接待。进入会客室后，客人如有外套、帽子、雨伞等物，秘书可接过挂放于衣帽架或明显处，并向客人说明："××先生，您的外套挂在这里。"秘书应将来客让至上座入座，以示尊重和欢迎。一般来说，室内离门口最远的座位就是上座。如果上司还没到，秘书与客人聊天时，注意不要谈论本公司的长短及涉密事项，可聊一些轻松的、无关紧要的话题。

此外还要注意乘电梯、开门等礼仪。

四、送客礼仪

送别，是留给客人良好的最后印象的一项重要工作。不管你前面的接待工作做得多么周到，如果最后的送别让客人备受冷落，整个接待工作就会功亏一篑。做好送别工作，关键在于一个"情"字。具体而言，送别时应注意以下礼仪。

1. 提出道别。在日常接待活动中，宾主双方由谁提出道别是有讲究的。按照常规，道别应当由客人先提出来，假如主人首先与来客道别，难免会给人以厌客、逐客的感觉。

2. 送别用语。宾主道别，彼此都会使用一些礼貌用语表达对对方的惜别之情，最简单、最常用的莫过于一声亲切的"再见"，除此之外，"您走好""有空多联系""多多保重"等也是得体的送别用语。

3. 送客距离。一般客人告辞离去，秘书只需起身将其送至门口，说声"再见"即可。如果上司要求秘书代其送客，秘书则应视需要将客人送至相应地点，如果对方是常客，通常应将其送至门口、电梯门口或楼梯旁、大楼底下、大院门外；如果是初次来访的贵客，则要陪伴对方走得更远些。如果只将客人送至会议室或办公室门口、服务台边，则要说声"对不起，失陪"，目送客人走远；如果将客人送至电梯门口，则宜点头致意，目送客人至电梯门关合为止；若将客人送至大门口或汽车旁，则应帮客人携带行李或稍重物品，并帮客人拉开车门，开车门时右手置于车门顶端，按先主宾后随员、先女宾后男宾的顺序或客人的习惯引导客人上车，同时向客人挥手道别，祝福旅途愉快，目送客人离去。在送别的过程中，秘书切忌流露出不耐烦、急于脱身的神态，以免让客人产生匆忙打发他走的感觉。

【分析与拓展】

1. 有一次，市委领导同志的一位老领导来到市里，我当时想，既然是领导的老领导，于是就制订了一份高规格、高标准的接待方案，心中还暗自思量，从尊重领导的角度出发，接待虽然规格和标准高了点，但于情于理都应该不为过。我还感觉自己做的这个方案应该比较完美，领导一定会满意的。但是，事实并非我想象那样，市委领导同志看到这份方案后，严肃地批评了我，要求我立即按照规定标准修改方案，这时我才深感自己的确做错了。

结合案例，谈谈自己的感受。

2. 某公司总经理告诉秘书小王，今天上午要集中精力写一份重要的报告，不希望被任何事情所打扰。但不久，来了一位陌生人，说要向总经理推荐他们的一种新产品。小王告诉他，今天总经理不在公司。谁知恰巧这时候总经理打开门，要小王进总经理办公室给他找一份文件。此情形小王非常尴尬，只好解释今天总经理工作非常忙，不接待任何来访。客人非常不高兴地离开了。

你怎么评价秘书的做法?

3. 有一次，周末我刚从外地回来，突然接到紧急通知，要求陪同领导参加一个接待活动，因为时间特别紧，我随身穿的 T 恤没来得及换，当时觉得也不要紧，就随同领导参加了活动。事后，领导严肃批评了我。

领导为什么批评“我”?

4. 某省茶叶公司罗经理将与英国客商史密斯谈一笔 20 万英镑的茶叶进出口合同。姜秘书做接待兼翻译工作。史密斯一进门，姜秘书马上引进会客室，罗经理已等在那里了，经过一番简单的介绍，他们发现史密斯粗通中文，能听懂不少中国话。罗经理与史密斯寒暄的时候，姜秘书前去泡茶，他用手从茶叶罐中捻了一撮儿乌龙茶放在茶杯里，然后冲上水，把杯子放在史密斯的面前。

罗经理和史密斯都看到了这一切，史密斯疑惑地问：“听说你们中国在加工碧螺春时，姑娘们要用手沾着唾液把茶叶卷起来，是不是?”罗经理解释说：“不、不、不，那是几十年前了，现在茶叶的种植、采集、加工都严格按照国家出口标准进行，不会再出现类似的情况。”

罗经理和史密斯就合同事宜谈了起来，在价格问题上双方争执不下，后来，罗经理说：“我已经按照最低价格给你了。”史密斯沉思着，姜秘书接口：“我们已经给你成本价了，你应该接受了，你连茶都没有喝一口，怎么知道茶叶的质量呢?”

史密斯听了，耸耸肩，说了声抱歉，拔腿就走。

望着史密斯的背影，罗经理冲着姜秘书一顿责备：“好好的一笔生意，都让你给

搅了。”

姜秘书茫然不知所措：“经理，我不是一直在帮你吗？怎么会是我的错？”

请问姜秘书错在哪里？

5. 有秘书人员认为在接待中要注意以下礼仪：①热情大方，②注意形象，③联想丰富，④拒绝浪费，⑤有空无闲，⑥坚持原则，⑦尽量约见，⑧一视同仁，⑨送客之道，⑩始终如一。请你解释。

6. 设置一定的情景，以小组为单位，进行迎送演示。

案例3　一位公司秘书的接待艺术

我是一名公司秘书，在公司主要承担接待任务，我感觉秘书的接待工作对整个公司来说都是很重要的，我们在接待来访中可以发挥缓冲功能，把一部分没有必要由领导亲自接待的来访者过滤分流，使领导者有更多的精力和时间处理更重要的事务。具体工作中，秘书应当对不同类型的来访者采取不同的接待方法，而来访者的类型可以用两种方法进行划分。

第一种方法是按来访者的性质划分。大致可以分为两类。

第一，预约来客。这类客人的接待工作相对来说比较简单，一般只需知会一声便可以了。但是，虽然预约客人在心理上已经越过了秘书这道防线。秘书却绝不能就此“事不关己，高高挂起”，摆出一副漠然置之的态度，给来访者造成不快情绪，影响其与领导的会面质量。

第二，“不速之客”。这类来客又可以分为四种情况。

1. 确有紧急事务须与领导直接商谈者。与这类客人接触，应在礼节允许范围内尽量避免虚礼客套，直接进入实质，及时通知领导，听候处理意见，努力使事情得到迅速有效的解决。

2. 一般性事务来访者。此类来访者是随机而又频繁的，因此对他们的接待工作在很大程度上是对秘书耐心与应变能力的考验。一方面，要一如既往的热情周到。另一方面，又必须根据事情的轻重缓急分门别类地处理好，该请示的要请示；有些事务若处于秘书职权范围之内，则可充分发挥其辅助功能，为领导分忧解劳，同时也为来访者提供热忱服务。

3. 兴师问罪者。这是一类特殊的来访者，其特点是来访目的中掺杂了过多的感情因素。因此，秘书人员在接待时需格外小心，千万不能火上浇油，引起更大麻烦。首先，平息对方的怒火是关键，秘书应以良好的心理素质、敏锐的心理分析能力、谦和有礼的态度以及清晰自然的口才使对方情绪稳定。接下来则应弄清楚对方来访意图及问题的症结所在，作谨慎答复。若对方无理取闹则可采取必要的强硬态度，以维护本组织利益及正常的工作秩序。

4. 由于种种原因领导明确指示不能会见者。在复杂的单位事务中，这种情况是很有可能出现的，这时秘书工作者则应采取友好委婉但坚定明确的态度，在不伤害对方感情的前提下表示谢绝来访。

第二种方法是按来访者与本单位的关系进行划分，也可以分为三类。

第一，内宾。这里所谓内宾，是指有直接业务联系的上级单位或兄弟单位前来视察检查、参观访问或从事业务洽谈的来访者。内宾接待应做好以下几项工作。

1. 了解来宾情况，做好接待准备。包括了解来宾的人数、姓名、性别、身份、来访目的、抵达日期以及所乘车、船、飞机的班次等，再根据以上情况安排好来宾的食宿、接待人员和车辆。

2. 在详细了解来宾意图的基础上，商定活动程序和日程安排，落实陪同人员和车辆，并尽快与有关单位、部门联系好，以保证全部活动的顺利实施。

3. 安排来宾顺利返回。根据活动日程安排和来宾要求，预订好返程车、船票或机票，并安排好送客人员和车辆。

第二，外宾。所谓外宾，即因各种原因和意图自国外、境外来访的客人。外事接待政策性强，因此接待工作应更加谨慎，必须按照国家有关外事接待的方针政策和规定开展工作，并接受当地外事部门的指导和统一管理。在外事接待中，凡属应该请示、报告或自己没有把握的问题，都应请示外事部门，不能自作主张，自行其是。

第三，普通来访者。这里将凡是与本单位无固定经常联系与业务往来的来访者统称为普通来访者。对于这类来访可根据上面第一种分类方法区别对待，根据各方面因素酌情处理，重在为本单位树立良好形象，推动事业发展。

总之，在接待来访的过程中，秘书应当不骄不躁，不卑不亢，将“服务于组织，服务于公众”的理念贯穿于工作始终。

【分析与拓展】

1. 在接待中“请问，你有事吗?”和“请问，我能帮你吗?”有区别吗?

“请问你找谁?”和“请问，你是谁”有区别吗?谈谈你的看法。

2. 一天下午3点多钟，河南某家电公司的李总经理给河北某钢铁公司来电话，接电话的是公司秘书老金。“你是老金吗?我是河南的李总。我想跟你们孙总通话，事情是这样的，我们现在急需你们的薄板材，现在几个大客户全都在等我们的产品，板材再不运来我们就会耽误好几笔大生意，请你们看在老朋友的面子上速速运来!”

这事昨天老金已经向老板作了汇报，这是无可奈何的事，再急也没用。“李总，您别急”，老金说，“孙总刚刚散会，我马上就去找他。”

老金到孙总的办公室向他说了那边的情况，孙总说：“刚才生产部的人也给我打电话。他们说现在都已超负荷加班，既定任务都还怕顾不过来呢。你说这个电话我还接吗?”

老金见到孙总犹豫不决，对于这一点他能理解，接吧，也帮不上忙，解决不了问题，解释也是多余；不接吧，多年的客户，多年的朋友。

“老金，还是你帮我处理一下吧。”

“李总，实在对不起，整个楼我都找了，没有见着孙总；我听与孙总一起开会的人说，

他去协调原材料的问题去了，等我见了他，我一定会把您的情况向他汇报。”

请你评价老金的接待艺术。

3. 康乐华工贸有限公司的林平山是一位刚从大学经济管理专业毕业的学生。因他毕业前在该公司实习，而且他针对该公司管理撰写的毕业论文中的某些观点很得指导教师赏识，他本人也认为对该公司改革有一定作用。来到公司工作后，他对论文中的一些观点和看法更加成熟，因此，小林很想找总经理谈谈。但他去找总经理那天，恰好总经理外出开会，只有总经理办公室张秘书在看当天准备上报的统计表。张秘书很客气地让小林坐下，并告诉小林：“经理不在，有何意见，我可以代为转达。”于是，林平山就滔滔不绝地讲了起来。张秘书一边看报表，一边听对方侃谈，但精神却集中在报表上。小林言谈中常带“像我们这样的小公司”之类的语言，张秘书越听越不高兴，结果，没等这位大学生把话说完，他便满脸怒气说道：“公司小是否埋没了你的才能？你是大学生，大材小用，何不去大公司呢?”张秘书的冷嘲热讽，激怒了小林，导致了双方的激烈争吵。

分析这次冲突的原因。

4. 办公室来了一位公司退休老工人，因退休待遇问题，找经理谈话，情绪激动，经理正在召开中层干部会，你如何处理？请演示。

5. ①县委办公室对全县工业经济运行情况进行了一次深入的调查，并撰写了调查报告供领导参阅。因报告中涉及企业的市场、成本等经济秘密，领导指示只供县六大班子成员参阅。中国人民银行某县支行的刘行长找到胡秘书说：“我们想借阅调查报告了解一下企业的经营状况，以便合理放贷，请通融一下。”胡秘书听罢想了想说：“这样吧，我将您的特殊情况向领导反映一下，如果领导同意，我马上打电话告诉您。以后用什么材料，您打电话说一声，我一定尽力帮忙。”

②王鹏是李秘书非常要好的同学，在县第一中学工作。一天，王鹏来办公室找李秘书，要求在县委打字室打印一篇教学论文。按规定，打字室一律不准对外打印材料。李秘书说：“县委打字室打印的材料质量确实很好，我知道你是冲着这个才来找我的。不是我不帮忙，确实是不能违反规定，咱俩的关系很好，你可不能让我为难啊！今天这事只能委屈你了，算我对不住你，请多包涵，多原谅。”

“我与文清打印社的老板关系很好，他打印的材料质量也很好，我和他联系一下，让他给你打印，行吗?”

评价两位秘书的接待工作。

6. 史密斯先生到你办公室要求拜访你的上司，可你的上司却完全忘了这个约会，此时上司止在俱乐部与一位重要客人在打完网球后吃午餐。作为秘书，你会如何处理这种局面?

案例4　秘书工作中的电话接待

一、拨打电话时须注意的问题

第一，择时通话。设身处地地考虑对方的情况，是选择通话时机的基本原则。拨打电话要选择通话效率高的时间，换句话来讲，就是人家不会厌烦的时间。比如休息时间尽量不要给他人打电话，除非万不得已。严格地讲，晚上 10 点之后，早上 7 点之前，没有什么特别的急事不要打电话。万一有急事打电话，要先说一句："抱歉，事关紧急，打搅你了！"否则的话，对方很可能会厌烦。

拨打电话除了要注意时间的选择，还要注意空间的选择。一般来讲，私人电话是在家里打的，公务电话是在办公室打的。在工作场合，拨打私人电话应该尽量用自己的手机。此外，在公众场所拨打电话实际上是制造噪声污染，除非工作需要，有教养的人一般是不在公众场所拨打电话的，秘书人员更应注意这一问题。

第二，简短通话。电话打多长好呢？在秘书工作中，通话时间是宜短不宜长，要遵守电话礼仪中的"3 分钟原则"，即每次通话的时间应该有效地控制在 3 分钟之内。当然，这里的"3 分钟"并非是绝对的只能通话 3 分钟，而是指要长话短说，废话少说，没话不说。为了减少误会，打电话时还要自报家门。

上海某合资企业曾发生过这样一件事。一次，总经理室电话铃响，秘书小胡抓起听筒报了一声"喂"，对方便说"请老王听电话"。该公司的总经理即姓王。小胡不敢怠慢，赶紧把听筒递给了他。王总经理刚一开口，对方便是一顿责怪。王总经理觉得奇怪，便询问对方的身份。一番口舌之后，才明白这是一场打错电话所造成的误会。事后，王总经理狠狠地批评了小胡。但是，小胡却认为，打错电话是区区小事，不必小题大作，自己不过是转接电话，并无过错。作为秘书，小胡的看法显然是不妥当的。

第三，通话内容精练有序。秘书人员正确把握通话内容的一个有效方法就是要养成重要电话列提纲的习惯。首先，要知道通话对方有几个电话号码，第一个打不通就拨第二个。接通后要先作自我介绍。其次，要列出通话的事项，先讲重要的事情，后讲次要的事情。

第四，礼貌挂机。结束通话后要礼貌地挂机。首先，要了解怎样暗示对方终止通话。其标准化的做法就是重复要点，比如，"陈部长，那我们这次就说好了，请您下个星期一参加我们单位的专家论证会。如果没有记错的话，我应该让司机于下周一早晨 8 点到您家楼下，接您过来。"这就是重复要点的方法，以免对方记错了，或者忘记了，同时也说明秘书人员训练有素，不说废话。其次，要熟知挂机的顺序。从礼仪角度来说，通话完毕应该由地位高者先挂断电话。对秘书人员来说，应该由上级先挂，客人先挂。如遇特殊情况，即通话双方地位一样，都是秘书，性别相同，年龄相仿，此时一般就是谁先拨打谁先挂断。

二、接听电话时须注意的问题

第一，铃响不过 3 声。拨打电话要注意"通话 3 分钟"原则，而接听电话则要遵循"铃响不过 3 声"原则，及时接听电话，尤其是有约在先的电话。约好通话而不接是严重的失礼行为。当然，训练有素的秘书人员应该在电话铃声响两三声后再接，如果铃声刚一响就接，很可能电话会掉线。倘若电话铃声响到 4 声以上才接，接电话的人应该首先向对

方致歉："抱歉！让您久等了。"

第二，要安排合理而有序的表达。作为秘书人员，要尽量亲自接听电话，尤其是有约在先的电话，不要随便让别人代接电话。而且，对于秘书人员，更多的是要代领导接听电话。如果领导不在的话，秘书人员应该首先告诉对方领导不在，然后才能问对方的身份，来电为何事，是否需要转达等。千万不可先盘问对方，再说领导不在，以免对方误以为领导有意回避。接听电话也要首先"自报家门"，自我介绍身份，其好处就是万一对方拨错了，不至于一错再错。

第三，正确处理打错的电话。当我们接听到对方拨错的电话时，首先仍然要向对方问好，说明电话拨错了。然后要将本单位的电话号码重复一下，让对方验证。

在日常工作中，电话中断是经常遇到的情况，尤其是手机，说着说着就断了，可能是没电了，也可能是掉线了。遇到这种情况，秘书人员有责任告诉对方，自己所在的位置可能网络没有覆盖，并请对方指定一个时间，我们拨打过去。万一没有一点先兆，电话"啪"地就断了，要马上把电话打回去，打回去的时候第一句话就要道歉，并告知对方电话掉线了，或者说电池用完了。把电话首先打回去，这是对他人的尊重。如欲同对方另约其他时间通话，应该说好自己将按时主动拨打对方的电话。

在整个通话的过程中，秘书要注意自己通话的态度。通话时态度要诚恳热忱。拿起话筒前请微笑，这话是很有道理的，因为好的心情是可以传递的。忌在通话过程中情绪波动不稳，尤其忌在通话过程中出言不逊。注意自己通话的语气。通话时使用的语气语调要适当。应多使用平和陈述式语调，尽量避免使用感叹式语气，忌使用反问语气尤其是责问语气。注意通话的语速。在通话进行中，要尽快判断出对方的语速，然后尽量保持与对方同步，但同时也要注意语速适中，不宜过快或过慢。通话时的语速直接影响到要表达的内容。注意通话的措辞，措辞体现了秘书的口语能力。通话时的措辞尤其要注意不能过分偏激，忌在电话里评判某人。

秘书最细微的举动往往反映出自身的素质和其所在单位的整体形象。通话结束后，等待别人挂上电话后再挂电话，是对对方的尊重和礼貌。注意不能在电话刚刚结束时就将电话重重一搁，更忌在通话进行中粗暴挂断。

【分析与拓展】

1. "是荣成贸易公司吗？

秘书："是。"

"你们老板在吗？"

秘书："不在，我是他的秘书，有什么事跟我讲。"

"你们的乳胶手套多少钱一打？"

秘书："1.8 美元。"

"1.6 美元卖不卖？"

秘书："不行的，对不起。"

评价该秘书的接待水平。

2. 谈谈你在生活中遇到的好的或者不好的电话经历。

3. 1991 年的一天深夜，某市化工厂毒液泄漏到长江，市委办值班人员接到电话报告，来不及请示领导，即以市委办公室的名义通知：

(1) 化工厂下游单位及居民立即停止饮用江水。

(2) 化工厂立即堵塞毒液泄漏，将书面报告于明天 12 点以前送到市委。

(3) 市防疫站连夜派人化验下游水质，并提出处理毒液污染的意见。

由于这位值班人员处理果断，措施得力，使毒液泄漏事故没有造成大的危害。

结合案例，谈谈你的感受。

4. 丁秘书正埋头起草一份文件，电话响了。拿起电话，丁秘书听着对方的声音，辨别出又是那位推销员朱磊打来的电话。第一次他来电时，丁秘书判断这电话不是经理正在等的电话，就对他说："很抱歉，经理不在，请你留下相关信息，我会转达给经理的。"后来跟经理一说，经理说不想跟此人有联系，十天前，朱磊又来了电话，丁秘书说："对不起，经理仍然不在，我已将你的情况和要求转告经理，目前他非常繁忙，尚未考虑与你联系。"现在朱磊又来电话，丁秘书应该怎么办？

5. 我曾经打电话到一家很有名的上市公司，找其经理询问有关投资事宜。接电话的秘书小姐声音悦耳，可是她却告诉我：经理上厕所去了。当时我脑中冒出一串联想：秘书不称职，经理失职，公司可能不规范，投资可能有较大风险。投资该公司的事也就此搁浅。

谈谈你的认识。

6. 分析。

(1) 在河滨公司实习的秘书小李第一天上班，被安排在接电话的岗位，由于心情十分激动，第一次遇到外来电话，铃声刚响，他就抓起话筒就问："喂，你找谁？"

第二次接电话时，是对方拨错了电话，小李一听便告诉对方"你打错了"。

第三次接电话时，对方没有说明来意就直接要找总经理，小李一听非常兴奋，高声回答道："总经理在，我给你去叫。"

(2) 秘书张艳正在公司前台接电话，电话是一个客户打来的，事情较为复杂。这个时候进来两位客人，一位已经预约，一位还未预约。她应该怎样处理才能使电话里的客户和来访客人都满意？

(3) 王秘书在接到一位重要客户电话后，要请示领导该如何处理与客户的商务。此时领导正在会见一位来自韩国的客商，洽谈 2004 年春季竹工艺品的出口事宜。这时，王秘书就敲门请总经理出来，并请总经理马上给那位客户去个电话，给予答复。

请根据以上案例，分析一下电话接待的艺术。

7. 上司外出，秘书接到一位自称是上司朋友的男子打来的电话，秘书告诉他上司不在之后，那人依然要直接与上司联系，要求得到上司的手机号码，你怎么办？

任务六 文 档

【任务目标】

了解秘书写作的要求，掌握秘书写作的技巧，提升秘书写作的能力。

【参考学时】

3学时。

【任务内容】

案例1 秘书的情书

亲爱的：

金风送爽，丹桂飘香。在这美好的季节里，我终于决定给你写这封信，借此表达我对你的真挚感情；其次是为了总结过去，正视当前存在的问题，进一步加快我们的恋爱进程，全面掀起恋爱生活的新高潮。

亲爱的，我们相识一年以来，虽非轰轰烈烈，但亦不是波澜不惊。从总的情况分析，有以下三个方面的特点。

1. 领导重视。我们两个单位的领导对大龄青年的婚姻问题都十分重视，进行了一次广泛的摸底调查。同时因地制宜，亲自动员部署，开展了丰富多彩的联谊活动。因此，我才有幸认识你，才能够开始书写我人生旅途上崭新的一笔。可以这么说，领导的重视为我们相识提供了根本保证。

2. 部门支持。各级各部门都十分关心并支持大龄青年的恋爱工作，居委会的大妈经常上门了解我们之间的进展情况；每次和你约会回来晚了，小区的门卫总是毫无怨言地给我开门；就连去花店买鲜花时，老板听说是给女朋友买花，还特意赠送了一枝红玫瑰。

3. 适当投入。我们相识以来，你教会了我该怎么去生活。下馆子、上舞厅、看电影、打保龄球、逛公园，使我充分认识到了生活的多姿多彩。虽然投入增加了，但作为一个现代的优秀男青年，为了自己心爱的女朋友，为了我未来的孩子他妈，为了替国家和社会拉动内需，作一些必要的奉献又算得了什么呢?

通过一年来的恋爱，我们共同取得了以下成绩。一是强化了对单身生活孤单的认识；二是在何时成立小家庭上形成了共识；三是我们对未来的生活增强了信心。据不完全统计，本月以来我们吵架的次数仅为3次，占约会总数的30%，比上月同期减少了10%，可喜可贺！

这些成绩的取得，是领导关心、部门支持的结果，与我们的坦诚相待更是分不开的。但是，在成绩面前我们不能盲目乐观，而是要立足长远，正视存在的问题。我认为，我们之间仍然存在以下三个不容忽视的问题。一是进展不平衡，有时你对我热情似火，有时又爱理不理的；二是认识不平衡，主要表现在有时你想逛商场而我想上书店，有时你想上公园而我想在家休息等方面；三是经济基础仍显薄弱，无法满足我们日益增长的物质生活需要。这些问题都有待于在今后的生活中切实加以解决。

亲爱的，当前恋爱和结婚面临着前所未有的大好机遇和有利条件。自由恋爱政策为我们相互寻找到对方提供了政策保障；各婚纱影楼也实施了倾情打折的举措；还有广大酒店也隆重推出了各类优惠活动，我们有理由相信，结婚事业的春天就要来临了！

【分析与拓展】

1. 从这封情书我们可以看出，秘书写作究竟有哪些特点？

2. 小王大学毕业分配到政府办公室，从事秘书工作。小伙子勤奋好学，不断受到同事的夸赞，就是有一点，他写的讲话稿、报告材料领导总是不满意，这点让他十分苦恼。

有一天，他拿着自己过去写的材料，向他的头儿张科长、一位四十多岁的“老秘”请教。张科长很认真地看了一遍，挨个给他点评：“第一个，材料没有把加强领导突出出来，怎么能体现出领导的作用永远是第一位的呢；第二个，没有把措施写详尽，要知道措施多了、制度多了，才有成绩嘛；第三个，没有把握好数字的尺度，工作年年要上台阶，靠啥？靠数字；第四个，没有把荣誉写全，领导看重的不就是这一小块！”小王听后不禁愕然。

你呢？

3. 你都知道哪些秘书写作的技巧？

4. 某花店经理接到一位顾客的电话，说她订购的 20 支玫瑰送到她家的时间迟了一个半小时，而且花已经不那么鲜艳了。请你给对方写一份道歉信。

案例 2　里根和布什的文字秘书——佩姬·鲁兰

美国第四十届总统里根曾以他那翩翩风度和滔滔口才倾倒世人；而第四十一届总统布什在发表就职演说时，也妙语连珠，引人入胜。其实，里根的许多著名演讲和布什的就职演说都出自一位年轻女性之手。她就是白宫的专职文字秘书——佩姬·鲁兰。

1984 年 3 月 31 日，鲁兰在里根的写作班子里谋到了一把交椅。为了这份工作，她先是八方托朋友关系，拜访了白宫写作班子的负责人宾特利·艾里奥特。后来，在艾里奥特的引荐下，又认识了白宫办公厅副主任理查德·达尔曼。就这样，她告别了工作近十年的哥伦比亚广播公司，走进了人人向往的白宫。鲁兰到白宫后起草的第一篇讲话稿，是里根总统宣布该年度美国最杰出教师时的演说。结果一炮而红，博得里根赞许。

1984 年 6 月 6 日，鲁兰为里根总统在纪念诺曼底登陆 40 周年大会上的演说撰写了第二篇讲话稿。当里根在纪念会上对老兵动情地读道：“在你们之中，有攻克霍克角的勇士，他们不畏艰险，攀登陡壁……”这时，几乎没有一个老战士不是热泪盈眶。散会之后，鲁兰第一次与里根在白宫单独会面，总统向她表示祝贺，称赞她文章写得出色。为了写好讲

稿，鲁兰专心研读过历任美国总统的演讲稿，尤其是潜心研读过小罗斯福的演讲稿，因为他是里根最欣赏的一位总统。另外，她还仔细揣摩过里根演讲的口气和他自成一格的幽默风趣。

1985 年 6 月 24 日，里根在肯尼迪图书馆募捐大会上发表了激动人心的演讲。这篇讲稿也是鲁兰起草的。他说："当约翰·肯尼迪离开我们时，当慧星在这片国土上空陨没时，整个国家都沉浸在悲哀之中，其时其景使人永世难忘……当人们赞美他时，他们实际上是在赞美这个国家，因为这个国家的一切美德、善良以及矛盾都在他身上体现出来了。"

1986 年 1 月 28 日，"挑战者"号航天飞机升空爆炸，全国顿时陷入一片悲哀之中。当挑战者号航天飞机坠毁的消息传入白宫的时候，当时的美国总统里根正在国会发表国情咨文。白宫办公厅的领导并未授权鲁兰起草里根的讲话，但鲁兰却主动坐到了电脑前，尽管已经泪流满面，但她仍然一边收听电台的消息 边拨动键盘。很快的，里根总统中断了国会的讲话，到电视台接受记者对挑战者号的采访。一路上里根总统双眉紧锁，正在苦苦地思忖着如何发表这次演讲，因为这个消息太突然了，他和美国人民一样感到意外和震惊。这时鲁兰适时的将讲演稿送了上来。这可能是里根总统任职期间最感人的演说词："我们永远不会忘记他们。今天早晨，我们最后看到他们整装待发、挥手道别、冲出地球束缚，触摸上帝脸庞的那一时刻，将永远铭记在我们心中。"然而就是鲁兰这篇文笔优美、富有诗意的讲话稿，在白宫各决策机构"传阅时"，却遭遇到了很大的麻烦。

一位总统高级顾问要求她把最后一句话改为："伸出手去，想触摸友人的臂膀——啊！原来触摸的是上帝的脸庞。"本来，传阅的目的是为了确保不出现与政府相悖的言论，但是这位先生所要求的改动纯粹是笔墨之争，与政策对与不对毫无关联。面对这种吹毛求庇，鲁兰的做法是"遇着红灯绕道走"。她以这位先生的修改句与某些电视广告雷同为由，避开了无谓的改动。

1986 年年底，鲁兰不满白宫内部的倾轧，遂告别政坛，挂职而去。不过，她认为自己有义务帮助布什竞选总统。1987 年 5 月，佩姬·鲁兰再度复出，成为乔治·布什竞选班子里的主要笔杆子。1988 年 2 月 8 日，在衣阿华州举行的共和党提名决策会上，布什仅排名第三，屈居罗伯特·多尔和电视业老板帕特·罗伯逊之后。鲁兰认为："每一位演讲起草人这时都会有一个梦想，通过自己的努力，在关键时刻创造奇迹。"她的梦想实现了。由于她的帮助，仅仅一周之后，布什就在新罕布什尔州的初选中取得了胜利。

这期间，鲁兰经常在家里工作，面前一台微型电脑，身边一个襁褓里的男孩。布什宣布参加总统竞选的演说词就是在这种情况下拟就的。"一任总统可以造就一个时代，一任成功的总统则可以赋予时代的新意。"或许正是这篇讲稿帮助布什打开了通向白宫之门。

鲁兰最后的贡献是起草了里根的告别辞和布什 1989 年的就职演说。从 1990 年 6 月开始，鲁兰结束了为两位美国总统担任文字秘书的生涯，去一家妇女杂志社当了专栏作家。

【分析与拓展】

1. 结合案例，谈谈一名优秀的文字秘书需要怎样的能力和素质的支持。

2. 鲁兰身上让你感受最深的是什么？

3. 有一次，是在南宁召集区政府下属的有关厅局长会议，会前也未明确交代要写会议纪要。这次会议我既是记录员又是服务员，二三十人的会议，斟茶添水转一圈起码也得几分钟，而且隔不久又得来一次。这无数个几分钟的发言内容全都无法记录，只能用脑子记，倒完水回头坐下再补。俗话说“好记性不如烂笔头”，而我却要边帮别人加开水边默记，一心二用，遗漏差错可想而知。更要命的是会议结束后领导才交代说要我写个会议纪要，吃完中午饭马上写，中午不休息，写好后拿去打印装订好，下午三点开会时每人发一份。这下给我的惊吓不小：一是事前无准备，记录多有遗漏；二是时间紧，前后只有两个钟头，写好还要打印；三是与会者都是厅局级干部，写得不好会贻笑大方。我认识到了问题的严重性，只匆匆吃了几口饭便回到旅馆奋笔疾书，终于在下午三点开会入场时将打印装订好的纪要发到了每位与会者的手中。会后也没听到任何有关纪要写得如何不好的议论。我们行内有句俗语：没挨批评就是表扬。我终于长长地松了一口气，高度紧张的神经才松弛下来。

“我”经历给你的启发是什么？

4. 小张、小王、小刘作为 A 厂的三个笔杆子，孙厂长要在他们中间选一名秘书。

A 厂昨日发生了火灾，三人各自写了一篇新闻稿，都拿来请孙厂长过目。

小张的这篇是：“A 厂忽视安全，防火措施不严。虽经多次警告，仍然不问不管。昨日终酿大火，损失财产数万。职工反应强烈，渎职经理应严办。”

小王的内容为：“A 厂只抓效益，有些麻痹大意，昨日发生火灾，恰似猛然一击。幸亏扑救及时，未出重大问题。该厂引以为戒，决心下不为例。”

小刘的文章讲：“A 厂昨遇不幸，火光就是命令，厂长身先士卒，职工奋不顾身。领导现场指挥，后勤保障供应。一曲抢险凯歌，唱出时代强音！”

孙厂长阅毕，又在小刘的新闻稿上多扫了几眼，秘书的人选就这么定了。

你受到怎样的启发？

案例 3　沿海秘书

我是一个不幸的人。5 年高中，寒窗苦读，屡因几分之差而难中红榜，无奈和愤激之余，我选择了上成人业余高等学校，好歹圆了残缺的大学梦。1992 年，我怀着对大海的神往，带着激情，告别校园，踏上了南行的列车。

我是一个幸运的人。炎热的南方，少有供学中文的男孩施展拳脚之地。辗转数省，南海之滨、大亚湾畔的一家大公司接纳了我。那天，已经习惯了拒绝、习惯了冷漠的我，依然背负行囊走进了这家公司的总经理办公室。坐在老板椅上的总经理面无表情地接过我的求职书和厚厚的作品薄，良久，他将长长的烟灰弹进红木办公桌上精致的烟缸里，说：“这里有一份先进材料要上报，你先搞出来再说。”

这是一位不善言辞，外表年龄远大于实际年龄的年轻老总，我平静地请求他给我两个钟头的采访时间。凭着在师大苦读和在省报实习得来的经验，第二天我将这份材料赶写了

出来（三个月后，老总被评为全市杰出青年，市报在重要位置刊发了这篇先进材料）。就这样，我跻身白领，开始了1年零8个月的企业秘书生涯。

公司属当地政府直辖的十大企业之一，主要从事房地产的开发经营，正处创业初期。总经理说我的主要任务是“搞资料”，说是搞资料也就是写材料，当然这不能涵盖企业秘书的特点。在房地产市场还不规范的大亚湾，作为单一做房地产的公司，其业务说到底就是个“炒”字，其材料自然也不多，最主要的工作是起草合同。记得刚安顿不久，我正在舒适的写字间品茗看报，感受着远航飘泊后换来的轻闲和安逸，老总的公关小姐迈着碎步来要我写一份合同。我一听，才放下的心又吊了起来，写合同我还是大姑娘坐轿——头一回。咋办？说不会吧，肯定有被炒鱿鱼的危险，于是硬着头皮进了总经理办公室。

客户是湖南的，要在大亚湾中心区购置一块2万平方米的土地建商品住宅楼。老总叼着大中华，老气横秋的脸反映不出喜怒哀乐。他简单地说了意思，将一份合同递给我。说：“你看看，有什么地方要修改的。”听罢此语，我一颗悬着的心放了下来。虽然化险为夷，这件事却给了我很大的触动。此后，我四处搜寻合同文本，借阅有关合同法规及房地产法规的书籍，细心揣摩，熟悉业务。

沿海的企业秘书，强调的是知识复合型人才。在企业经营管理中，我碰到了许多意想不到的事情，这也使我看到了自己的浅薄。压力促使我抓紧学习，补充知识。我经历了许多第一次经历的事，但都迎刃而解，这得益于边工作边准备边积累。比如说跳舞，大亚湾人的业余文化生活比较贫乏，除了看电视搓麻将，就是伴着卡拉OK跳舞。跳舞已成为当地人一种重要的社会交际手段。我是“舞盲”，过去连舞厅的门都未进过。我意识到，企业秘书不仅要有严谨的文字功夫，而且要有较强的公关能力，跳舞就是扩大社交、联络感情的有效途径。基于此，我开始学舞。通过跳舞，我不但融洽了同事关系，还在异地他乡结识了一批新朋友。1994年元旦，我主持了一台长达3小时的文艺晚会，高潮迭起，员工参与率达90%，取得了意想不到的成功。

沿海地区的企业机制灵活，秘书人员精干，讲求一专多能。可是，1992年的大亚湾，被疯狂的炒地皮浪潮挟裹，公司文秘工作基本上处于瘫痪状态。我在实际工作中结合秘书学理论，完善了企业的文秘制度和档案管理制度，同时还自费深造了深圳大学的企业管理函授课程，没想到还派上了用场。这年底，公司要投资18亿元人民币建一座综合性沿海旅游度假城，内设星级宾馆、商业住宅、高级别墅、娱乐中心及管理中心，占地面积30多公顷。总经理让一名高级工程师率6名工程技术人员进行市场调查，撰写可行性研究报告。然而时间过去了两个多月，钱花了，人心却散了，原因是组织不力，技术人员各走各的道。眼看还有一个月要举行开工典礼，老总情急之下，命令我和两名工程师主持撰写项目可行性研究报告。短短20天，我们加班熬夜，分析调查，起草文字，打印校对，请专家评估审定，抢在开工典礼前印刷了40多本。专家评价说：“这份报告技术性强，说理透彻，如此短的时间完成，可以说是一个奇迹。”那晚，面对一盆香味飘溢的蛇肉，我难以下箸，我好累，只想睡它个两天两夜。

当我不得不离开大亚湾时，我来到海边。大海风平浪静，一株椰树在不知不觉中长高了好多；忙碌而充实的企业秘书生活即将过去，正如这亮丽的海滨风光，它将印入我的记忆深处。我从心底里感谢着大亚湾，因为她使我学到了好多，也明白了好多。

【分析与拓展】

1. 为什么一名高级工程师率 6 名工程技术人员没有完成的任务，让秘书完成了？“我从心底里感谢着大亚湾，因为她使我学到了好多，也明白了好多。”你呢？

2. 最近，翻阅了一些有关文件和资料，发现了一些出自秘书之手的不符合或不完全符合法律法规的提法和说法。

（1）有份文件说：“要反对宗教和封建迷信。”“宗教和封建迷信”是两个不同的概念，不能等同。“宗教”是属于宪法规定的“信仰自由”的范围，必须依法保护，封建迷信则是要加以制止和取缔的。反对宗教的提法违背了宪法规定，因此是错误的。

（2）有份文件说：“某地在打击经济犯罪活动中立案 164 件，犯罪金额 12928 万元，涉及 214 人，经查处结案 136 件，罚款和没收赃款 31.4 万元”。此说法把“有问题金额”与“犯罪金额”混淆起来，把属“违纪”性质的与属于“犯罪”性质的相提并论，把“罪”与“非罪”混为一谈，混淆了“法”与“非法”的界限。

（3）有份纪要说：“从城市三项费用中拨出款项修建城市派出所。”按照规定，城市三项费用是保证城市建设和城市设施维修所需要的，是专款专用，不能作为行政经费开支或挪作他用，建派出所只能从行政经费中列支，而不能动用城市三项费用。

（4）某地行署在一份召开会议的通知中把法院和检察院列入行署所属部门通知参加会议。这有悖于宪法。宪法规定：“国家行政机关、审判机关、检察机关都由人民代表大会产生，对它负责，受它监督。”三者并没有隶属关系。行署把“两院”归入行署所属本门是错误的。

（5）某市人大常委会机关的一份文件，把人大常委会秘书长和常委会委员均列为人大常委会委员。这不符合《组织法》的规定，《组织法》第 36 条规定：“设区的市的人民代表大会常务委员会由本级人民代表大会在代表中选举主任、副主任若干人，秘书长、委员若干人组成。”把人大常委会秘书长当做委员是违背《组织法》规定的。

对此，你如何认识？

3. 1998 年 7 月的一天下午，快下班时，局长把我叫到他的办公室，十分着急地对我说：“房管处写了一个在机关营区建设配电站的请示，前后 20 多天时间，报了 5 次，部领导都不满意，主要是没有把建设配电站的理由讲充分，建设规模、施工组织和资金怎么收回也没有说明白，给人的印象是没有必要再建配电站。部长指示这个文件由秘书帮助修改，明天下午必须报给总政领导。你辛苦一下，今天晚上无论如何把这个文件改出来，明天上午 9 点前交给我。重点要把两个问题讲清楚，一个是营区已有配电站，为什么还要再建；再一个是营区有一个配电站前年刚刚增容，为什么电量还不够用。这两个问题写不清楚，建配电站的事就可能落空，将严重影响今后机关工作和居民生活用电。”接受领导任务后，我连夜找房管处的同志了解情况，问清了此事的来龙去脉，我从夜里 11 点到次日

凌晨6点，用了7个小时的时间重新把这个请示写了一遍。第二天早晨交给局长，没改一个字就直接报到了部里，部长看后高兴地对我们局长说："干这个工作的没写明白，不接触这项工作的反而写明白了，我们就是要多培养这样的秘书。"房管处的同志看后佩服地说："你把我们想说但写不出来的东西用文字全面准确地表述出来了，这样一改，效果就是不一样。"这个请示上报给总政领导后，很快就获得了批准。

对此，你想到了什么？

4. 有人说，秘书在写作时有两次角色转换，你能解释一下吗？

5. 杨亿是宋真宗时最有名望的秘书，他天性聪明，撰写文章思路敏捷，不加删改；待客谈笑，运笔不停。有一次，杨亿奉命起草一封答复辽国的书信，其中有"邻壤交欢"一句，宋真宗审核时，在旁边亲笔注上"朽壤""鼠壤""粪壤"等字。杨亿又把"邻壤"改为"邻境"。第二天，他援引唐朝旧例，说是学士起草制书有所改动就是不称职，要求立即罢免。宋真宗劝慰他，他还是坚决要求辞职。"杨亿真有脾气和性格，不爱和人商量。"不久宋真宗便同意了杨亿的辞职请求。

有人将秘书面对核稿的种种心态总结如下，一是由衷敬佩，二是盲目崇拜，三是自我炫耀，四是消极沮丧，五是责备埋怨，六是固执己见。你认为，秘书人员应该如何摒弃这些不良心理，正确看待领导的核稿？

案例4 马虎秘书的经历

我几乎当了一辈子秘书，给一届又一届领导服务，但是因为马虎，虽然累死累活，也没博得一位领导的厚爱，最终没能弄个一官半职。现在马上就要退休，可以说无私无畏了，不妨把我经历的几件马虎事说与大家。

今年的讲稿，前年的日期。1993年，县里开一个年年都要开的惯例性会议，内容与前年的大同小异，于是我就把前年的发言稿改头换面后交给领导。领导在会上十分动情地讲起来，讲完后就连时间也念上了——1991年3月5日。下面静了一下突然哄堂大笑起来。原来，我抄稿子时没把前年的时间变过来。

把B县经济搞上去。有一次开全县经济会，为了写稿子省劲，我把B县的讲话稿拿来改了改就给了打字员。全篇我都认真进行了校对，就是最后一句没注意。没把"B县"改成我们"A县"，领导在讲话时情绪激昂，特别是讲到最后，达到了高潮，把嗓门吊得高高的，等着人们鼓掌，没想到反应却先是笑声，后是掌声——领导也没发现那处错误，对着我们A县的干部群众说："要团结起来，同心同德，坚决把B县的经济搞上去！"

贫穷不是主义。记得一次书记特意叮嘱我要对一份材料认真核对，因地区工作组马上要来检查工作。也许是过分自信不会出差错的缘故，文件打印后我没再次核对就由收发员装订后送书记办公室，待书记亲自拿着那份文件来问我"'贫穷不是主义'是什么意思"时，我已完全明白了自己的失误。我简直无地自容。

第6页哪里去了。有一次，是我刚到办公室做秘书工作不久，单位请来一位老红军给机关干部上党课，我给他整理了9页的发言材料，可是在装订时将第6页给漏掉了，那位老红军在台上读完第5页后，就在一个劲地自言自语地说：第6页到哪去了？

泰国总经理。一次写总结，其中引用了泰国总理的一句话，由于工作疏忽，我将泰国总理写成了泰国总经理，一字之差，谬之千里。

1856088吨。我为领导写了一份讲稿，起草的稿子是要在相当规模的会议上念。领导的讲话进行到十分钟左右，突然出现了意料不到的事情。念到象征工作成就的数字——生产水泥1856088吨，领导一连念了三遍，结果还是没有念对。台下起初寂静无声，而后便是窃窃私语。最后局长不再念那个数字了。

【分析与拓展】

1. 你认为这些马虎事件可以杜绝吗？我们需要怎么做？

2. 嘉靖四十三年和四十四年御史林润两次上书，列数严氏父子罪恶，明世宗下令把严世蕃逮回北京，交三法司审讯。以下是可以上书的两件事，你会如何选择，为什么？①冤杀沈炼和杨继盛；②交通倭寇，潜谋叛逆。

3. 唐朝时候，山东在平县出了个马周，是中郎将常何的门下客，也可以说是常氏的秘书。有次李世民令朝中大臣就抗旱进言，因常何是武人，不谙于农事，他便叫马周代拟了自己的发言。朝廷之上，李世民听了好生奇怪，便询问常何哪来如此高见。常如实相告，唐太宗也由此发现了一个人才，不久便任命其为监察御史。之后马周屡屡进言，每次都深得李世民喜欢，进而又任命他为中书令兼右庶子。据史所载，马周临终之时，李世民亲自为其调药，太子时时到榻前问候，由此足见马氏在朝廷中的威信之高。

天生我材必有用，你的才能在哪里？

4. 一次，我在领导讲话稿中用了个“亟待解决”，领导熟悉稿子时点着“亟”字问我：“这是什么字?”我告诉他，字典上解释是“急迫地”。他说：“有现成的急字你不用，怎么非用个古字呢?”提笔就改成了“急”。印材料的工作人员不知“急待解决”这个词的来龙去脉，以为是秘书笔误，重新改回了“亟待解决”。那天领导在台上念稿时突然停下来了，原来他又忘了“亟”字读音。旁边有人告诉他，他恍然大悟，接着脸色突变：“想起来了，我说小李，你真固执，我已经改对了，你怎么又改错啦?”

你作何感想？

5. 1953年，中央批转由毛主席亲自修改签发的一份文件，文件批语是毛主席用铅笔拟写的。这份文件经周恩来等中央领导同志传阅后，经办部门为了保持毛主席手稿的整洁，便将毛主席的批语重新打印了一份，连同附件一起送到秘书处印发。秘书田真便根据打字稿进行编号、校核，以中央文件形式下发。过了一段时间，毛主席发现文件中的“付诸施行”印成了“讨论施行”，便打电话来查问究竟。经查询，原来是打字员将毛主席手稿中的“付诸”错打成了“讨论”。两字之差，意思却相去甚远。为此，毛主席特地给时任中共中央办公厅主任的杨尚昆同志写信说，第一页上“讨论施行”是“付诸施行”之误，印错了，请发一更正通知。又说，以后一定要校对清楚，不要再错。

你作何感想？

6. 某州医院由总院、分院和青达拉医院（原非典医院）组成，其中总院、分院是医院进行正常医疗工作的重要组成部分。秘书在拟写州医院全年工作总结时，将信息科报来的全年工作量写了进去。院长看了这份总结后问秘书这些数据是从哪里来的，秘书说是信息科报来的。院长又问这些数据包不包括分院，秘书说不知道。院长要求秘书去查清楚。秘书找到信息科主任了解此事，主任让统计人员再次核算后给了秘书一组数据。没想到两份数据的各项指标大相径庭，原来的数据统计果然没有把分院包括在内，住院病人人数、门诊病人人数、床位使用率、病床周转次数等不升反降。

某单位于清明节在机关会议室进行了一次传统教育。半年总结上报情况时，负责撰稿的办公室科员小莉，写成了在烈士陵园进行了这次教育。材料报上去后，某领导对这件事非常欣赏，批示这样做很好，并要求其他单位向他们学习。本单位领导看到批示，印象中没有到烈士陵园进行教育活动，于是把小莉叫到办公室，问是怎么回事。小莉只好说，想着这么写情景交融，教育效果自然会好些，没想到上级领导看得这么仔细。领导把小莉狠狠地批了一顿，从此对小莉有了“看法”。

你的感受如何？

7. 结合以下事例，谈谈我们在写作中还容易出现哪些问题？

唐朝李绩在命令诸将进攻平壤时，要随军秘书元万顷起草《檄高丽文》。元万顷写道“不知守鸭绿之险”。在他看来，这句话很精彩，可以使文章增色不少，从而沾沾自喜、自鸣得意，结果对方如获至宝，衷心感谢道：“谨闻命矣！”结果唐军受阻，造成极大困难和被动。唐高宗李治后来听说了这件事，极为生气，于是把元万顷流放到岭南去了。

洪武九年（公元 1376 年），刑部主事茹太素上呈 17000 多字的奏章，朱元璋叫人读 6370 字以后，还没有听到具体意见，说的全是空话、废话。朱元璋龙颜大怒，把茹太素叫来打了一顿。第二天深夜朱元璋卧在榻上，又叫人接着读，读到 16500 字以后进入正题，建议了五件事，其中有四件事，朱元璋认为可行，早朝立即下令实施。也就是说，17000 多字的奏章，只有 500 字是有用的。

唐朝中书舍人阳滔做中书舍人时，有一次奉命起草一份急件，而管文书档案的令史有事外出，把钥匙带走了，阳滔便不能进档案室找文件做样本，因为无样本检寻，阳滔也就不能把文件写出来。事情很急，时间不等人，急得团团转的阳滔百般无奈之下，“乃斫窗取得之”，他为此而得了一个“斫窗舍人”的绰号。

案例 5 秘书人员应具备档案意识

秘书纪晓岩因为工作出色被公司总经理提升为公关部经理，接替她的是她的师妹方华，因此，纪晓岩在很多方面都很照顾她，并将自己的工作经验毫无保留地告诉了方华。这天，纪晓岩看到方华将公司的文件混乱地放在一起，毫无规律可言，就给她介绍了自己整理文件和管理档案的经验。

纪晓岩说："首先你要弄明白秘书工作与档案工作的关系问题。秘书工作与档案工作有着十分密切的关系。一方面，秘书工作是档案工作的基础。从工作实践上看，没有秘书部门的公文处理，就不会有档案管理，档案是由文件转化而来的。另一方面，档案来源的原始性和可靠性决定了它对秘书工作具有重要的凭证和参考作用。从这个意义上讲，档案工作离不开秘书工作，秘书工作又依赖档案工作。"

方华说："我还真不清楚它们之间的关系，我还以为档案工作是年终的事情呢？这么说，我平时就要以档案的标准来做文件工作了！"

纪晓岩说："那是当然了，如果像你那样的话，年终你得累死，工作也不一定做得好。"

方华："那我怎样才能做好档案工作呢?"

纪晓岩说："首先，你要具备档案法律法规的意识。你要看一看《档案法》及《档案法实施办法》，把《档案法》及《档案法实施办法》作为秘书工作的行为准则，这样你才能依法护档，依法管档，依法归档。例如，《档案法》第十条规定：'对国家规定的应当立卷归档的材料，必须按照规定，定期向本单位档案机构或档案工作人员移交，集中管理，任何个人不得据为己有。'《机关档案工作条例》第十一条规定：'机关领导人和承办人员办理完毕的文件材料应及时交有关部门整理和立卷。'"

方华："师姐，你太厉害了，你都背过啊！"

纪晓岩："这也没有什么，理解了，做得多了，自然就熟悉了。其次，你最好还要看看《国家行政机关公文处理办法》《国家机关公文格式》《发文稿纸格式》《文书档案案卷格式》等一系列规范性文件，因为在这些文件中对我国各级行政机关实现公文处理规范化、标准化提出了具体要求。在以往的工作中我发现公文处理中不规范、不标准现象主要有以下几项。

"1. 文件撰写质量差。文件表述意图不完整或不清晰，有的公文冗长烦琐，空洞无物，语句不通，文字或标点符号有错漏，内容与文种不符。

"2. 文件的格式不标准，有欠缺。如发文字号结构顺序颠倒；有的文件未标明主题词；有附件的也未标明；有的文件未加盖公章或公章位置不正确，千姿百态。

"3. 文件的纸张、书写材料不符合要求。文件制作时不注意按国家有关规定选择质地坚韧、耐老化的纸张，使档案"未老先衰"，公文用纸的尺寸规格与国家规定不符。有的领导和秘书人员用圆珠笔、纯蓝墨水笔、红笔及铅笔起草、修改、签批文件，导致档案材料字迹褪色模糊不清。

"4. 公文处理缺乏规范性。如发文无严格的审批手续，造成了文件流转不畅；有些公文承办部门不明确，造成了'公文旅行'，严重影响了办文效率；收发文簿册不统一，管理混乱；立卷环节拖拉，案卷装订不牢固等。"

方华："谢谢师姐，我记下了，以后有不明白的地方还要你帮忙啊！"

纪晓岩："那没问题。其实工作上的事情还是靠自己，我只能起到客观的作用，客观只有通过主观起作用啊！"

【分析与拓展】

1. 有人说，保存档案的最大目的是为了利用。只有利用档案，才能发挥档案的价值。请你谈谈档案的价值和作用。你认同吗？

2. 如果你是办公室主任，你将如何提升办公室人员的档案管理水平？

3. 3月的一天，主任召集协助其分管文秘工作的副主任、秘书和文书开会，非常严肃地通报了本机关丢失了一份军级文件的情况，要求秘书和文书说明原因，查找工作漏洞，并为此承担责任。照常理，小王作为本机关秘书，自然有不可推却的责任。问题是本机关收传文件只经过机要员（签收人）、文书（传递人）和分管文秘工作的副主任（签批人），从不经过秘书之手，因此，机关每天收到多少文件、什么文件，作为秘书的小王一概不知，如此由他来负责岂不冤枉？

那么，小王应当怎样对待这件事呢？

4. 去年国庆节期间，上级档案部门下发了征集档案材料的一个文件，进行登记之后，值班的王秘书将文件送分管档案的单位领导阅批。换班的时候，王秘书告诉接班的李秘书，有一征集档案资料的文件在分管档案的领导处，还未批阅。李秘书随口应了一声，后来还给这位领导打过一个电话，但此后再没过问。结果，这个文件在领导处放置超过了上报时限，耽误了上级档案部门材料的汇编工作。

谈谈你的认识。

5. 前不久，我因工作分配需要办理组织关系和户口转移。周末，乘车前往办理，本以为是件很简单的事，谁知去派出所，所长告诉我办理户口的同志去了大西北，半个月以后才能回来。去支部书记家，其家人又告之，已外出，归期不详。半月以后，当我将支部证明拿到镇党委时，管档案的文书又不在。于是，只得再耐着性子，不知还要跑上多少趟。每次跑一趟车费得花8元，赔进去的时间就更不用提了。

记得我在边防某连任军械员时，每外出必不厌其烦办理移交。冬天天气寒冷，子弹一发发点，枪支一支支过，冻得签字时无法握笔，但不会因为天冷，不因会为麻烦，更不会因为仅离开一天就不办理移交。我自信现在多数单位领导者的移交程序绝不会有部队武器弹药的移交程序那么严格，那么复杂，那么麻烦。但往往许多单位的领导者就因为嫌移交麻烦而不愿办移交。

结合案例，你想到了什么？

6. 秘书小王起草了呈上级机关审批的请示件。一个多月过去了，上级机关催问此事，小王说早寄出去了。于是从收发文件系统开始追查这份请示件的下落。查来查去，最后从小王的抽屉里查出来了。领导问小王是怎么回事，小王解释说，记得是发出去了，怎么会在抽屉里呢？其实，当小王正要发文时，下班时间到了，他就把文件往抽屉里一放，想着第二天再发。第二天上班后，因为杂事很多，就把这件事忘了。

你的感受呢？

任务七　参　谋

【任务目标】

掌握秘书参谋的注意事项，提升秘书参谋的素养和能力。

【参考学时】

3学时。

【任务内容】

案例1　秘书工作创新案例四则

1. 一位文字秘书当年在省委办公厅工作时，曾有一次难忘的经历。当时省委书记在某次工作会议上脱稿讲话，会后有关部门作了整理。但由于他们自作聪明，在有些问题上发挥得过了头，受到书记的批评。这位秘书人员接手重新整理时，参考原来整理的讲稿和本人的现场笔录，根据自己对领导意图的准确把握，对文稿进行了调整。这次调整并非照抄照录领导原话，而是在删掉了部门不当发挥部分的同时，在某些地方也作了适当的补充和完善。此次整理的讲稿得到了领导的充分肯定。领导的态度由否定转变为肯定，原因就在于后来的“创新”尊重了领导的本意，而原先的“创新”违背了领导的本意。

2. 某年3月16日，湖北省汉川市政府办公室发出红头文件，给市直机关与各乡镇下达喝“小糊涂仙”酒的任务。全年总任务200万元，分解到各单位，要求及时反馈完成情况，并规定完成任务的按照10%奖励，完不成任务的通报批评。据说这一“创新”是为了促进当地优势企业的发展，推动地方经济的繁荣，殊不知却明显违反了《反不当竞争法》，与廉政建设的有关精神也不相符。被媒体曝光后，一时间舆论哗然，那个“喝酒文件”很快就被废止。负责起草这一文件的市政府办公室副主任对记者说：“‘小糊涂仙’的广告词是‘喝糊涂酒，办明白事’，我现在是喝糊涂酒，更办了糊涂事，这份文件确实不符合市场经济的要求。”

3. 一位新到机关的秘书，感到机关的用人机制和激励机制有不合理之处，他想起自己以前所在企业的一些做法，就建议领导辞退那些不合格的员工，并加大经济奖罚力度。他不知道机关的情况与企业不同，调配人员、调整薪酬都需要一定的权限，哪像想象中的那么简单。因此，这个建议还没有说完就被领导打断了，领导还说他对机关太不熟悉了，先了解了解情况再提意见吧。

4. 第二次世界大战期间，英国要在诺曼底登陆的绝密计划泄露，德军云集诺曼底。按常规，要么决一死战，要么放弃战机，但效果都不会好。丘吉尔的情报参谋华伦创新思维，出了一个调虎离山的绝妙主意。他们借尸还魂，找来一具尸体，伪造了一个陆军情报

部的“马丁少校”，并周密设计了身上伤痕、随身证件、文件、布防图、高官信函等细节，甚至还包括了给情妇的信件和洗衣单据。同时，伪造了人事资料，放入国防部的人事档案里。目的是通过这个假少校，传递不会在诺曼底登陆的假情报。准备好后，用潜艇将“马丁少校”送到他国海岸，借西班牙人之手“送”给了希特勒。德国获得“马丁少校”后，极为重视，认真分析，仔细查证，甚至动用特工调查，最后对这个“马丁少校”及其所传递的假信息确信不疑。希特勒庆幸情报灵通，下令撤军，移师别处，盟军终于顺利登陆诺曼底。

【分析与拓展】

1. 请你从中总结出秘书在创新时应当坚持的原则。

2. 《晏子春秋》中有这样一则故事。齐国晏婴让高纠给自己当管家，但只用了3年就把他辞退了。左右的人认为高纠3年中没有犯过什么错误，也不争权势和地位，不应辞退他。晏婴说，只有圣人才称得上完人，而我晏婴是个愚陋之人，不可能没有缺点、错误。如辅佐我的人从不向我提批评意见，那么我的礼义道德就不端正了；高纠这个人给我办事，3年中一次也没有指出过我的错误，所以我辞退了他。

陈毅同志在上海工作期间，身边有两个秘书，他在批改文件、决定问题时，秘书总是对他说，这个决定太英明了，这个批示太正确了。起初他并未在意，可事后检查起来，有些批示并不完全正确。他说，“秘书恭维我虽然不是坏心，更不是有意害我，但因听不到不同意见，就免不了要出现失误。”后来他换了秘书，并鼓励身边人员监督他的工作，对他提不同意见，甚至反对意见。

针对案例谈谈看法。

3. 某集团军党委办公室的一位秘书学习刻苦，各种知识都接触，尤其长于研究热点问题并形成自己独到的见解。首长知道他学识渊博，对他非常器重。时间一长形成了一个不成文的制度：每星期三、六下班前的最后一个小时，军长政委都到这位秘书的办公室听讲天下大事、部队的具体情况、社会上的热点问题等。首长们决策前，常常专门征求他的意见。

谈谈你的看法。

4. 有人总结，秘书的辅助决策职能要通过各种各样的有效服务来体现：①在领导发言稿中体现；②在计划方案中渗透；③在请示或汇报中展示；④在暗示性提醒中表达；⑤在工作日程安排中融入；⑥在调研报告中建议。你认同吗？

5. 广东某制衣公司是家有2000名职工的大公司。在2004年4月的一次全厂性体格检查中，查出了110名乙肝患者和乙肝病毒携带者。总经理会议决定，为了防止肝炎传染，立即解除这110名职工的劳动合同，勒令他们7天内结清工资，离开工厂。公司杨秘书根据会议精神当即起草了《关于辞退××等110名员工的决定》，经总经理签字后打印下发至各个车间。

如果你是秘书，你会这么做吗？

6. 有一次，秘书开车送局长到乡下去，那是一条山路。突然路边有人拦车，一看，好像是有人得了急病，那些人想拦辆车往城里送。秘书未经领导同意，就把车停了，领导当时沉着脸不说话。到了医院，秘书马上联系了自己认识的一位医院领导，让他通知媒体炒作一下。第二天，报上就登出来了，说局长关心百姓，以人为本。这条新闻出来后，局长非常满意。

结合案例，谈谈你的感受。

7. 有一次孔子出游被困于陈蔡，断炊了。弟子颜回讨了一点米，便埋锅为他做起饭来。当饭快要做好时，孔子突然看见颜回在“偷饭吃”。其实，颜回是发现有些烟尘掉进锅里污染了一小处饭，觉得弃之可惜，所以就用手将其抓出来放进嘴里咽了。这怎么是“偷”呢？后来，孔子弄清了事实的真相后深感惭愧，感叹道，便是亲眼所见也不能过于自信啊！

结合案例，谈谈你的看法。

案例 2　一位高级秘书为领导辅助决策的方法

秘书是领导工作的参谋和助手。秘书为领导服务，首要的是为领导决策服务。但是，协助领导决策也要讲究方法。下面我为大家提供六种方法。

一、随机提醒法

所谓随机提醒法，就是随时随地抓住机会向领导提出创新建议。秘书常在领导身边，遇到什么问题，有些什么成熟的想法，可以顺便讲出来。这些建议，不一定是针对整个工作的整套方案，也不一定是针对全局的完整看法，但只要有创新意识，对工作具有推动作用就可以提出来。随机提醒法的关键是“随机”二字，说来简单，对秘书的要求却很高。

一要注意收集有关信息。仅靠秘书人员的聪明头脑灵机一动，是拿不出锦囊妙计的，主要靠的是知识与信息量。没有丰富的知识和信息储备，样样是外行，事事门外汉，即使问题碰到了鼻尖也不可能看到，当然也找不到解决问题的新办法。

二要巧妙掌握时机。要想使自己的创新设想和创新建议被领导采纳，就要特别注意选择时机。秘书应经常密切关注领导关注的热点问题，一旦发现不好的苗头就能立即提醒领导注意，并协助领导分析潜在的危险。在引起领导重视之后，还应立即拿出可靠的改进方案。

三要胸中有全局。有些秘书只负责或参与某一方面的工作，所以仅能在某一个具体工作环节中发现问题，提出建议。这些建议尽管是好的、可行的，但拿到全局来衡量，又显得分量太轻，或具片面性，对于统筹全局的领导来说，这样的建议只能是“杯水车薪”，领导不会采纳。所以，秘书只有了解全面情况，才能在随机提醒中产生出积极的作用。

二、预测导向法

所谓预测导向法，就是通过筹谋工作的多种结果，提出有远见、有价值的导向性建

议，供领导者决策时采纳。秘书在预测活动中要特别慎重，没有八成把握不要轻言。因此，在预测之前应注意收集各有关方面的信息、资料、数据，尽可能周详地对历史的、现实的状态和发展趋势进行分析，对未来可能发生的变化作出比较可靠的描绘，并针对未来的状况提出相应的对策，争取把失误减少到最低限度。

三、咨询建议法

所谓咨询建议法，就是在经过调查研究后，以充足的事实对领导正在酝酿或即将付诸实施的决策提出可行性或补充性意见。在咨询过程中，秘书要特别注意几点。

一是防止按图索骥，认为领导思考的方案不可动摇和否定。秘书应该不受这些因素的影响，实事求是地对方案进行正确的评估。

二是注意客观全面。在收集资料、信息时，要到现场考察，及时发现问题，综合分析研究相关的变化，设计各种方案和模型，进行各种计算和比较，从中选择最佳方案。

三是写出咨询报告。秘书在进行了一番调查研究之后，先提出初步的报告，与领导交换意见，取得领导的支持，并在听取了各方面的意见之后，再写出正式咨询报告，请领导考虑采纳。

四、提供资料法

所谓提供资料法，是把历史的和现实的，国内的和国外的，以及同行业的相关资料提供给领导阅读，领导从中能够得到启示。提供资料法有被动提供和主动提供两种情况，即领导索要某个资料，秘书马上能够提供；领导没有主动索要，秘书已经明白领导意图，能顺势提供。还有有意提供和无意提供两种可能，即秘书给领导提供的某种资料，是专门为领导的某个决策服务的，或是为以后的某些决策备用的。

五、比较选优法

所谓比较选优法，是指在领导决策时能提出多种方案，供领导从中选出最佳的那个。比较的方法很多，有纵向比较法，横向比较法，纵横交错比较法，等等。在应用比较选优法时要注意以下两方面。

一是分析要透彻。秘书应尽可能地对所有参与比较的事物进行透彻的分析，不仅要分析其整体情况，还要分析其内部结构；不仅要分析各个环节的有利因素和不利条件，还要从整体上分析它们的利弊得失，在比较中得出较为可靠的结论。

二是比较要全面。在进行比较时，要对参与比较的诸事物，从起因、经过到结局进行全面而客观的比较，比较时还要特别防止掺杂个人感情因素。

六、补充完善法

所谓补充完善法，是指对业已确定的方案，发现其有局部缺陷，或者正在执行中的方案，因多种因素的变化而产生了某些缺陷，因而要对方案进行修订和调整。任何一级领导，哪怕是最高明的领导，他所下定的决心，他所想定的方案，都不可能是至善至美的。

这就有个修订、补充、完善的问题。补充完善法可适用于初定方案，正在执行的方案，已经使用过的原有方案等。秘书在使用补充完善法时要特别注意以下两点。

一是慎出异言。当领导就自己的决心和确定的方案向身边的人员征求意见时，领导一般是很有把握的。秘书要先确认该方案的合理性和可行性，在总体肯定这个方案的基础上指出其中的不足或需要补充的部分，而不能略加思索或者不加思索就大论特论，引起领导的反感。

二是抓住重点。秘书在提建议前要经过缜密的分析，要抓住问题的核心，在提建议时要把存在的主要问题准确快速地指出来。

【分析与拓展】

1. 结合案例，谈谈张秘书成功的原因所在。

2008 年年底，某公司为了奖励员工，制订了一项泰国旅游计划，办公室分了 6 个名额。可办公室有张秘书、刘秘书和 6 个业务员，一共是 8 个人，这 8 名员工都想去，大家要求再向经理申请 2 个名额，当时张秘书正外出办事，刘秘书找到了经理："经理，咱们部门 8 个人都想去泰国玩一圈，可只有 6 个名额，剩余的 2 个人会有意见，能不能再给 2 个名额?"

经理冷眼看了他一下说："筛选一下不就完了吗？公司能拿出 6 个名额就花费不少了，你们怎么不多为公司考虑？你们呀，就是得寸进尺，不让你们去旅游就好了，谁也没意见。我看这样吧，反正我也不去，你和张秘书还有很多案头工作，你们两个，姿态高一点，明年再去，这不就解决了吗?"

刘秘书灰头土脸地回到办公室，张秘书知道这件事后，当即知道刘秘书失败的原因，就是"只顾表达自己的意志和愿望，忽视经理的心理反应"。

分析清楚情况，张秘书知道不能以自我为中心，要树立一个沟通的低姿态，站在公司的角度上考虑一下公司的难处。

"经理，大家今天听说去旅游，非常高兴，非常感兴趣，大家觉得公司越来越重视员工了。领导不忘员工，真是让员工感动。经理，这事是你突然给大家的惊喜，不知当时你是怎么想出这么好的想法的?"

经理听了笑逐颜开："真的是想给大家一个惊喜，这一年公司进步很快，是大家的功劳，考虑到大家辛苦一年。年终了，第一，是该轻松轻松了；第二，放松后，才能更好地工作；第三，是增加公司的凝聚力。大家要高兴，我们的目的就达到了，就是让大家高兴的。"

张秘书立刻附和："也许是计划太好了，大家都在挤破脑门争这 6 个名额。"

经理笑了笑说："当时决定 6 个名额是因为觉得你们部门有几个人工作不够积极。你们评选一下，不够格的就不安排了，就算是对他们的一个提醒吧。"

张秘书频频点头："其实我也同意您的想法，有几个人的态度与其他人比起来是不够

积极，不过他们可能有一些生活中的原因，这与我们在日常工作的时候对他们缺乏了解，没有及时调整都有关系。责任在我，如果不让他们去，对他们打击会不会太大？如果这种消极因素传播开来，影响不好吧。公司花了这么多钱，要是因为这2个名额降低了效果太得不偿失了。我知道公司每一笔开支都要精打细算。如果公司能拿出2个名额的费用，让他们有所感悟，促进他们明年改进。那么他们多给公司带来的利益要远远大于这部分支出的费用，不知道我说的有没道理，公司如果能再考虑一下，让他们去，我会尽力与他们沟通好。在这次旅途中和他们多沟通，帮助他们放下包袱，树立有益公司的积极工作态度，您能不能考虑一下我的建议？"

第二天，老板通知张秘书，公司决定增加2个名额。

2. 有人说，秘书参谋要讲究"四适"，你如何看待？

3. 三国时，田丰为袁绍幕僚，才识超人，但过于自负。袁绍伐曹，田丰有不同意见，对袁绍说："汝不听良臣言，出师不利。"袁绍一怒之下把他关进了大牢。后来袁绍兵败，颇感后悔，田丰却在狱中击掌大笑，袁绍得知，便处死了田丰。

请你分析田丰之死的原因。

4. 宋神宗即位后不久，群臣就上书请求给其加称尊号。神宗不同意，就让司马光起草诏书。司马光对神宗说："皇帝上尊号之礼，不是先王令典，而是起源于唐朝武则天和唐中宗之时，后来成为惯例。先帝英宗在位时不接受尊号，人人称颂。英宗末年，有人建议说国家与契丹文书往来，他们有尊号而我们没有，是耻辱，就又在不适当的时候奉上尊号。汉文帝时，匈奴自称'天地日月所置匈奴大单于'，却没有听说汉文帝也给自己加什么名号。希望陛下遵循先帝本意，不要接受这一尊号。"神宗听了，极为高兴，亲笔写诏给司马光："不是爱卿，朕就听不到这样的话。"同时勉励他"使善为答辞，以示中外"。

你认为一项建议被采纳，可能需要哪些因素的支持？

5. 鸿门宴不仅是项羽、刘邦的对决，也是作为谋士的范增和张良的对决，请你从秘书辅助决策的角度分析二人的成败原因。

6. 当秘书的建议不被采纳时，应该如何应对？

7. 松下公司的总经理曾经这样向秘书们灌输他们的分类标准，最好的员工是任何事情首先自己积极去做、又能将事情做成功的人；其次是积极去做，但失败的人；再次是消极等待上级指令但能完成任务者；最差的是消极等待命令却又不能完成任务的人。

你的看法呢？

案例3　古代秘书的进言技巧

春秋时，晋灵公兴造九层之台，钱财已花费无数，工程仍遥遥无期。

有人劝灵公不要再造了，他非但不听，还要处死进谏之人。有个叫荀息的大夫求见晋灵公，灵公弯弓搭箭召见，荀息若有半句规劝的话，就会被一箭射死。荀息说："臣能将十二个棋子堆起来，上面再加九个鸡蛋。"灵公一听不是劝他停工，就让荀息试试看。荀息谨慎地把棋子一个个叠起来，然后又把鸡蛋一个个地加上去，周围的人连气也不敢出，灵公也惊呆了，叫道："这太危险了!"荀息却说："这算啥，还有比这更危险的事呢!"灵公说："愿意听一听。"荀息说："九层之台造了三年仍未完工，致使男人耽误耕地，女人耽误织布，国库也快空了，邻国正计划乘机侵略。这样下去，国家总有一天要灭亡，那时大王还有什么办法呢?"灵公听了，立即下令停建九层之台。

郑国修渠耗秦之计被发现后，秦宗室大臣要求秦王驱逐所有客卿，秦王听从建议，颁布了逐客令。令是公文中最具权威性和强制性的文种，一经发布，受令者必须绝对服从。李斯作为楚国人也在被逐之列，在这种情况下，李斯已经没有当面进言的机会，但他采取了一个很好的策略——上书进言，在离开秦国的前夜写下了《谏逐客书》。李斯的本意是恳求秦王不要驱逐自己，却只字不提个人的去留，通篇都是为秦国考虑，申之以理，动之以情，紧紧抓住了秦王的心。《谏逐客书》仅八百余字，却以磅礴的气势、充实的理据、精妙的分析和逼人的才气打动了嬴政。"秦王乃除逐客之令，复李斯官，卒用其计谋"。

《东周列国志》上有个"茅焦开塞"的故事。秦王嬴政平息嫪毐叛乱后，将其母迁到皇宫外居住。当年四月飞雪，百姓多冻死，民间传为秦王子不认母所致。大夫陈忠进谏秦王，请求把太后迎归咸阳，以尽孝道。秦王大怒，杀陈忠，并陈尸于宫门前，张榜文曰："有以太后事来谏者，视此!"此后又相继有二十七名谏者被杀。齐国人茅焦听说此事后决定去劝说。嬴政得知茅焦是为太后事而来，让手下人烧上一大锅开水欲烹之。但见茅焦不紧不慢地走到台阶前跪下，说要给嬴政讲讲生死存亡之计，看大王愿不愿意听，嬴政表示可以讲。茅焦却说："我看危险哩!"嬴政问："你指的是什么事，我愿听听。"茅焦接着说："今天下所以尊秦，并非独看你秦国强盛，也看大王为天下之雄主，手下人才济济。今天你车裂仲父，有不仁之心；囊扑两弟，有不友之名；迁母于外宫，有不孝之行；诛戮谏士，有桀纣之治。你想统一天下，却做这等事情，怎能让天下人服你？历史上这种教训已经很多了。我知道自己必死，但我死后，不会有第二十九个人来劝你，到那时，大家看你这样霸道，必然离心离德，秦国的江山必然败在你手中。我讲完了，请让我下锅吧。"茅焦站起来便往大锅走，秦王急忙下殿，挥手示意左右赶快把开水锅撤了。

毛泽东曾称赞刘邦"豁达大度，善于听取别人的意见"，不过在刘邦从谏如流的领导生涯中，也还有一些非常有趣的现象，那就是，同样的建议，别人说，刘邦不听，张良说，刘邦绝对听。比如，公元前206年，刘邦率军入关，进入秦宫后，宫室、宝物和数以千计的美女让这个酒色之徒心花怒放，很想就此住下。樊哙劝阻，刘邦不听。张良道："秦皇暴虐无道，所以沛公才来到这里为天下铲除残贼。沛公理应以简朴为本，可现在刚入秦宫便耽溺于享乐，这样做就是所谓'助纣为虐'。'忠言逆耳利于行，良药苦口利于病'，希望沛公能听樊哙的话。"刘邦二话没说，乖乖返回灞上驻扎。又如，楚汉战争结束后，刘敬劝说刘邦建都关中，刘邦始终犹豫不决。这时张良出来说话："雒阳虽然险固，但地域狭小，不过数百里，土地也硗薄，若四面受敌，这里不是用武之地。至于关中，左有崤山、函谷关，右有陇蜀大山，沃野千里，正所谓金城千里，天府之国啊。刘敬所说是正确的。"于是刘邦当天就车马起驾，西行定都关中。

汉六年，有人告发韩信谋反。刘邦问将领们该如何处置，将领们说："马上发兵活埋

这小子!”刘邦又问谋士陈平，陈平问：“陛下的精兵和韩信相比，怎样?”刘邦答道：“不如他。”陈平又问：“陛下的将领中有能胜过韩信的吗?”刘邦答道：“没有。”陈平说：“现在既然兵不如楚精，将领又不及韩信，却想兴兵进攻，岂不是在催促韩信起兵作乱？我暗自为陛下感到危险。”刘邦问：“那怎么办呢?”陈平说：“古时候天子外出巡视，要会见诸侯。南方有一大湖叫云梦，陛下只管装作巡游云梦，在陈县会见诸侯。陈县在楚国西界，韩信听说天子以善意出游，料想必然不会发生什么意外之事而出郊远迎谒见。在他谒见的时候，陛下可乘机捉住他。这不过是一名力士就能办到的事罢了。”刘邦十分高兴，依计行事，只用一个武士便拿下韩信。与将领们的“发兵活埋”相比，陈平的擒韩计简便易行。“发兵活埋”一来动静大，容易泄密，成功率低；二来消耗人力物力，投入成本高，得不偿失。而陈平之计的高明处就在于，一是可以麻痹韩信，让他丧失警惕；二是代价小却收获大；三是简单易行，操作性强，可谓图难以易。

【分析与拓展】

1. 以下为这五个小故事的标题，请你复原之。

选择进言方式——迂回作战

把握进言机会——以事寓理

降低策略难度——简单易行

开掘进言深度——明析事理

揣摩进言角度——以事指心

2. 分析比较

有位上司向他的几位助手布置工作，副手回答：“知道了。”助理回答：“我尽力而为，但只怕我能力不够，未必能让您满意。”秘书回答：“连这种事都要您费心，那一定非常重要。”然后稍作停顿一字一句地说：“既然是您要求我去完成，我只好全力以赴。”

3. 补充

一个秘书在一家外资企业工作，在较短的时间内，连续两次提出合理化建议，使生产成本分别下降30%和20%。上司非常高兴，对她说：“小王，好好干，我不会亏待你的。”秘书知道这句话可能意义重大，也可能一文不值。她想要点实在的，于是说：“……”

4. 一家百货公司的一位顾客，要求退回一件外衣。她已经把衣服带回家并且穿过了，只是她丈夫不喜欢。她解释说：“绝对没有穿过。”并要求退还。售货员检查了外衣，发现有明显干洗过的痕迹。但是，直截了当地向顾客说明这一点，顾客是不会轻易接受的，因为她已经说没有穿过了，而且精心的伪装过。如果你是这位售货员，你会怎么办？

5. 评价

有一天，唐太宗退朝回宫，余怒未消地说：“总有一天，我要杀掉这个田舍翁!”原来是魏征上朝时进谏触犯了他。长孙皇后听了，感到大事不妙，有必要及时规劝，以免铸成大错。怎样规劝才有效呢？她思索片刻，连忙换上朝服，给唐太宗跪下道贺，唐太宗不解。长孙皇后说：“我听说主明臣直，就是因为陛下是个明主啊！这是国家的幸运，我怎能不前来道贺呢？”

有一个年轻人走进银行要开一个户头，接待员递给他几份表格要他填写，但他断然拒绝填写有些方面的资料。接待员先是同意他的观点，告诉他，那些他所拒绝回答的资料，其实并不是非写不可。但是，假定你碰到意外，是不是愿意银行把钱转给你所指定的亲人？“是的，当然愿意。”顾客回答。“那么，你是不是认为应该把一位亲人的名字告诉我们？以便我们届时可以依照您的意思处理，而不致出错或拖延？”“是的。”顾客再度回答。最后，顾客不仅填写了所有资料，而且还开了一个信托账户，指定他的母亲为法定受益人。

任务八 心　理

【任务目标】

了解常见的秘书心理问题，提升秘书解决心理问题的能力。

【参考学时】

3 学时。

【任务内容】

案例 1　人的气质与秘书群体的优化组合

在一次秘书专业座谈会上，有同学问：“刘老师，是不是什么气质类型的人都可以当秘书呢？”

刘老师：“气质是不依活动的目的和内容为转移的稳定的动力，是人人都具有的。从心理学的角度，按传统的划分方法可分为胆汁质、多血质、黏液质及抑郁质四种类型，不同的类型有区别于其他类型的特征。

“简单的说，有四位不同气质的秘书一起去参加某大学举办的礼仪讲座，但迟到了五分钟。胆汁质的秘书表现得很冲动，以自己的手表时间未到为理由同门卫争吵起来；多血质的秘书机智地从二楼进入了讲座大厅；黏液质的秘书认为，讲座开始不久，还没进入正题，没多大意思，便在门外等待，想等中间休息的时候再进去；而抑郁质的秘书则自言自语道：‘好不容易来听一次讲座，结果又不让进，真扫兴。’索性回去算了。具体的说就是以下几点特征。

“1. 坦诚直率但易于冲动的秘书——胆汁质

“这类秘书以强而不平衡的神经活动类型为基础，为人直率，感情外露，较容易接受别人的观点；处理问题大胆、泼辣，对领导和同事愿意坦诚地表达自己的观点，但办事急躁，易于冲动，常有同其他部门的领导争吵甚至与本办公室主任发生争吵的现象。

“2. 善于交际但显得轻浮的秘书——多血质

“这类秘书以强烈、平衡而灵活的神经活动类型为基础，机智敏锐，对新鲜事物感兴趣，精力充沛，活泼好动，适应性强，与同事、领导相处很好，但容易见异思迁，显得轻浮、不踏实。

“3. 踏实稳定但有些固执的秘书——黏液质

“这类秘书以强烈、平衡而不灵活的神经活动类型为基础，言语和动作稳定，不尚空谈，注意力集中且不易转移，不爱显露自己的才华。这类秘书是办公室坚定顽强的实际劳动者，但办事稍显拖拉、固执，缺乏生气。

“4. 细心谨慎但孤僻多疑的秘书——抑郁质

“这类秘书以弱的神经活动类型为基础，观察细致，感受能力强，但干工作常常信心不足，缺乏果断性，行动迟缓，多愁善感。

“上述是四种气质类型的典型特征。然而实际生活中，纯属于某种气质类型的人仅是少数，大部分的人是综合型的，即兼有多种气质类型的特征，但又都带有一定的倾向性。工作中，我们应尽力做到扬长避短，使得人尽其才，才尽其用。”

“那什么气质类型的秘书最好呢?”

刘老师：“其实，气质无所谓好坏，就好比世界上没有真正的废物，只有放错了地方的东西。关键是要找到自己的长处，扬长避短。胆汁质的秘书人员做督察、会务及事务性后勤保障这类目的明确、比较直观的工作比较合适。因为他们精力充沛、动作迅速、坚定果断，能够同艰难困苦作坚决斗争，做督察工作符合其时限性、果敢性、彻底性的要求；而会交际，直爽，言语、行动富有鼓动性，对人对事都有较高的热忱，善于创新等特点又使得他们做起会务及服务性等工作来得心应手。这样，既充分发挥了他们的优势，又避开了其遇事不善于深思熟虑，不求甚解，缺乏自制力的短处，于工作有利而无弊。

“多血质的秘书人员适合承担各类接待、协调任务的工作。因为这类气质的人善于适应变化的生活环境；擅长交际，待人热情；思维敏捷，反应迅速，且语言富有表现力和感染力。据此，对于具有突发性、需要秘书人员随机应变、及时灵活地安排处理接待、协调的工作，他们解决起来会游刃有余。

“黏液质的秘书适合信息等工作，因为这类工作持久性、条理性强，不仅要求能够深入，更需要具有为人持重，不尚空谈；踏实、稳重，交际适度；不拖拉、认真、细心，善于克制自己；考虑问题细致，沉着坚定等特点的秘书人员来从事这类工作，因为他们忠于职守，埋头苦干，不会出大的偏差和纰漏。

“抑郁质的秘书人员则应分配其担当机要、档案、印信、统计分析等程序化的工作。比如说印信管理工作，需要工作人员观察细致，谨慎行事，有高度的责任心；具有持续性、重复性特点的档案管理、统计分析等则要求工作人员认真细致，踏实，一丝不苟，有默默无闻的敬业精神，抑郁质的人正具备这些特点。”

【分析与拓展】

1. 你认为自己倾向于哪种气质类型？自己的优势和劣势分别是什么？

2. 前苏联心理学工作者富尔顿纳夫调查了一个女中学生，入学前胆怯、孤僻、羞涩、烦恼、爱哭，是神经类型弱而不灵活的典型代表。经过学生与学校的集体配合，在几年时间里对她进行专门工作，引导她积极参加集体活动，委任她担任一些重要职务，其身上原有的特征不多见了，更多的显现出主动性、独立性和不怕困难的品质。

对此，你有何看法？

3. 市委书记的秘书小罗，五年来常常为夜以继日地写稿、改稿而苦恼，为自己的职务得不到升迁而苦恼，为亲属尤其是妻子的冷言冷语而苦恼……由于抑郁寡欢、性格急躁，终日烟酒为伴，最终患上了不治之症。令人想不到的是，就在他熬到走上局领导岗位，前去报到的这一天，他来不及坐在办公桌前行使一下领导职权，就住进了医院。

请你谈谈自己的认识。

4. 刚干秘书工作，摸不着头绪。面对一篇自己深夜不睡、费了九牛二虎之力起草的文稿被打回来时的问话，“怎么形容词那么多？这可不是搞文学创作啊”，我才感到自己的一点“特长”派不上用场了。看起来，做秘书工作我还是一个地地道道的“门外汉”。而各种人际关系，更是个不好涉足的“危险地带”，况且我天生内向，不善言辞。领导随意的一句话，我因为迟钝往往不解其意，要琢磨上好半天。一天不进领导办公室五六次，就挨不到下班时刻。稍不小心，遭训是家常便饭。久而久之，我心里竟冒出了这么一个念头：“伴君如伴虎。”这虽有些玄，可确是我当时真实的心态。说实话，起码在最初的两个月里，我的全部感受是：如履薄冰，战战兢兢。

“我”为什么会有这种感觉，如何克服？

5. 杰克是一位年近50的公司职员，他总是担心自己被老板解雇而无法养家糊口。他整日忧心忡忡，因此，体重开始下降，经常失眠，后来经常生病。于是，他想找一位心理咨询专家，如果你就是这位心理专家，你会怎么开导杰克？

案例2　都是秘书

我和晓琳是大学同学，学的都是文秘专业。巧的是，毕业后我们又在同一家医药公司工作。晓琳皮肤白皙，面容俊俏，当上了总公司吴总的秘书；我相貌平平，好在专业素质不错，上班不久后就当上了分公司胡经理的秘书。

前两天，大学时的老班长阿华到我所在的城市出差，特地来看望我和晓琳。阿华现在已是一家投资公司的总监，可谓功成名就。老同学见面分外亲热，到了中午我们在市中心的酒楼为他接风洗尘。

这顿饭吃到一半，阿华忽然说：“糟糕，我的降压药落在宾馆了。这药医生说每天必须按时按量吃，不得有差错。”

“这事情好办，酒楼附近就有个大药房，我现在就帮你买药去。”我站起身来说。晓琳却对我摆摆手说：“老同学好不容易聚在一起，大家要好好说说话，况且饭还没吃完呢！这事情我来安排。”说着，她拿出手机拨通了电话，“是药品销售部的胡经理吗？我是吴总的秘书李晓琳，你安排一个人送一盒降压药到×酒楼503包房……”

挂了电话，晓琳脸上露出一丝不易察觉的得意，人家毕竟是老总的秘书，当然可以使唤人。正想着这事，忽然我的手机响了，是胡经理打来的，我对阿华和晓琳说了声抱歉，然后接通了电话。

"胡经理，您找我有什么事吗？"我轻声问道。

"现在有一件事情要你立即去办，你赶紧到分公司拿一盒进口降压药，送到×酒楼503包房，越快越好……"电话那边胡经理急切地说。

【分析与拓展】

1. 大学生活的起点都是一样的，但毕业后我们所攀爬的高度却很不相同，你如何看待我、大华、晓琳之间的差距。

2. 为什么我和晓琳之间容易产生一种微妙的比较关系，而和大华却没有产生心理的落差？

3. 作为晓琳，这样做合适吗？如果晓琳提升为"我"的上司，"我"应该如何应对？

4. 有人说，世界上只有懒人没有丑人。你同意吗？为什么？

5. 吴先生是一家大型超市采购部的主管，他一直认为自己的能力在部门几个主管中是最强的。最近公司从他们几个主管中提拔了一个部门副经理，竟然是吴先生一直认为和自己能力与作风都有点差距的同事，这让吴先生很不服气。这种心态影响了吴先生与新经理在工作中的配合，原本得心应手的工作变得沉重起来，工作效率也随之降低。吴先生为此苦恼不已，他认为自己遇到的问题完全是因为公司用人不当造成的。吴先生应该如何摆脱这种苦恼？

6.《三国演义》里，诸葛亮阵前痛骂王朗，王朗羞怒交加，一声大吼，坠马而亡。你怎么看待？

案例3 秘书如何应对工作中遇到的挫折

看到同事吕娜委靡不振的样子，热心的老秘书工作者李翔打开了话匣子。

李翔："不如意事十有八九，关键在于我们如何对待。人生难免会遇到挫折，没有经历过失败的人生不是完整的人生。没有河床的冲刷，便没有钻石的璀璨；没有挫折的考验，也便没有不屈的人格。正因为有挫折，才有勇士与懦夫之分。

"首先，挫折帮助你成长。人的成长过程是适应社会要求的过程，如果适应得好，就觉得宽心和谐；如果不适应，就觉得别扭失意。而适应就要学会调整自己的动机、追求和行为。一个人出生时，根本不知道什么是对，什么是错，正是通过鼓励、制止、允许、反对、奖励、处罚、引导、劝说，甚至身体上的体罚与限制，才学得举止与行为的适应和得当，学会在不同环境、不同时间、不同对象、不同规范条件下调整行为。

"其次，挫折增强你的意志力。由学校走出社会，会承受更大的压力，学生时代对各种困难体验都不深，缺乏忍耐力，没有坚强的意志，一旦遇到挫折就被击垮了。实际上生活中许多轻度挫折是意志力的"运动场"，当你大汗淋漓地跑完全程，克服了生活的挫折，就会获得愉快的体验。”

吕娜：“人在遭遇挫折时，往往会感到缺乏安全感，使人难以安下心来，工作和生活都会受到影响。那么，我们在遭受挫折的时候，应该如何进行调试呢?”

李翔：“第一，遇到挫折时应进行冷静分析，从客观、主观、目标、环境、条件等方面，找出受挫的原因，采取有效的补救措施。遇到挫折要不慌不乱，根据实际情况分析解决。

“第二，要有一个辩证的挫折观，经常保持自信和乐观的态度，要认识到正是挫折和教训使我们变得智慧和成熟，正是失败本身才最终造就了成功。

“第三，向他人（朋友们）倾诉你遭受挫折时心中的不快以及今后打算，改变内心的压抑状态，以求身心的放松，从而让目光面向未来。

“第四，学会自我宽慰，能容忍挫折，要心怀坦荡，情绪乐观，发奋图强，满怀信心去争取成功。

“第五，补偿。原先的预期目标受挫，可以改行别的途径达到目标，或者改换新的目标，获得新的胜利，即失之东隅，收之桑榆。

“第六，升华。人在落难受挫之后奋发向上，将自己的情感和精力转移到有益的活动中去，使之升华到有益于社会的高度。”

吕娜：“作为秘书，我认为最难处理的就是人际关系方面的矛盾。”

李翔：“其实，解决这些矛盾并不难，只要我们能够站在对方的位置上充分地理解对方，明白他的难处，再对症下药，问题便迎刃而解了。”

吕娜：“对琐碎重复的工作感到怨烦，这也是我经常遇到的情况。”

李翔：“这种问题通常是由于你对自己的人生价值观认识不足，以为自己所做的事是微不足道的，或觉得这些工作是浪费人才。应该从根本上认识到，做一个优秀的秘书，其实也并不是一件容易的事情，而且这个岗位学习到的不仅是一般的技能性的东西，而是参考别人如何管理好一个企业或一个部门，这对于你以后的职场生涯是十分有利的。其实对烦琐事务的厌烦源于对秘书工作本身认识不足。”

吕娜：“与上级发生争论也是秘书工作中会遇到的，我们怎么处理?”

李翔：“争论有时不可避免，但在争论时应该做到以下几点。

“第一，实现工作目标中的同事关系。领导与秘书在事业发展目标上应该是一致的，双方争论都是为了集体的利益，作为秘书，应辅助领导者科学决策当好参谋和助手。

“第二，争论一定要有准备。领导主张，自有他的根据，你想否定他的根据，得有比他的根据更多、更说明问题的证据，这就需要准备。没准备的争论，只会走向诡辩。没有足够准备，就要放弃争论。

“第三，争论要有个和气的开头。切忌临时上阵的争论，那样会使对方感到突然，会以为是你感情冲动的表现。

“第四，争论中一定坚持从问题出发，不是对人，切忌说‘你如何如何’之类的话，更不要贬低对方的意见，比如用‘你的那个意见，纯属无稽之谈’之类的语言，就会伤害

对方的自尊心。

“第五，不要时间太长。无论争论是否有理想结果，都不要时间过长。到一定阶段，就要结束，可以说一声‘容我再想想’，把争论结束下来。

“第六，要客气地结局。争论统一了或者还未统一，结束时，你都应向领导说一声‘我的见解不一定对，请领导参考’或者说‘我在讨论中，有的言语不当，请领导原谅，’这样结束，对下次继续争论或不再争论，都有好处。那种因争论不统一而拉下脸，甩门而去的做法，是绝对不可用的。”

吕娜：“谢谢你啊，李主任。”

李翔：“其实，无论何时何地从事何种工作，善良、正直、宽容的人们总是得到大家的理解、欢迎和帮助，错误不可避免，矛盾无处不在，只要我们做人做事都有一个正确的态度，一颗真诚的心，前方纵然荆棘丛生，到时也会化险为夷。”

【分析与拓展】

1. 面对挫折，作者给了我们哪些有用的方法？有人总结说，秘书人员在逆境中的偏差心理主要有：①自卑；②抱怨；③妒嫉。秘书人员在顺境中产生的偏差心理主要有以下几种：①自负；②禁锢；③错位。

请你阐释。

2. 有人说，秘书人员由于心理素质、价值观念、思想观念、成长道路、性格气质的不同，也因人而异地存在着以下 10 种类型的个体心态：①优越心态；②达官心态；③擅权心态；④依随心态；⑤排他心态；⑥自卑心态；⑦吃亏心态；⑧厌烦心态；⑨等待心态；⑩孤独心态。

请你阐释。

3. 应对挫折，有人提出：①自我鼓励、教育法；②活动转移法；③环境调节法；④能力代偿法。你在挫折面前是怎么做的？你的抗挫折能力如何？

4. 有一天，律师所里的汤普森先生碰上了一件十分难办的案子，他非常恼火。他的属下都知道，凡是碰到这种情况，他总爱拿下级出气。果然，他责怪秘书把一份重要的文件弄丢了。面对同样这件事，我们来看看三个秘书不同的处理方式。第一位秘书王小姐是一个很细心的人，她知道这份文件夹不在她的抽屉里，她查找了一下文件登记簿，查到这份文件三周前已送到汤普森先生的办公室。但她一直不敢提及此事。任由汤普森先生指责她是所有雇员中最没有能力的秘书，并且为自己心中的怨气感到委屈，非常担心会因这件事情丢了工作。当然最后汤普森先生在他的文件里找到了那份文件，并且发现自己错怪了王小姐。只是以后王小姐还是要时常忍受汤普森先生的指责。第二个秘书李小姐很自傲，自信自己万事不求人，因此当汤普森先生指责自己把文件弄丢了时，她立刻为自己大声辩解，并开始顶撞汤普森先生。她告诉他，从来没有见过像他这样缺乏组织能力的老板，并且指出文件早已签发给他了。最重要的是她对他表示，她将不会代他受过，也绝不会替他受过，更不会受他的这份窝囊气。不用说，汤普森一怒之下解雇了李小姐。第三个秘书刘小姐，首先最重要的是在汤普森先生怒气冲冲地走进她的办公室时，她表现得很冷静，接着对文件的丢失而感到着急。在彻底查清了自己的文件后，她十分肯定地告诉汤普森先生，他早已取走了这份文件，因此文件应该在他那里。当汤普森先生余怒未消时，她以友善但坚决的口气告诉他，她感到对她的指责是不公平的，并建议如果停止双方这种毫无结果的谈话，共同去汤普森那里找文件，双方都会好过一些的，并且双方都会感到满意的。

请分析三位秘书的做法。

5. 一个月前，我因业务方面的事处理不当而受到了主管的严厉批评，从那时起主管便对我失去了应有的信任，时常以怀疑和挑剔的眼光看待我所做的每一件事，尽管之后我没有再犯任何错误，但心里却始终如同压了一块永远搬不开的石头一样。主管因为一件小事让我又一次受到了他的批评，我感到无比的痛苦和无奈，当时我就想和主管大吵一架，然后一走了之，可是为了将来的发展我还是决定留下来，但如果今后再遇到此类的事，我该怎么办呢？

6. 俗话说，福无双至，祸不单行。你是怎么理解的，其深层原因是什么？你有哪些好的控制情绪的方法？请介绍一二。

案例 4　对待竞争要有良好的心态

2010 年年底，某市委办公室因为部分干部的提拔，引发新一轮正、副科长竞聘上岗的高潮，一起参加竞争的有 70 后、80 后，也有个别是 60 后的稍微年长一些的同志。若论年龄、学历，泾渭分明，年轻一些的同志具有比较明显的优势，因此竞争结果无外乎有人欢喜、有人失落。面对这种情况，参与此次竞选的秘书们心态不一。这不，三位秘书针对此次竞争提出了自己的看法。

秘书甲：要摒弃“成王败寇”的世俗取向。大多数带有竞争性的社会活动，总会有个名次排定，最终结果出来以后，似乎优劣便已分出。但我个人比较欣赏奥运会的口号：“更快、更高、更强。”这个口号指出了一个道理，你创下的这个纪录，总有一天会有人打破，所以没有绝对的高，只有相对的更高。再者，纪录保持者，他在创造时往往带有一定的偶然性，就如你刚刚创下的纪录，过几天再来测试，也许连自己都超越不了。所以，不要认为自己竞争上了、赢得了某个职位，就一定是最好的。民间有句俗话，叫做“会咬人的狗不叫”，“真经不一定上书，上书不一定真经”。成功者，未必一直成功；失败者，也未必一直失败。吴王夫差，开始大败勾践，但勾践后来却反而立志将夫差打败。正所谓，有志者、事竟成，破釜沉舟，百二秦关终属楚；苦心人、天不负，卧薪尝胆，三千越甲可吞吴（蒲松龄自勉联）。历史的经验告诉我们，胜，不足骄；败，不可馁，这才是展示真我风采的活法与人生态度。因此，一时“得胜”者，不可妄自尊大、沾沾自喜、扬扬得意，须知“凡事莫当前，唱戏不如听戏乐”；一时“落败”者，绝不可妄自菲薄、自惭形秽、自暴自弃。失之东隅、收之桑榆；塞翁失马，焉知非福。

秘书乙：要树立“经营岗位”的良好理念。管理学上有一句话，叫做“认真做事只能把事情做对，用心做事才能把事情做好”。无论做什么事，在哪个岗位，都需要用心、上

心。如果你认为不能快进或冒进，就要树立“经营岗位”的理念，把本职工作干好，把现有岗位当成自己的门店来经营，呵护有加、全力投入、科学管理。这种观点，对竞争落选乃至“突出重围”的同志们都有启示。一是“天涯何处无芳草”。有人总在苦苦寻觅芳草之地，其实不用寻觅，就在眼前，就是你目前的岗位，珍惜她、爱护她，做好本职工作，这本身就会散发出芬芳。二是“不以物喜、不以己悲”。人生苦短，应做到“宠辱不惊，闲看庭前花开花落；去留无意，漫随天外云卷云舒”。一般干部55岁、56岁即退休，掐指一算，自己距退休之日其实亦不远矣，因此，何必自寻烦恼。范老先生千年之外《岳阳楼记》的名篇，可以随时自警、自醒、自励。三是“吾日三省吾身”。落选的同志要知道，与其一味指责、苦求他因，不如寻找自因。正所谓，己所不欲，勿施于人。领导和大家之所以没选你，首先要多反省自己。比如，与大家联系很少，人脉不够；工作成绩不够突出，没得到大多数人的认可；比先进尚有差距，要服气人家，等等。要进一步把工作做好，把人际关系处好，以便将来水到渠成，功到自然成。一个人，只要把单位的事业当成自己的事情来办，便一定会产生良好的效益。

秘书丙：要坚持“工作立身”的主张。某市新书记上任后，寄语党委办公室的工作人员要增强光荣感、幸福感、成就感和责任感。实事求是地说，党委办公室的工作人员，比一般单位的工作人员应有更强的优越感。我们身在福中，往往难以感觉到幸福，有诗为证“不识庐山真面目，只缘身在此山中。”要知道，离开党委中枢以后，方知办事之难。连毛泽东同志1962年在送别为其服务多年的卫士长李银桥去天津市公安局任副局长时，都特地叮咛银桥同志“要夹起尾巴做人”，由此可见一斑。因此，在党委办公室工作，应有主人翁责任感，要常怀感恩之心、恪守“忠君”之道，对党忠诚、对领导负责、对事业尽心。我认为，长期在领导身边工作，一定要把工作立身放在第一位，要把95%的精力用于谋事，而不能把主要精力用来谋人。当今领导都是高学历、高智商和高情商的，你到底有无真才实学，是否愿干事、会干事也能干成事，其实领导心中都有一本账。如果仅凭钻营过日子，既便逞得了一时之势，也难保长久之优。如何坚持工作立身呢？我认为关键要当好几个典范，即要做优质服务的典范、开拓创新的典范、遵纪守法的典范、团结共事的典范、勤政廉政的典范。只要大家都坚持凭政绩论英雄、凭工作求升迁，不断打造能力优势、心理优势和人文优势，即便几十年如一日而没有变化，又有什么值得遗憾的呢？

【分析与拓展】

1. 条条大道通罗马，我们应该如何实现我们的生命价值？

2. 人生就是一连串的竞争，请你说说，你对竞争的理解。

3. 性格决定心态。性格是个人对现实的态度和行为方式中表现出来的稳定的个性心理特征。人的性格主要表现在对现实的态度上，包括对社会、对他人、对周围环境以及对工作方面的态度。有的人待人谦虚、礼貌、老实厚道；有的人的则奸诈狡猾、斤斤计较、表里不一；有的人对工作认真负责、一丝不苟；有的人则敷衍了事，弄虚作假。

心理学家威特金按照两种对立的信息加工方式把人分为依从型和独立型。前者倾向于外在参照作为信息加工的依据，她们易受附加物的干扰；后者倾向于更多的利用内在的参照，不易受到外来事物的干扰，能独立的对事物作出判断。

请分析自己的性格特征。

4.1998年7月3日至5日，厦门市在厦门人民会堂公开选拔市政府副秘书长等8个职位的领导干部，在80名应试者中，有本科以上学历的78人，有高级职称的33人。在竞争市政府副秘书长一职的10人中博士以上学历的就有5人。每个职位都有10人参与角逐，每个入围者都有较高的学力和丰富的经验，甚至可以说都是同龄人中的佼佼者，但遗憾的是最后只录用了3人。关键的问题在“临门一脚”，有的人从容潇洒地“破门而入”，有的人却一反常态“门前落马”。例如，考官问福建省一家公司的总经理：“你的职业和职位一直都很好，为什么还要来竞争副秘书长一职?”他自信而又诚恳地回答：“我前几年从机关辞职下海，就是为了给自己施加压力，我现在具备的能力已能胜任副秘书长这一职位。我的人生追求是不断给自己加压，不断达到一个新的高度。”一位博士生在面试时紧张得几乎不敢直视考官，声音也显得缺乏信心，对一些实际问题的回答大都词不达意。结果，这位计算机操作水平名列榜首、英语考试列居第二的博士生因面试分数较低而名落孙山。

请谈谈你的认识。

5. 小林是某企业经理的秘书，几年下来，她勤奋努力，事必躬亲，却发现总被很多琐事包围。她生性优柔寡断，一件事总是掂量来掂量去，想出很多种结果，生怕引人不快。对一些重大而又不太懂的事，她总是采取回避的态度，非拖到不能再拖的时候，才去动手处理，结果因为时间仓促，常常草草了事。

请你为小林支招。

6. 一位医生说，有70%的人只要能够消除他们的恐惧和忧虑，病就会自然好起来。这些病都不是真病，比如，胃溃疡，恐惧使你忧虑，忧虑使你紧张，并影响到你的胃部神经，使胃里胃液由正常变为不正常，因此就容易产生胃溃疡。

康奈尔大学医学院的罗素·塞西尔博士是世界知名的治疗关节炎的权威，他列举了四种最容易得关节炎的情况，即婚姻破裂、财务上的不幸和难关、寂寞和忧虑、长期的愤怒。

曾经获得诺贝尔医学奖的亚利西斯·科瑞尔博士说：“不知道怎样抗拒忧虑的商人，都会短命而死。”

对此，你怎么看?

模块三 领导相处

秘书与领导的交往既有首属性又有强制性的特点，秘书工作是否到位，关键要看秘书人员与领导是否拥有默契，本模块通过正反两方面的案例向我们展示了秘书与领导相处的技巧和注意事项，有助于提升秘书人员与领导的默契感和信任度。

任务一 正面经验

【任务目标】

正确认识领导与秘书的关系，学习秘书与领导相处的技巧。

【参考学时】

6 学时。

【任务内容】

案例 1 秘书与老板的关系

一、秘书是老板的什么

秘书是老板的耳、目、手、脚——耳听八方，眼观六路，帮老板收集资讯消息，帮老板做事，帮老板跑腿，但是，绝不是老板的嘴巴，更不是老板的头。秘书尽责地把老板需要的资讯收集全了，下判断作决定的人当然是老板，否则他还当什么老板？可是有些秘书不懂这个道理，或恃宠而骄，或狐假虎威，随便发号施令，假传圣旨，俨然以地下老板自居；或自作主张，以自己的意思为老板的意思，竟然当起老板的头儿。

秘书是老板的挡箭牌——水来土掩，兵来将挡。箭来呢？箭来牌挡，奋不顾身去抵挡箭，以免老板受到伤害的那个挡箭牌，就是秘书。

老板气呼呼地叫道：“林秘书！那天张老板打电话来，你怎么没有说？”您只能说：“哦，对不起，那天实在太忙了，我忘了向您报告，对不起。”老板瞪您一眼，大声吼叫：“忘了？这么重要的事怎么可以忘了呢？太离谱了！”老板转过脸对张老板说：“唉，现在的年轻人真的太差劲了，做事不专心，该怎么教才教得会呀，唉，年轻人……”

您只能低头连声赔不是，代表您本人以及千千万万的年轻人向您的老板和张老板道歉。您绝不可以说："老板啊！是您自己说张老板那种人少理他为妙，他打电话来，准没有好事的。怎么现在反而怪罪到我头上来呢？您这个老是把责任推给员工的人，有良心吗？还有什么资格当老板！"

如果是个老板所不喜欢的人，已经和老板谈了半天还赖着不走，秘书就应该"适时"出现，递一张便条放在老板面前，默不吭声地出来。便条上的字不宜太大或太小，所谓适中就是刚好足以让客人"偷"瞄到："各部门主管已经在会议室恭候十多分钟了，请您主持紧急会议！"聪明的老板当然会故作焦急状，不安地拿着那张便条晃来晃去的。赶走老板不喜欢的客人，当然是秘书的职责之一。

秘书是老板的受话筒——人越往上爬，朋友越少，就越寂寞，越缺乏人间的温暖。每一个老板都会从内心里发出"高处不胜寒"的哀叹，他或许有很多高层的朋友，可能有不少貌合神离的朋友，大概也有几个打高尔夫球的朋友。但是，他有太多的话不能向那些人说，有不少得意的事不好向那些人吹嘘，有许多苦水不可以向那些人吐露，有一些感慨不便向那些人倾诉。所幸，他有个秘书，于是秘书也就理所当然地成了老板说话时最忠实的听筒，静静地听，偶而点一点头，绝对不要乱发表高见，因为这时候的老板只是需要一个专心听他讲话的人，而且他也深信他的秘书会为他保守秘密。

有时候，老板大发脾气骂这个骂那个，甚而指着秘书的鼻子臭骂一顿。这时候的秘书当然没有顶嘴回话的必要，只要故作惭愧状、认错状就行了，因为，这时候的老板只是把您当做出气筒罢了，并不是真心在骂您。"有容乃大"是秘书应有的修养。

秘书是老板的检场——如果老板是一场戏的主角的话，那么秘书则是检场。检场通常是不上台面的。我们看到电视节目中有一位本来是当"检场"的，从幕后走到幕前，竟然红透半边天，可以说是一个异数，不能算是通例。我们常说"一将功成万骨枯"，功成的这一将若是老板的话，那么，枯的万骨当中一定有一堆骨是秘书的。

据说雄霸天下的拿破仑曾经对他的秘书说："只因为你是我拿破仑的秘书，你的名字就因此要永留千古了。"他的秘书问说："老板，领土横跨亚欧非三洲的亚历山大大帝够伟大了吧？请问，他的秘书叫什么名字？"不知道！谁会去记载亚历山大大帝的秘书叫什么名字？这位秘书的确道出了秘书的悲哀——秘书是不留名的。

二、老板是秘书的什么

老板和秘书相处的时间相当长，如果这位秘书是女性的话，老板和她相处的时间往往比和自己的老婆相处的时间还要长，有许多话"不宜"向老婆说的，却可以向秘书说。有很多老板真的对他的秘书非常好，好得像对待妻子。即使如此，做秘书的还是不能"没大没小"，仍然要把老板当做老板，而不是任何什么别的身份。

如果秘书是男性，而老板待他如子如弟，他也绝不可以"忘了我是谁"，他还是要以伙计的身份对待老板。这不是讲差别分等级，这叫做"分寸"。一说到"分寸"，我不能不说，有的秘书太聪明，就像三国时代曹操的主簿杨修，处处表现得比他的老板聪明，后来曹操就找个借口把他杀了。再如西汉开国元勋韩信，不听他的朋友的劝告："勇略震主则

身危，功盖天下者不赏。”最后还是惹来杀身之祸。

三、秘书应该牢记的一句话

任何一名员工都应该把“老板定律”牢记在心。“老板定律”只有两条：第一条，老板永远是对的；第二条，老板有错的时候，请参考第一条。

如果有一天，作为秘书的您觉得“老板定律”不太对的时候，那表示您和老板之间的关系有点紧张，或老板和您的八字不合，您最好赶快另觅新老板。如果您一而再、再而三、三而四而五地另找老板，而都无法让您信服、格守“老板定律”的话，那表示您的秘书生涯已尽矣，试着去当老板吧！很可能等您当起了老板之后，才体会得出来“老板定律”的真味，连连点头称妙呢。这时候，您该雇用一名秘书，要他善尽秘书的职责，并牢记“老板定律”在心。

【分析与拓展】

1. 你如何看待秘书和老板的关系？从不同的角度进行分析。

2. 你如何看待老板定律？你认同案例中的观点吗？

3. 35 年前，我在江西生产建设兵团九团某营担任营部书记员，营政治教导员对我说，下周召开党委会，其中有一个议题，给两位副营长生活补助各 25 元。可在党委会上，教导员说每人补助 20 元。我当时只有 20 岁，不太懂规矩，还以为教导员记错了，就在会上插嘴，教导员你不是跟我说补 25 元吗？此时，教导员拍桌严厉批评我：你是书记员，只管记录，不准插嘴！当时我的眼泪哗哗地流下来。

结合案例，谈谈自己看法。

4. 小董是罗书记的秘书。他经常观察罗书记的言行爱好，不断改进自己的工作和习惯，获得了罗书记“得心应手”的好评。罗书记年龄大一些，不吸烟、不喝酒，小董也不好这些。后来小董发现，如果自己也滴酒不沾，并不利于罗书记的交往应酬，也就学着喝一点。罗书记很重视来信来访，小董就每天细心地摘记群众来信，并提出处理意见，当罗书记有空时，就汇报处理情况，或者把处理卡送到罗书记手上，罗书记感到非常满意。

罗书记是理工科大学毕业的，当领导后喜欢学一点古典名著。这方面小董有长处，他在大学是学文史的，每当罗书记提出需要哪方面的理论、观点时，小董就及时提供，为罗书记节省了很多时间。

罗书记习惯讲短话，要求讲稿观点鲜明、语言精练。小董每次整理讲稿时总是精益求精，毫不马虎。由于小董有很强的事业心和吃苦精神，不仅秘书工作做得很出色，而且各方面的能力都得到了锻炼提高，学到了许多书本上没有的东西。

小董给罗书记当秘书好些年，罗书记一直认为小董是块“好料”，应该让他下去锻炼锻炼，但又舍不得放。在小董当秘书的第七个年头，终于被派到县上去当了县委副书记。当调令下来时，许多秘书和领导都异口同声地说：“应该！应该！”

读过案例之后，你的收获是什么？

5. 初为秘书的小赵，每天早上提前15分钟上班，包揽了办公室擦桌、拖地、打开水、取报纸等工作。小赵勤快了半个多月，在月末的总结会上，王科长特意表扬了小赵的热情和干劲，同室成员也随声附和。小赵却说："感谢大家的肯定和鼓励，既然大家都感到在洁净整齐的环境中工作舒心畅快，我看还是一齐动手做一次大扫除吧，然后我们轮流值日。科长，您说可以吗?"大家表示可以。大扫除做了，值日表排了出来，办公室焕然一新。但有人却在背后这样议论小赵："三天的热情劲儿，不知天高地厚，刚来就给老同志排上值日了。""以后有热闹看了，照他这劲儿，明儿非和老王竟选科长不可。""这明显是说老王管理不力嘛。"只有主任老王，什么都不说。

在该案例中秘书小赵有哪些不妥之处？请指出。

案例2　秘书与上司交往的三个诀窍

作为一名秘书怎样才能与自己的上司建立一种和谐、融洽的人际关系呢？我为大家提供三个小诀窍。

诀窍一：把握上司对你的期待

秘书与上司的交际本质上是下级与上级的交际。作为下级必须把握上级对你的态度和行为的特定的理想化的要求和期望，即必须把握上司对你的期待。

1. 服从指挥。这是上级对下级的基本要求。上司最恼火的就是下属自由涣散、一盘散沙，最不能容忍的就是秘书自以为是、不听话。

2. 有责任心。上司对秘书最起码的要求是对工作必须认真负责能按时完成工作任务，绝不能粗枝大叶、三心二意。上司的主要任务是决策和指挥，具体的执行和落实则靠下级，如果下级不认真负责，管理目标就无法实现。因此，上司大都比较欣赏那些责任心强的秘书。

3. 有较强的集体荣誉感。作上司大都希望秘书能个人利益服从集体利益，为集体争光。

4. 精明能干。上司都希望自己的秘书聪明机灵、有创造性：在接受工作任务时，能快速、准确地领会其意图；接受任务后能及时、出色地完成并能适时、简要、准确地汇报工作情况。

诀窍二：克服交际中的心理障碍

在秘书与上司的交际过程中由于二者角色关系联系紧密但差异明显，所以很容易给作为下级的秘书带来心理障碍。

1. 唯上心理。秘书与上司地位不同，上司居于领导地位并拥有一定的权力，秘书则处于被领导的地位，这种明显的角色差异极易导致一些秘书产生唯上是从的心理。克服唯上心理，是开展正常的上下级交际的基础。

2. 自卑心理。秘书和上司相比地位低、权力小，能力学识等也往往不如上司，这就使得一些秘书认为自己的命运掌握在上司手中，自己无能为力于是产生自卑感。有了自卑感在上司面前就会表现得胆小、拘谨，甚至唯唯诺诺、诚惶诚恐。克服自卑心理是开展正

常的上下级交往和进行好与上司人际关系的关键。

3. 畏惧心理。有的秘书担心自己同上司交往被人说成“拍马屁”“拉关系”“别有用心”，所以与上级交往时总是精神紧张、心事重重甚至对上司采取敬而远之的态度。只有克服这种消极意识才能促进上下级交际的正常发展。

诀窍三：善于开展“四种往来”

1. 决策往来。上司有难题秘书要积极地帮其出主意，为其决策提供有价值的依据。这样做不仅有助于领导提高决策水平，又能在相互信任的感情交流中密切双方的关系。

2. 学问往来。秘书不能不懂装懂，要在与上司的交际中增长自己的知识和才干。与上司进行学问往来的过程就是双方感情不断加深，关系不断密切的过程。

3. 娱乐往来。无论是领导还是秘书除了工作，都有自己的业余兴趣爱好。两者间正常的娱乐往来有助于缩短彼此的心理距离、增进相互了解与信任。

4. 人情往来。人是有感情的，作为秘书当上司遇到实际困难时，如果能站在上司的角度真诚地为上司着想，并在力所能及的范围内帮助上司排忧解难，则可以与上司产生感情共鸣，从而加深与上司的关系。

【分析与拓展】

1. 如果你是老板，你最看重下属的哪种品质和能力。描述你心目中理想的员工形象。

2. 你在与老师和领导交往中存在哪些心理问题？表现如何？你打算如何克服？

3. 为顺利的与上司进行“往来”，我们现在需要做些什么？

4. 有秘书将自己与领导相处的经验总结如下。

(1) 秘书人员应尽职尽责做好自己的本职工作。

(2) 秘书与领导应保持必要的交流和沟通。

(3) 秘书应时刻注重维护领导的形象和尊严。

你认为呢？

5. 秦先生在一家大型外资企业的产品质量管理部门工作了 7 年，管理能力在公司首屈一指，年终考核成绩却总是靠后，因此错失了几次晋升的机会。之所以如此，是因为秦先生在单位人缘不好，很多员工对他的工作态度和做事方法有意见，甚至他的主管对他也颇有微词。秦先生对此的解释是质量是企业的生命，既然自己负责产品的质量工作，就一定要严格把关。秦先生很困惑，自己工作认真，却不被大家认可。你认为秦先生错了吗？

6. 小罗在一个事业单位工作 2 年了，他工作很努力，能力也不错，按理说应该得到奖励和提拔了，但一直没有，问题就在于他的努力一直没有被主任所认可。主任是个很严厉的人，小罗有些怕他，又很少和他打交道，甚至路上看到了也会远远地避开。而主任似乎对他格外挑剔，每次都对他的工作吹毛求疵，甚至有时是主任自己的错误也要怪在小罗身上，小罗很是不满。另外，小罗作出的很多努力，主任都不知道。而对于主任来说，小罗也是个不太令他满意的员工，虽然他来 2 年了，主任却对他没有什么了解。看到小罗故意回避自己，主任觉得很不解也很不舒服。久而久之，主任和小罗之间的关系越来越疏远了。

请你分析其中的原因。

案例3 女性秘书如何与男性老板相处

当秘书难，女性当男性老板的秘书尤其难！这是许多从事秘书工作的职业女性共有的感慨。那么，女秘书应该如何与男性老板相处呢？我有四策供您参考。

一、要敢于说“我行”，不要让老板感到你是一个“花瓶”

在西方发达国家，只要自己认为正当的事，人们就会无所顾忌地勇敢地提出来。表现自我，发展自我，这是西方社会价值观念的一种体现。但在一切都要讲究“适度”，讲求“中庸”，讲求“恰到好处”的我们这样一个东方文明古国，由于旧有的传统观念作梗，要肯定自己的能力说起来似乎简单，但事实上做起来相当困难，人们普遍不敢在别人面前说自己行，尤其是女性。

作为一名女秘书，当你不分场合、地点地提出一些意见或设想时，老板很可能会认为你不知天高地厚；但如果你“徐庶进曹营——一言不发”，完全按照他的意图去办事的话又可能会被他认为你是一个“什么事都不动脑筋，一点主见也没有”的“花瓶”。那么，到底该怎么办呢？你的策略应该是既不要太过张扬，也不能隐忍退避、无所作为，而应有适度的自主性、适当的积极性，要恰到好处地表现自我。只有这样，才会赢得老板的欣赏。

要做到这些，就要敢于在老板面前说“我行”。当然，在向老板表白时，要讲究一些方式方法，要委婉含蓄，不要将自己与某位同事直接相比，因为这样会将自己放在与同事相对立的位置上，同时也会使老板对你产生不良看法，认为你锋芒太露，缺乏团结合作精神。

说“我行”，要对事不对人。比如你可以对老板说：“这项谈判可否让我去，因为我与对方主谈人有过几次生意上的接触，对其谈判策略有些了解，而且私人关系可以，由我去胜算要大一些。请老板斟酌。”这样一来，你不仅把自己的优势完全展示给了老板，而且会让老板觉得你这样做是为了公司的利益，是在为老板“分忧”，通常情况下老板是会考虑接受你的意见的。特别需要提醒你注意的是，千万不要表现出自己比老板高明。因为老板不仅要维护其作为老板的尊严，而且要维护其男性尊严。要知道，没有哪个男人愿意在女士面前丢面子，特别是在女部属面前。因此，对自己的男性老板，你要学会多听少说，谦恭有礼。即使你觉得自己的见解确实比老板高明，也不要直接说出来，你应以一种委婉、迂回的方式表达自己的意思，比如你可以说：“×总，你的这个想法真是太妙了，如果按您的想法去做，我们不赚大钱才怪呢！但是有一点我还不够明白，能否请您讲解一下，也让我长长见识?”这时，你就可以将问题提出来，在与老板的讨论中逐渐加入自己的见解，改变老板的思路，在不知不觉中将自己的想法变为老板的想法。

说“我行”，不仅需要足够的胆量，更需要足够的知慧，要在潜移默化中让老板接受你、信任你，从而放手使用你。

二、要把握与老板交谈的技巧，不要让老板认为你过于浅白

作为秘书，在和老板交谈时，你不仅要理解老板的意图，而且应揣摩他的话里蕴涵的深层含义。这样，才能作出明智的反应。当老板与你交谈时，你应设法排除一切使你紧张的意念，专心致志地聆听老板谈话的内容，眼光要一直注视着老板，要给老板一种你在认真倾听的感觉，必要时还要做一点记录。在老板说完后，你可对老板的意图稍加思索后问一两个问题，以便真正吃透其意图。你可以这样发问：“×总，您的意思是说……”，“您看我这样理解对不对……”最后简要地概括一下老板的谈话内容，表明自己明白了老板的意图。切记，没有哪位老板喜欢思维迟缓、交待事情需要一再重复的下属，所以，不要轻易对老板说“你刚才讲的问题我没有听清楚，请您再讲一下”。

与老板交谈时应注意，不论老板问你什么，你的脑际都应很快闪过这样一个问题：他提问的真正目的是什么？然后再针对他提问的“目的”作出具体回答，绝不能简单地问什么就如实地答什么。直言不讳、敢吐真言固然是一种美德，但过于浅白却是欠成熟的表现。如果老板问你：“你是学财经的，为什么不去××公司应聘？那可是一家很不错的公司呀！像你这样的人在那里不是更有发展前途吗?”此时你不妨说：“大公司固然有大公司的优势，但我认为在小一点的公司更容易得到老板的器重，更容易发挥自己的才干。”相信老板对你这样的回答将会很满意的。可见，与老板交谈时一定要注意技巧，要让老板感受到你的底蕴、分寸和深度。

三、要善于掌握“火候”，切实履行好秘书的职责

也许你遇上的是一个脾气大、爱发火的老板。给这样的老板当秘书，如果处理不好与他的关系，你将无法工作。因此你必须正确面对爱发火的老板，学会与之相处的艺术。

一是要尽量避免摩擦“点火”。脾气大的人往往性子比较急躁，肚子里装不得一点事，容易发火，一点就着，一碰就响。与这样的老板相处，你要理解他，说话要婉转，要尽力避免摩擦“点火”，以减少老板发火的机会。

二是要学会以洗耳恭听来避其锋芒。不管老板发火有没有道理，也不管你有多少道理，在其火气正盛时，最好的办法就是硬起头皮洗耳恭听。正确的就接受，不对的可以等老板发完脾气安静下来后找个合适的时机作解释。奉劝你千万不要现场辩解，那样做无异于火上浇油，实在不是明智之举。即使你真理在手，事后解释时也要讲究策略，可以先承认自己某个方面的缺点或失误，然后再话锋一转，解释事情的真相和原委。

三是要把握好“火候”，适时规劝。一般情况下，人发完脾气后都会有一段时间显得特别清醒、理智，许多老板还会为自己不能“制怒”而感到懊悔。作为秘书，你应注意把握“火候”，利用这一时机对老板进行适度规劝，请老板遇事冷静些，不要放纵不好的脾性，否则对自己的身体、对部属的自尊以及对工作都会带来不良的影响。

四、要学会和老板周旋，不要被老板的“情网”罩住

一些大权在握的老板虽然家有贤妻，但仍利用自己的地位去追求女下属，靓丽而有才的女秘书往往成为其首选目标。有些秘书一碰到这种情况就立刻呈递辞职书，一走了之。其实，这大可不必。因为你争得这个位置并不容易，轻易放弃的确过于草率。你应采取的上策是既不要得罪老板又不能坠入圈套，更不应因此而放弃工作。

如果老板借故邀约你，你可以装傻充楞，问他：“你太太也一起来吧?”或者佯装高兴地说：“噢，好的，我不会放弃这个认识您太太的机会!”当然，你也可以寻找不能赴约的托词来表示歉意，大多数老板是会自我感悟的。

如果老板对你说，“你是我见过的女性管理人员中最漂亮的一位”，你可别乐昏了头脑，这绝不是赞美之词。你应当立即纠正说，“我只是在努力维护公司的形象，自我珍重而已”，不要让其有可乘之机。

如果老板让你为他做家务，偶尔为之无可厚非。若是三番五次、别有用心，你就应该向他表明：“我的职责是做您工作上的助理，家务事您应该找一个保姆。”记住，秘书插手老板的家务，这是涉险的第一步!

如果你的老板喜欢在语言上占便宜，说笑两句你大可不必计较。如果言辞太过、话语露骨，你不妨盯他一眼，表示你很介意；或者明确告诉他，“您的玩笑我实在不欣赏”，或者索性站起来，并找个借口离开他的身边，让其自感没趣、知难而退。

如果老板有意骚扰，那你必须明确表示自己的态度，告诉他：“我很尊重您，请您也能尊重我!”“我一直将您当做我的长辈一样看待，请您自重!”切不可因担心受到贬斥而敢怒不敢言，那样日后肯定会惹来更大的麻烦。

但有一点提醒你注意，无论你怎样恼火，都不要拍桌离去，你只要表明自己的态度就行了。事后面对他时也应装作若无其事，你做到这一步绝大多数老板是会知难而退的。

【分析与拓展】

1. 如果将老板比做树，你认为秘书是什么?

2. 你如何评价案例中给出的技巧?

3. 分析老板发脾气的原因，并根据不同的情况拟定相应的对策。

4. 你如何看待办公室恋情。

5. 一次，一个大学生对我谈起她的工作经历。大学毕业后在一家外企当秘书，我的上司是香港人，40多岁，非常敬业。他注意锻炼年轻人，经常让我做许多事情，而我工作不久，对一切充满激情，总是投入十二分的热情，这样，自然而然地就得到了他的赏识。工作之外，我们经常一起探讨问题、交流思想，慢慢的我们之间就建立起了一种纯真的友谊，他不仅把我当成一名秘书，更把我当做知心朋友，生活上、工作上的烦心事总跟我讲。可是，我渐渐发现同事们对我的态度有所变化，对我由开始时的“关心照顾”到“敬而远之”。开始我还以为自己做错了什么事情，后来才知道是因为我和领导的友谊让他

们误解了。我想解释，可又怕“越描越黑”，心里真不是滋味。

请结合案例谈谈如果是你，你认为秘书应该如何解决这个问题？

6. 总结女秘书拒绝骚扰的艺术

(1) 有一位经理对女秘书爱慕已久，一天下班时，他特意把她留下来“谈心”。

经理：“请坐，我们谈谈。”

女秘书：“谈什么呢？”

经理：“谈事业和人生，谈婚姻和爱情。你知道，我有一个非常不幸的家庭……”

女秘书：“是的，我知道。”

经理：“我觉得我们生活在一起你将非常幸福。”

女秘书：“是吗？这得问问我丈夫。”

(2) 有一位总经理喜欢上了自己的女秘书，他把她叫到办公室，这位女秘书很镇静，她注视着自己的上司，一字一句地说：“俗话说，纸包不住火。这种事迟早会暴露，于你、于我都没有好处。我知道，你今天坐到这个位子上也不容易，凭你的能力，你完全可以再升几级。你应该清楚，不知道有多少人盯着你的位子，抓你的把柄呢！而且，我们的孩子都懂事了，他们不希望自己有一个坏爸爸、坏妈妈，你说我的话有道理吗？”

那位领导终于冷静下来，陷入沉思，然后缓缓地对这位女秘书说：“谢谢你，我差点犯了大错误，请你原谅我刚才的冲动。”

(3) 某公司一位经理看上了一位刚到单位工作的年轻女秘书，有一次，他以“谈工作”为名把她留在他的办公室里。

领导：“你知道吗？我喜欢上你了。”

女秘书：“这是真的吗？”

领导：“是真的。我爱你的一切。你的美丽，你的聪明……”

女秘书：“难道也包括我的未婚夫和他当纪委书记的爸爸吗？”

(4) 有一个公司的领导自恃大权在握，认为下级都是软弱可欺的，因此对一位女秘书百般纠缠，这位女秘书被逼无奈，灵机一动，给那位领导的夫人打了一个电话，以知情者的身份暗示她，你的丈夫正在追求本单位的一个女同志，你要是再不管就可能出问题了。这位夫人听罢大惊，转而大怒，当晚就对丈夫进行了一番盘查和质问，自然少不了哭哭闹闹之举，搞得四邻皆知，让这位领导狼狈不堪。

(5)“刘秘书，你的工作干得十分出色，这条项链送给你，作为我对你的一个小小的奖励。希望你不要拒绝我的一片好心。”

“董事长，谢谢您，您的好意我心领了。俗话说‘无功不受禄’，我只是尽力做好了我应该做的每一件事情，这是作为一个秘书应尽的职责。所以，我没有理由接受您的奖励，请您原谅。”

“刘秘书，你太谦虚了。”

“这不是谦虚，事实就是如此。”

你会如何看待领导对待秘书的感情，以及如何处理老板送你的礼物？

案例4　正确对待领导之间的矛盾

小丽和小梅是大学同学，毕业后分别在不同的公司做秘书。一天，二人相约逛商场，谈话的时候小丽忽然谈到领导这个敏感的话题，她说，她们公司有一个大老板，两个副老板，让她感到头痛的是三个领导之间的关系很微妙，有时一件事各说各的，让她这个当秘书的很难办。小梅说："这确实让人很头痛，其实，这种情况很常见，我以前也遇到过这种情况，后来习惯了，也就不觉得难受了。"

小丽问："那要如何处理？"

小梅说，首先，要正确对待领导者之间的矛盾。在一个单位的领导群体中，每一位领导都分管具体工作，如何处理好局部利益和整体利益、眼前利益和长远利益的关系，是每一位领导都面临的问题。在领导集团化的今天，领导者的工作职能主要是规划目标、制定决策，并充分利用人才资源去推动决策的执行。领导者在向目标推进的过程中，难免要牺牲一些局部利益来"成全"整体利益，要对资源进行合理调配。这样，领导者之间就存在着一种相互制约、共同发展的关系，就会产生矛盾。从领导心理学的角度看，领导者之间的矛盾冲突主要有两种，一种是实质性冲突，另一种是情感性冲突。实质性冲突起因于目标的确定及其内容，来自于成员间认识上的不一致。情感冲突主要来自于人际关系，这是人和人之间相互抵触时引起的情感反应产生的。作为秘书人员，应该意识到领导者之间的矛盾是伴随着领导活动的开展而存在的，领导者之间在工作中出现矛盾也是很难避免的。

其次，要准确判断领导者之间的矛盾。既然领导者之间的矛盾是伴随着领导活动而展开的，那么，只有对领导者之间的矛盾作出准确的判断，才能灵活对待，成为一名出色的秘书。领导者之间的矛盾大致有以下几种。

1. 认识上的矛盾。由于每个领导者所处的地位、环境和所受的教育不同，认识问题会有所不同；领导者获取信息的渠道和速度不一样，也会影响他们对同一问题的看法。这是领导者之间最常见的一种矛盾分歧。

2. 工作方法和领导风格上的矛盾。每个领导者都有自己的工作方式和工作风格，有的习惯于事必躬亲，身先士卒；有的喜欢统筹全局，宏观控制；有的擅长调查研究，现场办公；有的处事雷厉风行；有的工作踏实稳重，等等。方法是实现任务的手段和工具，如过河的桥和船，领导者不同的工作方法就会出现不同的"过河"方式，或步桥，或乘船，有时很难形成统一的步骤。作为秘书，应该努力适应领导者的工作方式，与领导者形成心灵上的默契，保证工作的顺利开展。而在领导者之间，恐怕就很难让谁适应谁了，当"默契"不能形成的时候，较容易发生矛盾冲突。

3. 利益上的矛盾。由于领导者都分管一个或几个部门，在工作中常常会遇到局部利益与整体利益、局部利益与局部利益的矛盾冲突，要"摆平"这些矛盾，必须保持"全局一盘棋"的清醒头脑。实际上，下属单位时常将这些矛盾"上交"，领导者处理这些矛盾时往往牵涉其他部门的利益而出现新的矛盾，导致领导者之间在利益行为上的冲突。

4. 感情上的矛盾。领导者之间，由于认识上的分歧，工作方法和领导风格的迥异，再加上利益上的冲突，如不及时解决，日积月累，就会产生感情上的矛盾，其结果是，轻则会干扰目标的实现，重则会使组织瘫痪甚至瓦解。

最后，要灵活对待领导者之间的矛盾。当领导者之间出现上述矛盾时，作为秘书应采取恰当的方法灵活对待。

1. 采取沟通的方法，使矛盾消除在萌芽状态。秘书是领导的参谋和助手，不仅要在工作上辅助领导，还要帮助领导者之间交流和传递信息，为领导者创造沟通的机会，以融洽感情，消除误会和矛盾，达成共识。沟通有积极沟通和消极沟通，秘书要见机择用。当领导者之间的矛盾还处于萌芽状态，或处于认识方面以及领导方法和领导风格的冲突时，秘书应采取积极沟通的方法，尽可能消除领导者之间的隔阂。当领导者之间的矛盾上升到利益冲突或感情上的矛盾时，秘书要采取消极沟通，甚至停止沟通，此时“难得糊涂”。

2. 采取折中的方法，求同存异。作为秘书，当领导者相持不下时，要两边撮合，提出使双方都能接受的方法。可以给他们提供一些双方都感兴趣的信息，或适时把一方的困难传达给另一方，以求得对方同情和谅解；也可以对问题进行深入调查研究，并向领导者提供相关的政策法规，客观、公正地向领导者提出自己的看法，争取消除领导者之间的误会，求同存异。

3. 采取回避的方法，“无为而无不为”。当领导者之间的矛盾公开化时，作为秘书，更要保持脑清、言慎，摆正位置，知“难”而退。如领导者吵架时，切不可站在中间当“说客”，应借故走开，避免自己夹在中间成为领导者的出气筒，弄不好还会引“火”烧身。因为此时领导者处于非理智状态，岂能听得进秘书的“谏言”；秘书为领导者“劝架”，有“越位”之嫌。当领导者向你了解对方的情况时，你以不知道为好，避免卷进领导者之间的矛盾纠葛。此是“无为”。还可以采取淡化冲突的办法，如请一方领导者出来，说是有紧急事情汇报，或者有某某人找，等等，一个巴掌就拍不响了，此是“无不为”。值得一提的是，只有秘书平时较贴近的领导、较熟悉的领导才能用此一招中止冲突，否则还是借故走开为上计。秘书人员要在实践中掌握这种高超的“服务”技巧，既“正位”又不“越位”，以维护领导集体的权威。

4. 保持中立，不偏不倚。有时领导者之间的矛盾完全暴露在秘书面前，无法回避时，秘书要保持中立。秘书夹在当中是会很为难的。秘书不能也不允许介入领导者私人或工作中的分歧和矛盾，这是原则问题。因为秘书介入这种纠纷，支持一方，反对另一方，不但于事无益，而且会把事情搞得更复杂。如果领导者之间在工作上有分歧，甚至发生矛盾冲突，到秘书非执行不可的，那只能按组织原则，执行主要决策人的意见。一般来说，秘书要围绕正职展开工作，有时领导班子决定某项工作由副职负责时，就围绕副职开展工作，工作中遇到问题要直接向副职汇报，不要向正职汇报；也不要在执行一位领导者的指令时而去问另一位领导者的意见，以免节外生枝，把事情搞复杂。

小丽：“啊，听君一席话胜读十年书啊！”

【分析与拓展】

1. 阳光公司陈副总经理因一项对外业务工作，与李总经理又争执了起来。后来陈副总经理与秘书外出乘车中，埋怨李经理主观武断，不尊重他人意见，导致决策失误，给公司造成了损失。秘书知道总经理与副总经理因工作意见不同，有些分歧。总经理是一位有能力、有魄力、办事雷厉风行的人，但不太注意工作方法，伤了不少人，对此职员有意见。副总经理考虑问题周到，群众关系好，也关心别人，但决断能力差些。面对副总经理的埋怨，秘书该怎么办？

2. 天龙公司总经理出差去外地了，公司的一件重要事项急需三位副总经理协商决定。但在商量时，三位副总经理发生了严重分歧，开了一上午的会议，还未达成一致意见，而事情又十分紧急，这可使秘书苦恼万分。会后，好心的秘书分别向三位领导请示，三人仍各持己见，每位副总经理都要求秘书传话给其他两位，听话的秘书均如此照办，但事情最终未办成。总经理回来后，三位副总经理情绪更坏，隔阂更大，而且都表明自己的原话不是传话的那样，是秘书在传话时加进了自己的意思，使原意走了样。

秘书在整个事件中可能存在什么问题？面对总经理的质疑和三位副总的责备，作为秘书该怎么办？

3. 在我服务的领导班子中，有一届班子的一把手和二把手之间有些矛盾。二把手觉得我和一把手接触多，在某些方面对我产生了一些看法和隔阂。我敏锐地意识到，如果再这样下去，不但领导班子的团结会受到影响，我的工作也会越来越不好开展。我首先反省了我对一把手和二把手的态度，自己和一把手接触多完全是因为他是主要领导，是开展工作的需要，我绝没有厚此薄彼的想法和做法。但严格检查起来，客观上也存在着有的该向二把手请示的工作，由于一把手预先的决定和表态而不再向二把手请示的现象，应该说这是不妥当的。

面对这种情况，你将在未来的工作中如何调和一把手和二把手的关系？

4. 和往常一样，7 点刚过，小王就来到办公室，开始了一天的紧张工作。坐下不久，一位打字社的同志来找他，要求结清去年机关的打字费用。小王非常热情地接待了这位同志，在认真核对记账单证后，填写了一份财务报销单，并告诉其下午来取。下午上班时间到了，主任唤小王过去议事，细心的小王就把报销单一同带上，顺便请主任签批。正当主任阅批时，分管财务工作的副主任也来到主任室，看到桌上的报销单，劈头就问："我在家，你（指小王）为什么找主任批?"问得小王哑口无言。就连在场的审计处长也为之感到惊诧，是小王不懂规矩，无意所为，只为图个"顺便"吗？不像，小王向来都是个非常谨慎小心的人；是明知应由副主任签字的事而有意找主任签字，无视副主任的存在吗？也不像，小王不是个不按程序办事的人；是与副主任有过节而有意回避吗？更不像，他们之间的关系历来很好。那么，究竟是什么原因造成这种情况的呢？其中必有蹊跷。

原来，在此之前，主任曾告诉办公室负责文秘工作的同志，副主任是协助主任工作的，我又分管秘书工作，今后你们需要添置设备、购买物品等，可向我请示并签批。这就

难怪了，小王是遵照主任的指示行事的。作为秘书，小王应当怎样对待和处理这一突如其来的质问和批评呢？

5. 美国前农业部部长詹姆斯·威尔逊说过：“如果有人握紧两个拳头来找我，我想我能应付你，我的拳头会握得像你的拳头一样紧；但如果你到我这儿来说：‘让我们坐下一起商议，如果我们的意见不同，我们要了解为什么意见彼此不同，是什么让我们发生了争执。’如果你这样做了，不久就可看到，我们之间相距并不是很远，我们所不同的地方很少，相同的地方很多，只要我们有接近的忍耐、诚意和欲望，我们就可以接近。”

针对这段话谈谈你的看法。

案例5　一位高级秘书的劝谏艺术

秘书劝谏的对象是领导与上级，劝谏的目的是让领导明白自身的失误并加以纠正。因此，秘书的劝谏必须十分讲究方法与技巧，如果不讲究方式方法，不但达不到预期目的，反而会弄巧成拙。我在工作中劝服、说服领导的时候总是注意以下几点。

一、明确劝谏目标，注重劝谏效果

秘书要想让领导接受建议，一定要先弄清楚问题的症结在哪里，自己的说辞要达到何种效果。劝谏过程中的每一句话，都是为达到让领导重新思考问题的目的而精心设计的。那种事先毫无准备，想到什么说什么，被现场牵着鼻子走的劝谏不仅难达目的，还会引起领导反感。记得有这样一则故事，相传齐景公喜欢射鸟，派烛邹为他管鸟，结果鸟飞跑了，景公大怒，传旨斩杀烛邹。晏子奏说：“烛邹有三条大罪，让我数完了再杀。”景公应允。于是，晏子招来烛邹，在景公面前历数他的罪行：“你替君王管鸟让鸟飞了，这是第一大罪；使君王为鸟杀人，这是第二条大罪；使诸侯得悉后以为君王重鸟轻人，这是第三条大罪。”晏子数毕请景公宣旨开斩，景公说：“不要杀了，我明白你的意思了。”语言表达的要领很多，最重要的是你说话要有明确的目标。在以上故事中，晏子之所以能成功地劝说齐王，最主要的原因就是他说话目的明确、干净利落，一针见血地指出了问题的要害，从而使一时昏聩的景公在情理的感召下醒悟，改变了自己荒唐的决定。

二、注意劝谏场合，准确把握时机

谚语“出门看天色，进门看脸色”，说的也正是这个道理。秘书人员要学会在劝谏时察言观色、体察领导心态，切不可不分时间、地点、场合、环境地提意见。一般来说，劝谏既要注意及时性以防止贻误，又要考虑领导的时间、精力、情绪等多种因素。在领导有时间、精力旺、情绪好的时候进言，往往会收到立竿见影的效果；反之，如果在领导正忙、精神疲惫的时候谈问题不但效果不理想，甚至还可能引发领导的“无名火”。实践证明，当领导心情不佳的时候，当领导处理紧急公务或突发事件的时候，当领导正主持重要会议的时候，当领导正在接待重要客人或正与客人交谈的时候，当领导家属或一些不相宜的人在场的时候，秘书找领导提意见和建议最容易引起领导的厌烦情绪。对于劝谏地点的选择要视情况而定，当秘书欲讲的问题比较严肃且时间又较紧迫时，劝谏的地点以办公室为宜。办公室作为一个特定的工作场所，工作气氛较浓，人的思维也容易集中，比较适宜于谈公事；对于领导常犯的一些工作方法上的小失误，则可视环境条件灵活反映，比如可以在和领导闲聊、吃饭、散步时不期然地引入话题，在一种非常和谐、轻松的气氛中巧妙地说出自己的意见或建议，这样既不显得突兀又能引起领导的注意，效果往往比较好。当然，无论是在办公室还是在其他场合，进谏都应以无旁人在场为宜，以免使领导难堪。

三、巧用劝谏语言，注重表达效果

要想取得较好的劝谏效果，秘书人员除了要深刻认识劝谏的必要性和明确劝谏的目标，并选准场合、时机外，还应该特别重视劝谏语言的表达技巧。具体来说，秘书在劝谏语言的运用上应注意如下方面。

（一）设身处地地为领导着想

理解对方是说服对方的先决条件。也就是说，只有先了解对方才能摸清问题的症结，也才能想出对策去说服对方，让对方认识到按你的说法去做对他有什么益处，不这样做又会产生什么样的后果。只有把握住对方的心态，包括其欲望、期待、认识等，才能使对方产生感情上的共鸣，劝谏也才不至于成为瞎子点灯。古人李斯用了不到一千字，就说服秦王嬴政改变了错误的决定，立即收回了正在执行的逐客令。李斯在《谏逐客书》中处处站在秦王的立场上，紧紧抓住其“跨海内，制诸侯”“成帝业”的远大政治目标从正反两方面反复论证逐客之非，使秦王认识到“逐客”的最终受损者是自己，因而收回成命便顺理成章了。可见，要想说服领导，就要善于设身处地为领导着想，时时站在领导的立场上考虑问题。

（二）言辞恳切，感情真挚

“感人心者，莫先乎诚。”在与他人交流尤其是劝谏时，只有充分表达出你的真诚，才能让对方真正从心灵深处接纳你并认真听你的话，否则交流将无法继续。古往今来，用真情劝谏成功的例子不胜枚举，最典型的例子莫过于诸葛亮的《出师表》，其中的语言字字出于肺腑、句句袒露心扉，赤胆忠心天地可表。由此可见，劝谏时只有以诚相待、以心换心，才能够收到良好的效果。

（三）善于运用条件句与选择句

在向领导提意见和建议时，宜多选用条件句和选择句，多使用征询的口吻，把自己放在请教的位置上。我们可以比较一下以下对同一种意思的几种不同表达方式。第一种，陈述句。“您这样不行，您这样做不可以。”第二种，反问句。“您这样怎么行呢？您怎么可以这样做呢?”第三种，选择句。“您看这样行不行？这样做会不会更好一点?”第四种，条件句。“如果是您，会觉得怎么办比较好?”很显然，第一种和第二种表达方式过于生硬、过于武断，第三种和第四种则显得语气较为委婉，易于让人接受。从心理上说，谁都不愿意别人当面毫不留情地责备自己。过于直露的指责与批评只会导致受指责一方产生逆反心理。如果劝谏方能够选用恰当的表达方式，充分考虑对方的接受程度，情况就会大不

一样。因此，秘书在向领导进言时必须特别注意表达句式的选择。选择条件句和选择句就是为了将主动权留给领导，充分顾全领导的颜面，使领导有台阶下，给领导以优越感，这样领导就易于接受秘书的建议。

四、讲究劝谏方式，准确把握角色

1939 年 10 月 11 日，美国白宫正在进行一次具有历史意义的交谈。美国经济学家、罗斯福总统的私人顾问萨克斯受爱因斯坦等科学家的委托，说服罗斯福总统重视原子能的研究，抢在纳粹德国之前制造原子弹。萨克斯对等了两个多月才得到的这一面见总统的机会自然十分珍惜，他一见面就呈上了爱因斯坦的长信，极力劝说罗斯福总统接受他的建议。尽管萨克斯说得口干舌燥，但还是遭到了总统的拒绝，萨克斯第一回合的进谏以失败告终。第二天，萨克斯又得到一个和罗斯福共进早餐的机会，可是罗斯福拒绝谈此事。这一次，聪明的萨克斯没有跟总统谈原子弹，而是谈起了英法战争中拿破仑的失误。在欧洲大陆上不可一世而在海上却屡战屡败的拿破仑，就是因为固执己见没有接受年轻的美国发明家富尔顿的建议——给法国战舰装上蒸汽机，结果失去了重整雄风的最后机会。萨克斯的故事终于使罗斯福总统认识到了新技术在战争中的巨大作用，并采纳了他的建议。分析萨克斯劝谏的过程可以得知，其成功的关键在于巧妙地采用了间接暗示的方式。事实证明，在下级（秘书）向上级（领导）陈述意见时，采取迂回表达的方式往往比直陈己见效果要好。所谓间接暗示沟通，就是不直言领导的错误，而是采用借古喻今、由此及彼的方法进行暗示，点到即止。采用间接暗示法如果批评得当，上级一般会坦然接受；若上级不打算接受你的意见则可“王顾左右而言他”，这样既不损自己的尊严又可以避免冲突。

五、重视“晕轮效应”，增强说服力度

前面所列的几点都是秘书在具体的劝谏过程中所应遵循和注意的，秘书人员还可以在平时做一些为日后的劝谏“铺路”的工作。俗语云：养兵千日，用兵一时。我们也可以将其运用到秘书的劝谏工作之中。也就是说，秘书在平时就要努力培养自己的可信度，给领导留下一个踏实、办事细心周到的良好印象，这样一旦进行劝谏领导就会比较愿意接受你的意见和建议。对于秘书来说，要求得良好的“晕轮效应”并非一朝一夕之功，需要从多方面下工夫。

其一，注意平时和领导多交流、多沟通。秘书最好能成为领导的朋友，使领导信任自己，把自己当贴心人。秘书人员若能通过平时的交流摸清领导的脾气性格，在劝谏中就可因势利导，比较容易地让领导接受你的正确意见。如面对办事比较稳重、性格比较内向的领导应该怎么说，面对办事较急躁或雷厉风行、性格外向的领导又该怎样说，秘书都要心中有数。

其二，努力树立自己的“形象品牌”。踏踏实实做好领导交付的工作，通过一些具体的实例让领导了解你是一个正直、敬业且办事细心、考虑问题周全的秘书，领导就会乐于

听你的建议和意见。

其三，培养甘当“绿叶”的角色意识。劝谏成功不宣扬，功劳归于领导。倘若提了某个建议或意见被领导采纳就到处宣扬说某某建议是我提的，某某主意是我出的，必然会引起领导反感。

【分析与拓展】

1. 你有过劝谏的经历吗？如果你是成功的，你成功的因素是什么，如果你是失败的，你失败的因素是什么？如果你没有劝谏的经历，请你劝谏老师，这节课上自习课。

2. 你认为劝谏和演讲有相同的地方吗？如果有，是什么？如果没有，不同是什么？

3. 能够劝谏领导说明秘书的眼界比领导高，你说对吗？你如何看待领导与秘书能力高低的问题。

4.《红楼梦》李纨：“老太太屋里，要没那个鸳鸯如何使得。从太太起，哪一个敢驳老太太的回，现在她敢驳回。偏老太太只听她一个人的话。老太太那些穿戴的，别人不记得，她都记得，要不是她经管着，不知叫人诓骗了多少去呢。那孩子心也公道，虽然这样，倒常替人说好话儿，还倒不依势欺人的。”

请你谈谈鸳鸯说“不”成功的原因。

5. 美国发明家富尔顿向拿破仑建议用蒸汽机铁甲舰船取代法国的木帆船舰，拿破仑本来是要采纳这个意见的，但就因为富尔顿说了一句话，触痛了他为自己身材矮小而自卑的那根神经，在嫉妒和虚荣心的驱使下，拿破仑放弃了富尔顿的建议，错失了一次使法国海军称霸世界的良机，而富尔顿始终不明白其中的原由。

结合案例，你想到了什么？

6. 毛主席的秘书张玉凤回忆说，毛主席的晚年，身体多病又心情不好，政治上也有许多麻烦，因而常发脾气，这给他身边的秘书人员增加了困难。有一次，因为弄录音机的事，毛主席生气了，对我大发脾气：“不高兴就给我滚！”我的性格也很直、很急，毛主席叫我滚，我二话没说，收拾了一下东西就走了，谁也拦不住。回到家里后，我开始后悔起来，心里很难过，也不愿意见人，更不愿意同人讲话，整天以泪洗面。要知道，在那个年代，被伟大领袖赶出中南海的名声一旦传扬出去，那还了得！

后来，毛主席原谅了我，又派人接我回中南海工作，并做了自我批评。毛主席给张玉凤的评语是：“办事认真，工作尽职。张飞的后代，一触即跳。”

你怎么看待这件事情？

7. 有秘书认为对待领导工作要有冷热观，你是怎么理解的？

8. 从1924年起，张群和蒋介石的关系逐渐密切，为博取蒋介石的信任，一直以蒋介石的政治目标为自己的目标，没有丝毫相左之意。张群的一批友人有这样的一番议论，张群只能称为蒋介石的使女，不得称为如夫人，因如夫人还有恃宠撒娇的时候，而张群没有，他总是唯唯诺诺，要他怎样便怎样，无一丝违抗之意。

结合案例，谈谈你的看法。

9. 有人总结古人进谏六法：①借物喻人法，②以小喻大法，③借古讽今法，④激发高尚法，⑤后果呈现法，⑥避实击虚法。请与下面的故事连线。

邹忌讽齐王纳谏，讲的是大臣邹忌如何以自身被周围人蒙蔽的事实让齐威王明白自己应该广开言路、修明政治的故事。

惊弓之鸟，讲的是赵国魏加如何以受伤的大雁为比喻使楚国的春申君放弃了以临武君为主将的想法的故事。

贾诩的事实劝谏法，讲的是曹操向贾诩询问如何看待自己欲废长立幼的打算，贾诩并不直言，而以袁绍、刘表父子之事对之，使曹操明白其中的深意，放弃了自己的打算。

高柔智解杀鹿禁令，讲的是三国时高柔如何以卫懿公养鹤终致亡国的故事劝谏魏明帝解除苛刻的杀鹿禁令的故事。

武则天选储，讲的是女皇武则天在立武氏还是李氏为继承人的问题上犹豫不决，询问狄仁杰。狄仁杰仅以武氏兄弟继统将祭祀武氏祖先，无祭祀姑母的道理，一语惊醒梦中人，使武则天恍然大悟的故事。

长孙皇后巧谏唐太宗，讲的是唐太宗因魏征直陈其过非常恼怒扬言要杀掉魏征，长孙皇后以“主圣臣忠”大贺特贺，从而使唐太宗意识到自身行为与自己的圣君宏愿相违背的故事。

案例 6　秘书是如何领会与传达领导意图的

领导意图是对领导者为实现其工作目标、完成其职责任务而形成的工作意见、思想意图等内容的统称。要正确领会领导意图，我认为就必须把握以下四点。

一、领会领导意图的原则、方法和技巧

秘书如何领会领导意图，这需要掌握一些原则，同时要掌握领会领导意图的一些具体方法和技巧。方法技巧具有灵活性，大家可以根据工作实际以及服务对象的特点，恰当地选择运用。

（一）领会领导意图的原则

1. 尊重领导的原则。我们只有尊重领导，才能取得领导的信任；只有取得领导的信任，秘书才会获得更详细、更清楚的领导意图。

虽然领导个体在知识结构、专业水平、工作方法等方面存在差异，但只要秘书尊重领导，取得领导的信任，就可以得到更多的与不同的领导交流的机会，从而更好地领会领导意图。

2. 全面掌握信息的原则。信息是开展辅助工作的基础。一方面，掌握较为全面的信息，如群众意见等，有助于我们为领导提供有效的参谋性服务，为领导意图的形成打下基础；另一方面，掌握较为全面的信息，如上级精神等，有利于秘书准确理解领导意图，并对领导意图的形成和目的产生深刻的认识，这样在执行领导意图时就能找准切入点，收到事半功倍的效果。

3. 通观全局的原则。通观全局，就是说秘书要站在全局的高度领会领导意图。只有站在全局的高度，设身处地地从领导的视角去观察思考问题，才能自觉地、准确地领会领导意图。

4. 了解与理解领导的原则。领导都有各自的性格特点、思维方式、工作方法、处事习惯等。秘书了解领导，特别是掌握领导在长期工作中所形成的思维方式和工作方式，有助于秘书准确、系统地领会领导意图。如秘书掌握了领导以往处理类似问题的模式，就会为领会领导新的意图提供借鉴。

5. 虚心请示和耐心学习的原则。当秘书对领导意图未完全理解时，应耐心请示。这样做有时可能会受到一些批评或责备，但反过来也会促使领导在以后下达指示时注意改进方式、方法。耐心请示，明了意图，就会避免在执行领导指示的过程中出现偏差。

领导工作的复杂性以及涉及面的广泛性，会给秘书领会领导意图带来一定的困难。因此，我们一定要加强学习，不断汲取有益的知识，拓宽自己的工作视野，提高业务水平，这样才能更好地领会领导意图。

（二）领会领导意图的方法和技巧

1. 接受领导指示

秘书经常要接受领导的指示，接受指示应遵循下列步骤和方法。

第一，领导传唤时要马上应答，快速趋前并随手携带备忘录。

第二，领导下达指示时要认真听记，不要中途打断，若有疑问可待领导指示完毕后再提出。

第三，作好笔录。应一面听一面记，记录时要特别注意以下七个方面的指示内容：工作内容，工作期限，如何着手，由谁执行，涉及对象，工作目的，花费如何。

第四，复述。听完领导的指示，最好复述一下要点，经领导确认无误后方可执行。

第五，若秘书有不同意见和疑问，在复述完毕后提出，并仔细聆听领导的解释。若领导指示不能立刻付诸实施，应说明困难所在，请领导考虑是否延缓执行或取消执行，切不可唯唯诺诺，明知无法执行而不提出。

另外，对非直属领导的指示，如其内容属于秘书事务可遵照执行，如果超出秘书工作范围，应请示直属领导定夺。

2. 主动请办

领会领导意图不是被动地接受指示，不是推一推、动一动，有许多工作需要秘书人员主动请示办理。请办应注意以下三个方面的问题。

第一，精心准备，提出合理建议。请办前一定要清楚请办事项的来龙去脉，并考虑目的是否明确、合理。在吃透情况的基础上，要为领导考虑好指示或批办的建议。批办的建议应具有科学性、可行性、适用性。

第二，讲究方法，选择适当的形式。请办的形式大致有四种，一是口头请办，即面见领导，口述情况，听取指示。口头请办直接、迅速，并可当面进行交流，能使问题尽快得到处理。一般临时性的、领导可以马上答复的具体工作事项，可采取此种形式。而在有些

情况下，应慎用此种形式。如领导工作繁忙时，需要向多位领导请示的事项，需要留下文字依据的事项，涉及面广或比较复杂的事项等。二是用“请示卡”请办，即将“请示卡”面送领导，立等批示。这种形式同样具有直接、快速的优点。使用“请示卡”请办，内容要精要、准确。三是电话请办，电话请办多用于一些简单而又要求快速办理的工作事项。电话请办时，秘书人员要注意做好电话记录。四是文书请办，即正式行文，按级呈送，等候批复。文书请办准确度高、依据性强、效果好，但手续繁杂，待批时间较长，一般适用于重大工作事项。

第三，提高请办艺术，优化请办效果。请办时，秘书人员应注意选择好时机，合理陈述，并事先准备好有关资料。向习惯于含糊表态的领导请办时，秘书人员要细心领会，善于归纳，必要时可请领导明确指示。但秘书人员切不可固执己见，反复陈述，更不可提出不适当的理由强求领导表态。秘书人员还要注意认真、耐心听取领导的意见，不可急躁慌张，要以缓应急，避免出错。

3. 及时报告

秘书及时向领导报告工作，听取领导的指示，也是领会领导意图的重要途径。秘书人员在执行领导的指示、决定过程中或处理完工作事项后，应适时向领导报告。一般而言，秘书报告工作应选择如下时机，一是在落实领导指示后立刻提出，对办理结果不很理想的，更要及时报告。二是在工作进行当中，对有必要提出报告的要及时报告，如对领导特别交代办理的事项或工作中途发生困难而突然有转机时，都应随时向领导报告。如果等到领导查问“那件事办得怎样”时再慌忙去报告，就已错失良机。

当秘书希望立刻报告而领导却正忙碌时，秘书应以重点式的报告取代综合报告，并请领导尽快安排时间。当领导忙碌时，希望秘书的报告得体、简洁，所以最好先报告结论，后述细节。报告中要将秘书个人的意见或推测与事实分开，以免引起误会。

总之，报告应简洁、得体、抓住重点、清楚明了，不可繁冗啰唆。报告完毕，要耐心认真地听取领导的评价或指示意见。

二、秘书对领导指示、决定的传达

领导指示、决定是领导意图的表现方式。秘书人员在领会领导意图之后，工作重点就转入到怎样去实现领导意图的过程之中。领导意图的实现有的需要秘书人员自行完成，有的必须依靠下级部门和其他有关人员去完成。下级部门和其他有关人员获取领导指示、决定的重要方式之一就是听取秘书对领导指示、决定的传达。

秘书在传达领导指示、决定的过程中，应遵循以下四条原则。

第一，真实再现的原则。秘书的职责和任务要求秘书必须严格按照领导意图办事，因此在传达领导指示和决定的时候，应原原本本、全面客观地传达，绝不可断章取义添油加醋，超越秘书人员的职权发号施令。

第二，及时有效的原则。领导的指示、决定需要秘书迅速传达下去，特别是那些时效性非常强的工作指示，如果不能及时传达，就会造成严重的后果。面对领导众多的指示和决定，秘书要仔细研究其内在联系，分清轻重缓急，逐一传达下去，避免顾此失彼。

第三，适当拓展的原则。适当拓展指的是秘书人员在领会领导意图，传达领导指示、决定时，在保持领导意图真实再现的前提下，可根据自己掌握的工作信息，按照领导的思路给传达对象提出一些有价值的参考意见，帮助传达对象全面落实领导的指示、决定。但秘书人员切不可居高临下，以自己的意图代替领导意图或曲解领导意图，也不可超越秘书人员的职权来发号施令。

第四，务实可行的原则。领导的指示、决定大多是经过反复思考后提出的决策性意见，所以一般是可行的，但也不能排除有失误的可能，对其中的失误秘书人员应及时提请领导注意，待领导重新决断后方可传达下去。如果不加考虑地去传达有失误的决策意见，不但会使工作开展受阻，还会使领导人威信受损，这也是秘书人员辅佐不到位的表现。

秘书对领导指示、决定传达的方式多种多样，归纳起来主要是两种类型，即口头传达和书面传达。口头传达是通过秘书人员和传达对象双方面对面进行的。它的特点是灵活、迅速、简便易行。但口头传达容易造成传达对象对领导指示、决定的遗忘，事后也无据可查。口头传达一般具有单向性的特点，秘书应紧紧围绕领导意图认真做好传达前的各项准备工作，如语言组织，时间、地点的选择等，同时要注意传达的方法和技巧。

书面传达是通过秘书人员和传达对象双方的写和读的行为来进行的。它的优点是保存的时间较长，有利于仔细研读和存档备案；缺点是不够灵活，信息反馈相对较慢，有可能因篇幅有限表达不够充分，不利于传达对象的理解。书面传达的形式可以是文件、信函、传真、电子邮件等。书面传达的关键在于撰写的文件要能切实反映领导意图。文件内容形成后，秘书人员要尽可能地让领导过目签发，以避免传达内容的失真，保证领导意图的准确性。

秘书在传达领导指示、决定的过程中，还应注意以下几个问题。

第一，在参谋和辅助决策过程中，秘书人员可能会事先了解到领导意图或先期知晓领导指示或决策意见，这时切不可擅自传达下去，因为领导有可能改变或调整其内容。

第二，领导对重要指示和决定往往会自行传达，所以秘书人员在没有接受领导的传达任务前，不能超越职权进行传达。

第三，无论采取何种方式进行传达，秘书在没有被明确告知时，均应认真选择传达对象，因为传达对象选择是否正确，是传达成功与否的重要因素。

第四，传达任务完成后，秘书应及时向领导反馈传达情况，如向领导告知工作进度，反馈收集到的有关信息等，以利于领导工作的开展。

【分析与拓展】

1. 以小组为单位准备领导意图，以最佳的传达方式在课堂上向另一小组的秘书布置任务，由同学们共同观摩、评价秘书的表现。

2. 一日，日本驻华公使芳泽来到张作霖的大元帅府求张大帅给他写幅字作为留念，张作霖当场挥毫写下“天理良心”四个大字，在落款处写上“张作霖手黑”五个小字，秘

书提醒他墨下丢了“土”字，张作霖装没听见，日本人走后，张作霖指着秘书的鼻尖骂道：“你真是个笨蛋！我丢了什么‘土’字？这叫做‘寸土不让’！本大帅是有意告诉日本人，你心狠，本大帅手黑，也不是好惹的。”

曹操兵退斜谷，前有马超，后有蜀兵，曹操既惧怕马超的拦截，又恐蜀兵的讥嘲，有退兵之意，然而又心有不甘。当军士问口令是什么时，曹操正在啃鸡腿，他随口答道：“鸡肋。”曹操的行军主簿杨修以鸡肋即“食之无肉，弃之可惜”，判断曹操处于进退两难境地，但终有退兵之意。

领导的意图有些是明确的，有些是暗示性的，结合以上事例谈谈，秘书应该如何领会领导的暗示性意图？

3. 中华人民共和国中央人民政府建立后，中央政府就在中南海办公，都是老式的平房。在筹建建国十周年庆典的过程中，国务院机关事务管理局又提出修建政府办公大楼的计划。对这件事，周恩来征求了国务院秘书长习仲勋的意见。习仲勋说：“人民大会堂是人民代表开会的地方，中南海过去袁世凯、段祺瑞他们办过公，我们收拾一下就可以办公了，不一定要盖办公大楼，如果要盖办公大楼，府右街一片民房都要拆掉。”总理当机立断，把建造国务院办公大楼的计划撤销了。

请你谈谈习仲勋秘书长是如何领悟领导意图，又是如何阐发的。

4. 一个大型会议的晚会内容怎么定，方秘书先请示分管办会的黄副主任，定为“举办电影晚会”，黄副主任没有说要再往上请示，而方秘书自己认为再请示一把手贾主任也许会更好办事。在请示贾主任时又没有把已请示黄副主任所定的意见告诉贾主任，贾主任的批复为“观看戏剧演出”。这样一个晚会出现两种不同的安排，该怎么办？方秘书左右为难。几个办会秘书研究，最后决定按照贾的意见办，请黄谅解。

你认为方秘书做的对吗？为什么？

5. 有一天，党委书记把工会秘书小张叫到办公室，问道：“听办公室的同志说，就差你们工会的学习计划没有报上来。刚才打电话找你们的工会主席也找不到，上次常委扩大会议工会主席也没有出席，你们工会这样拖拖拉拉的作风要改一改。”小张心想，工会主席最近因为儿子出差，小孙子患病住院，没有参加上次会议，也没有及时报学习计划。小张在书记面前不便解释，只好回去向工会主席汇报：“党委书记批评我们工作拖拉，还说上次没有参加常委扩大会议，计划也没交。”工会主席听了以后心中十分不快：“我小孙子住院一个多星期了，我也向党委办公室老李同志请了假，怎么党委书记迄今还不知道？他太官僚了！”

秘书小张在传达时存在失误吗？你会怎么做？

6. 有一天，刘少奇要召开一个小范围的会议，把我叫去，将要开什么会，开会的时间、地点、内容和参加会议的人等都一一告诉了我。别的我都听清楚了，就是提到出席会议的人名时，因为当时有点紧张，同时对他的口音还不完全熟悉，所以没有听清楚。这时，他马上把眼前的笔和纸递给我，说：“请你把我刚才说的话写在纸上，让我看看。”我立即写了出来，他看后把“陈毅同志”改成了“陈云同志”（因为是讨论经济问题的会议)，笑了笑："错的不多，只错了一个字，不过这一个字很重要，一个字就换了一个人。"听完他的话，我的紧张感立刻消失了。从此，他交办什么事时，我尽量做记录，让他过目，漏了的补上，错了的纠正，既锻炼了辨别湖南口音的能力，提高了自己的笔记速度，也避免了出差错。

结合案例，谈谈你的认识。

任务二　反面教训

【任务目标】

经验固然需要重视，教训也是一种财富，通过阅读和思考秘书与领导相处的失败案例，提升自身与领导相处的能力。

【参考学时】

2 学时。

【任务内容】

案例 1　史上最牛的女秘书

2006 年 4 月 7 日晚，EMC 大中华区总裁陆纯初回办公室取东西，到门口才发现自己没带钥匙。此时他的私人秘书瑞贝卡已经下班，陆纯初试图联系未果。数小时后，陆纯初还是难抑怒火，于是在凌晨 1 时 13 分通过内部电子邮件给瑞贝卡发了一封措辞严厉且语气生硬的"谴责信"。陆纯初在发送这封邮件的时候，同时传给了公司几位高管。总裁的责备，瑞贝卡并不买账，以牙还牙回了一封咄咄逼人的电子邮件，邮件大意是：第一，我做这件事是完全正确的，我锁门是从安全角度上考虑的，如果丢了东西，我无法承担这个责任。第二，你有钥匙，你自己忘了带，还要说别人不对。造成这件事的主要原因都是你自己，不要把自己的错误转移到别人的身上。第三，你无权干涉和控制我的私人时间，我一天就 8 小时工作时间，请你记住中午和晚上下班的时间都是我的私人时间。第四，从到 EMC 的第一天到现在为止，我工作尽职尽责，也加过很多次班，我也没有任何怨言，但是如果你们要求我加班是为了工作以外的事情，我无法做到。第五，虽然咱们是上下级的关系，也请你注重一下你说话的语气，这是做人最基本的礼貌问题。第六，我要在这强调一下，我并没有猜想或者假定什么，因为我没有这个时间也没有这个必要。

本来，这封咄咄逼人的回信已经够令人吃惊了，但是瑞贝卡选择了更加过火的做法。她回信的对象选择了"EMC（北京）、EMC（成都）、EMC（广州）、EMC（上海）"。这样一来，EMC 中国公司的所有人都收到了这封邮件。

更夸张的是，近一周内，该邮件被数千外企白领接收和转发，几乎每个人都不止一次

收到过邮件，很多人还在邮件上留下诸如“真牛”“解气”“骂得好”之类的点评。其中流传最广的版本居然署名达1000多个，而这只是无数转发邮件中的一个而已。

最终，女秘书离开公司，陆纯初更换了秘书。然而，陆纯初也被迫离职。事件发生后，瑞贝卡成了外企中国员工的代言人，在网络上被称为“史上最牛的女秘书”，却把自己置于了“找不到工作”的境地。

【分析与拓展】

1. 导致这个事件的一个核心点是“秘书下班前是否应该与上司确认。”总裁认为这是理所当然的，不做就是想当然，而秘书认为不做才是理所当然的。对于这样的分歧，有人评论说是中西文化的冲突。岂不知这位总裁并非西方人士，乃是新加坡人，上的也是新加坡大学。而事实上，在那些所谓的东方国家或地区，如日本、韩国、中国台湾、中国香港、新加坡中的秘书（特别是在较好的企业工作的）更会认同这位总裁的观点，即作为专业的秘书，应该随时为上司着想，包括下班前与上司的确认。所以这位总裁有那样的想法确实可以理解。但另一方面，中国大陆的大部分秘书会认同事件中的那位秘书的观点。两种观点大相径庭，到底谁在想当然呢？到底是秘书应该与时俱进，还是总裁应该入乡随俗呢？

2. “秘书门事件”所引发的争议，一个焦点是秘书是否应当担负超出自身工作时间和工作任务之外的责任。瑞贝卡在邮件的第四条中说到“从到EMC的第一天到现在为止，我工作尽职尽责，也加过很多次班，我也没有任何怨言，但是如果你们要求我加班是为了工作以外的事情，我无法做到”。对此，你如何看待？

3. “秘书门事件”中的另一个焦点是，由于秘书在收到上司的“谴责信”后，针锋相对地回了一封咄咄逼人的电子邮件，终于将矛盾激化到不可收拾的地步，为此也有人将“秘书门”称为“邮件门”。请你谈谈认识。

4. 还有一个值得注意的问题是，秘书收到上司的“谴责信”后，不但回复了一封咄咄逼人的电子邮件，而且对象还选择了“EMC（北京）、EMC（成都）、EMC（广州）、EMC（上海）”。这样一来，EMC中国公司的所有人都收到了这封邮件。对于这件事来说，首先是上司不顾秘书的尊严，因为这样，秘书就可以做出令上司没尊严的事吗？如果是你的话，你会怎么做？

5. 有人说，史上最牛女秘书事件凸显了秘书人员“向上管理”的失败你如何看待？你认为秘书应该如何进行“向上管理”？

案例2　女秘书：让老板欢喜让老板忧

老板忍痛割爱，因“家庭风波”炒了女秘书

24岁的李小姐是位漂亮能干的杭州姑娘，大学本科毕业后在一家国营企业找到了工作。干了一年后，因不能忍受国营企业的低收入和论资排辈，跳槽到一家中外合资企业当上了推销员。由于按销售额提成，这位颇有心计的姑娘，每月能挣到5000余元，相当于

原工资的两倍。但她并没有满足，总在不断地寻找着机会。一次，厂里要招聘秘书，她毛遂自荐，向老板介绍了自己成功的推销术，张老板很赏识她的才华，就把她调到自己身边当了一名秘书。

李小姐得到了老板的重用，更是充分地施展自己各方面的才华。有一次，美国一家公司来华洽谈业务，同时有三家企业都想争得携手合作的机会。张老板焦急万分，想着各种方案。李小姐却不动声色，盘算着较量的每步棋。她频频进攻，利用一切机会和美商老板周旋。洽谈中，她又说得一口流利的英语，举手投足间风姿绰约。经过5天的竞争洽谈，李小姐的出色公关，使美商欣然和张老板签了约。

张老板十分器重人才，看到李小姐各方面的才能使企业如鱼得水，每每上酒店、歌舞厅、夜总会，都带着李小姐去“风光”，她为他增添了无限光彩。

然而，好景不长，一次偶然的机会，张老板喝醉了酒，抱住李小姐，李小姐把张老板扶上车，正好被张老板夫人撞见。回到家中，夫人不问青红皂白就要张老板辞退李小姐，张老板拼命解释，但夫人就是不依。夫人先是在家里闹，后又去公司里闹，直闹得天昏地暗、鸡犬不宁。

张老板是个十分重夫妻感情的人，一家子过得很和睦，为了不使十几年的家庭破裂，他不得不将李小姐炒了“鱿鱼”。

秘书既不是花瓶也不是情人

琼小姐是一家中美合资公司的秘书，与姣美的李小姐相比，她的相貌平平，矮矮胖胖的身材，方方黑黑的脸庞，用她老板的话说，即“看到她，我绝对不会产生任何多余的想法”。但是琼小姐为人稳重，办事干脆利落，能写一手漂亮的书法，英语口语和文字翻译游刃有余，各项日常事务处理得井井有条，因而深受王老板的器重。

其实，王老板以前也用过3位漂亮的女秘书，但每当各项业务刚有起色时，这些女秘书就对王老板有了工作之外的要求，要么看中老板手中的钱，要么是权，要么是别的什么。令王老板不可思议的是，这些女秘书怎么那么容易爱上一个可以做她们父亲的老板呢？最后，她不顾这3位漂亮的女秘书提出的各种“理由”，辞退了她们。有了几次教训，王老板才聘请了这位相貌平常的琼小姐。王老板由衷地说：“我要的是一位真正的秘书，而不是花瓶，更不是情人。同时，我也真心真意地希望她们好好干，在工作上互相支持。但像这样稳重且业务熟练的女秘书，又到哪里去找呢?”

跳来跳去的女秘书，路该怎么走

认识娟的人都说她是一位美丽大方的姑娘，高挑的身材，典型北方姑娘的脸庞，气质和风度很迷人。娟毕业于某省重点大学中文系，能说、能写、能唱、能跳，在大学里，就是因才华出众而冠压群芳。可是毕业后，她到一家工厂做宣传工作，她为此痛苦过，恨自己的专长不能得到淋漓尽致的发挥。她一门心思地寻找着适合自己的一方天地，等待时机去开发自己的潜力。

一次偶然的机会，她出差到广州，发现自己所在的内地太落伍了，现代大都市快节奏的生活方式让她陶醉了。经过慎重考虑，她辞去了原来的那份工作，直奔广州，拿着一份

份招聘简历到处去碰运气。由于在一次面试中有出色表现，她被招聘到一家中外合资公司当上了林老板的秘书。林老板是位年轻有为的青年，英俊潇洒，浑身洋溢着一种阳刚之气。娟小姐在林老板手下当秘书，开始有些胆怯，但经过一段时期的了解，她发现林老板既有事业上的进取精神，又有细腻的爱心。每次外出考察或参加订货会，林老板总是给她带回礼物。每天早晨、黄昏，林老板总是拉上她出去散步谈心。渐渐地，娟小姐觉得自己挺愿意和他在一起。与老板一起工作时，她总会情不自禁地脉脉含情地望着他，盼望他那意味深长的目光。有一天，娟发现自己已经爱上了他。

日子久了，林老板与娟的关系再也无法隐瞒了，林老板不得不与妻子离婚。最后，林老板总算娶了她为妻。婚后，林老板不让她再去当秘书，而她总觉得有一种失落感。

唯“钱”是图干秘书，敢与老板较真格

年仅19岁的玉小姐，青春靓丽的姿色招得众男士心旌荡漾。而从香港来的钱老板是圈内最宠她的一个，她似乎不忌讳这些，只要钱老板的香港老婆不知道，别人知道又有什么关系呢？在钱老板看来这是男士的“福气”和“本事”，就像会做生意、会赚钱一样值得骄傲和炫耀。玉小姐正是抓住钱老板的这种心态，对他温柔缠绵、体贴入微。

时间一长，钱老板有些招架不住了，因为玉小姐总是变着法子不断地索取更多的钱财。在一次商务洽谈会上，钱老板怕与对方洽谈失败，示意玉小姐出面公关，但玉小姐总是伸手要钱。为了照顾生意场上的顾客，钱老板只好忍气吞声，暂时围着她的指挥棒转。事后，钱老板忍无可忍，只好“炒”掉了她。“这种‘商业’味极浓的秘书真是难对付，她哪里是在干秘书，而是跟你周旋和较量。”钱老板语气沉重地说。

【分析与拓展】

1. 如果你是李小姐的朋友，你会建议她怎么处理与老板及老板娘的关系？

2. 琼小姐的经历告诉了我们什么？

3. 娟的经历给我们什么启示？

4. 你如何评价玉小姐的做法？

5. 我和公司经理在同一办公室办公。经理是个年轻的男性，人长的帅，有风度，又很关心体贴人。一句话很会做人，又很令人尊敬。同他在一起工作我很高兴。由于我努力工作，成绩突出，常受到经理的表扬，他不时地送些小礼物给我。说着，她从书包中拿出一个小化妆盒，这就是他送给我的。送这样的礼物对于我这个刚刚步入社会的女孩子来说，想的就多了。总认为其中有喜欢我的意思，我不敢说他喜欢我，因为他有女朋友，而且公司上上下下都知道，我岂敢有非分之想。但是，由于工作关系，我们接触频繁，他对我工作能力很赏识，时常夸奖我。为此，有时他竟把女朋友放在一边，这样做的结果给我带来了更多的苦恼，我不知道该怎样对待他。是近还是疏？我很顾面子，又很在乎别人的评价，但我心里摆脱不了他的影子。有一天，他对我说：“你干得不错，可以到更大的公司干，这样才能更好发挥你的才干，我们俩不能在一起工作。我再三想过你还是辞职为好，我可以帮助你找公司，你会很有出息的。”接着他又说：“如果你不愿意离开，我可以离开!”“为什么?”我问。“我不想同你说的很多，因为你还小……”

评析该案例。

6. 某学院2004届文秘专业毕业生小徐和小周一同去一家房地产公司应聘经理助理一职，经过初试、面试几轮遴选，最终长相甜美但能力平平的小徐被录用，而拥有丰富社会实践经历和多个专业技能证书的优秀毕业生小周被拒之门外。事后，该公司负责招聘工作的人力资源主管坦言，小周失利的主要原因是形象不如小徐。他说，作为经理助理会经常代表公司参加各种社交活动，甜美、靓丽的形象往往能为公司赢得好的社会印象；至于业务能力，那是可以在今后的工作中逐步培养和提高的。他笑言，倘若小周既有出色的能力又有令人赏心悦目的美貌，我们肯定会选择她，但事实上才貌双全者并不多。

结合案例，你如何看待这种现象?

7. 综合四位秘书的经历，结合所学内容，你认为女秘书应该怎样处理与老板的关系?

模块四 成长成熟

机会总是垂青有准备的人，如何能够在激烈的人才竞争中脱颖而出，如何能够在残酷的市场规则中站稳脚跟，如何能够从一个职场新人成长为领导倚重之人，本模块会给你一些有意义的启发。

任务一 初入职场

【任务目标】

阅读案例，了解秘书应聘技巧、入职注意事项。

【参考学时】

4 学时。

【任务内容】

案例 1 秘书应聘技能

××师姐：

你好！

很冒昧地打扰你，我是你××届的师妹。听老师说你曾经是一个优秀的学生，现在是一个优秀的职业人，在不到 3 年的时间里就晋升为一所大型公司的人力资源部经理，作为师妹，我衷心地向你表示祝贺。

现在我也面临着毕业找工作的问题，你能否在繁忙的工作中抽出一点时间告诉我，我们在应聘秘书职位的时候应该注意什么问题？麻烦你了，非常感谢！

你的师妹：××

××年×月××日

××师妹：

你好！

很高兴能与你交流一点工作的心得体会，我曾经经历过找工作的日子，也接触过很多求职者，因此对于你的问题，我还是有一些自己的看法的。

一、抓住信息，知己知彼

秘书要正视市场的挑战，在竞争中得到业界的承认和肯定，首先必须获取信息，知己知彼。

1. 正确地估价自我。选择适合的工作单位和职位，个人必须科学全面地估价自己的知识、素养和实际能力，对哪方面的秘书工作具有浓厚的兴趣，对工作环境的适应性如何，是否特别擅长文字、事务、交际等，并清醒地了解自己的缺点和弱点。经过反复权衡，分析比较，求职者就可以知道适合于哪种类型的工作和单位，并为应聘成功做好必要的准备。

2. 了解求职的渠道和就业的信息。目前我国的劳动力市场，人才供需的渠道都处在起步阶段。现今主要的就业信息来源是政府的人事管理和人才交流部门、专业学校的就业咨询处、社会的职业介绍所和各种新闻媒介传播的招聘广告，还有一种职业介绍中间人或经纪人的行业也正在悄然兴起，甚至还有企业散发的员工求聘单以及亲朋好友的引荐介绍，其中职业介绍所、广告和亲友引荐也是最为方便的信息渠道。

求职者一旦发现工作机遇，应立即用电话或书信联系，报知姓名地址、简历和有关材料，以便给对方一个良好的印象。有的单位或职业介绍人在与应聘者接触之前要进行必要的人事调查。应聘者须认真填写对方发送的调查表，并附上简历和其他相关材料。这些材料要复印两至三份，两份送职业介绍所，一份转递给用人单位。必须明确对此职位自己绝非是唯一的应聘者，因此在充分显示自我才能时，要实事求是，不可盲目抬高自己以求聘用或挑三拣四强人所难，白白丧失求职的机会。

二、塑造形象，推荐自己

求职，实际是自我推销。求职者与用人单位主管人员的直接接触是推销的初始阶段，良好的自我形象会给用人单位留下极好的第一印象。

1. 礼节性的电话应聘。从容简洁地处理电话是秘书人员的一项基本功，招聘者会把电话交谈作为颇有价值的考察。

应聘者以电话的形式与用人单位取得联系时，要从容亲切、充满自信。如电话是应聘者主动打去询问的，请注意，电话接通后，应热情地向对方问好。镇定中肯地向对方陈述打电话的用意。回答对方的问题尽可能地做到简洁、完整、坦率。有疑则问，提问要礼貌。拒绝要委婉，解释要谦恭。如对方正忙，务必另约时间或请其方便时回话，不可一意硬缠。初次通话不必提出工资、住房等福利待遇要求。挂断前待对方无其他问题时再道“再见”。

如电话是对方收到你的求职信和询职电话后打来的，请注意，在问好前先自报姓名。礼貌、有序、完整地回答所有问题。自我介绍应谦虚简洁。询问会面的具体时间和场所并判断对方的态度。待对方说“再见”后再挂断。

2. 应聘信的写作与发送。一封内容精炼、言诚辞恳的应聘信，可以为求职者带来一定的成功概率。应聘信写作的基本要求首先是简洁中肯。应聘者众多，对方不可能细读冗

长的信函。其次是文字清晰，书写工整规范，格式合理美观。再次是要求合理。招聘是双向选择的自愿行为，佣主常会要求应聘者提出自己的希望与要求，但应聘者应注意把握分寸。一般不宜在初次交往中就咄咄逼人地提出过多条件，即使涉及，也应以中庸为要，过多易让人生厌，过低易被人看扁，过高则不易为对方接受。不必面面俱到，对深层次问题不宜一次说透，应恰到好处，必要时应在对方提供出联系方式、地点和时间后酌情面谈。再来应聘信的基调要坦诚平稳，语气要不卑不亢，切忌过于热烈或冷淡。在语法文字方面尤要细心推敲，标点符号亦更不应出错。再次是封发周详。应聘者的签名要工整规范，年、月、日也要写得符合要求，并要附上自己的联系地址和电话号码、邮政编码。最后，如附照片则要用平光脱帽正面半身照，万勿随意寄一张生活照应付。这样不仅会给招聘单位的工作带来方便，也会给对方一种朴实认真、周全严谨的良好印象。总之，应聘书的写作要能使对方 目了然地认识应聘者的优长。

3. 简历的格式与要求。简历一般包括姓名、身份、籍贯、住址、政治面貌。个人履历，用分列式按时间段将所任职务和奖惩情况一一列出，并尽可能简明地述明在某一职位所取得的主要成就与业绩。国内一般习惯于按时间顺序排列，合资或外资企业则习惯于从现在向过去追溯的方式列出。学历，按序列出学校名称、期限、专业及参加其他形式的培训状况。特长，对个人的特殊技能，成果形式（论著、发明等）及社会评价，必要时可附上有关的复印件。

写作简历时注意不要把过多的解释性材料及对工资、待遇、住房的要求或与原单位领导的意见分歧、个人怨恨、目前的窘状等写进去，有些可在见面时相机提出，有些根本不必要谈及，否则会帮倒忙的。简历寄发时还应注明“求职秘书”的标记，以免在聘员过多的单位造成差错。

应提醒应聘者注意，一些单位为考察求职者的概括与表达能力，常限定时间，限定字数让求职者撰写简历。对此，应早做练习，做到胸有成竹。

4. 申请表格与考试。目前许多单位聘用秘书时都须填写一张报名申请表，应聘者应按表格内栏目要求认真填写，要与简历等材料一致；与己无关的项目也要签上“无”或“N/A（即 not applicable)。”有的表格上还有“应聘者期望与要求”一类的栏目，只需写个大致的范围，不要界定得太死。

时下招聘秘书人才一般都要经过考试。考试分笔试、模拟和口试（面试）三种形式。笔试一般采取闭卷，常考科目多为政治、语文和文秘业务，涉外单位还要测试外语水平。模拟考试则偏重专业技能的考察，常用的方法是临场写作、实际操作和事务处理。口试也叫面谈，分主管人面试和考评小组集体提问两种，亦可抽题作答，也可临场提问，主要考察体态仪表、口语表达、心理气质、思维应变和听知对答等方面的能力。

三、文明礼貌，从容面谈

部门、企业聘用秘书，最后还须由部门或公司主要领导人约应聘者面谈，应注意以下事项。

1. 礼节礼仪。合宜的着装和文明的礼节礼仪是秘书心灵的“窗户”，应聘者对此应予以足够重视。事先可对该公司职员的着装作些调查，选择色调、款式与其大致接近的衣着，使约见者能够产生“同化”的感觉。同时还应注意，准时赴约，争取守时有信的初步印象。应聘者衣冠整洁地走进办公室，应主动向接待者“问好”，说明来意，谦恭而不卑屈地作出自我介绍，待对方让座之后再在合适的位置坐下。行包勿过多，更不要把服装、提包抱在怀里与人谈话。体态端雅大方。交谈时应尽量轻松自如地应对，切忌东张西望、乱翻乱动，更不要流露趾高气扬或畏缩沮丧的情态。克制怪癖，不要吸烟。应聘者最好不要主动敬烟或吸烟咳痰。更不要抠鼻孔、揉眼睛、掏耳朵、挠痒等。约见结束，适时告辞，礼貌“再见”。若约见人对录用与否不作表态，切勿纠缠对方表态。

2. 谈话的基本要领。谈话是双方沟通、相互了解的桥梁，同时也是显露智慧与才华的契机。应注意的事项主要有以下几项。第一，谈前调查。任何企业主管都不希望别人对自己的企业一无所知，因此，应聘者谈前必须对用人单位的基本情况以及主谈人的特点等做些调查，以便在面谈时把握分寸、有的放矢，表现出对该单位的浓厚兴趣。第二，清醒地认识自我，准确地估价对方，对面谈中可能出现的问题要设计多种应对方案，也要反复斟酌自己所提出的看法与建议，尤其当对方临场征询意见看法时，能熟练地组织材料，对一切问题作出得体、自信、满意的回答。第三，避免语病。求职者面谈时由于心理紧张，常会出现颠三倒四、前言不搭后语、多次重复和滥用语气词等语病，谈话中夹杂“知道吧”“懂吧”等习惯语，容易使对方产生错觉。切不可动辄驳斥或否定对方的意见，令人产生不快。第四，正视难题。约见人常会提出一些节外生枝的问题，考察应聘者的应变能力，有时故意设置障碍，令应聘者困惑和难堪，用以考察应聘者的涵养和克制力，如遇此种情况，就应坦率地说明情况，机敏地作出回答，千万不可牵强附会，不懂装懂。第五，面谈时提问人可能问及应聘者的弱点和不足，也可能因用人单位工作需要对某项技艺和能力作特别的考察，应聘者应实事求是地承认不足并说明自己改进的可能性，如一味护短或装腔作势则很可能导致求职的失败。

你的师姐：××

××年×月××日

【分析与拓展】

1. 概括作者给出的求职技巧。

2. 如果你去应聘，招聘人员说：“你已经回答了我们提出的问题，评委觉得不怎么样，对此，你怎么看？”你将做何回答？

3. 过五关斩六将，你非常幸运地进入了公务员招聘的面试关，但不幸的是，在去面试的公车上，你的西服纽扣被挤掉了。时间紧急，换衣服或者缝纽扣都来不及了，没办法，你只好硬着头皮进了面试场地，一进场地，面试官就问了你这样一个问题：“作为国家的公务员应该注意个人的形象，但我看到你的西服纽扣好像少了一颗，对此，你如何解释呢？”请你回答。

4. 据说，冯玉祥有一次招聘秘书，由他亲自面试和口试。虽然应试者不少，但他却没有发现一个中意的。应试者也一个个灰心丧气，问他们考了些什么，都只是摇头叹息，默默无语。不知考题有多难，有的应试者尚未考试便知难而退了。

后来轮到一位研究生应试。冯玉祥当时的办公室在楼上。这位研究生带着自己的论文和各种证件，仔细思考着冯将军可能提出的问题和这些问题的答案，一步一步登上楼梯。当他忧心忡忡地走进冯玉祥的办公室，还未来得及将论文和证件交给冯玉洋的时候，就听到发问："你刚才走过的楼梯有多少级?"这位研究生一时竟张口结舌，不知所答。眼看自己的准备就要付之东流，而使自己落选的又是这样一道令人啼笑皆非的简单"试题"时，心里实在气愤不过，一时情急智生，便也随之反问道："那也请你说说，你天天都可能要写的冯玉祥三个字又是多少画?"问得冯玉祥一时也哑口无言。由于这位研究生有勇气，又有临机应变的能力，冯玉祥十分满意地录用了他。

请你谈谈感受。

5. 3～5人组成招聘小组，以本校（本系）招聘办公室秘书为名，设置5～10个题目，在班内进行随机点名招聘，即招聘小组位于讲台下面，被招聘小组点到名字的同学位于讲台上面向招聘小组进行答辩，招聘小组负责对应聘者的表现进行评价，应聘者和教师则对招聘小组的提问进行点评。

6. 撰写自己的求职信。

案例2　秘书入职五例

利用时间

某办公室同时来了两个新人——张三、李四。两人年龄、学历一样，出身、经历也差不多。两人关系不错，每天一起上班，中午一起到食堂吃饭，下班时一起走，离家不远时才分开，各自回家。一年过去了，两人都熟悉了工作，看不出谁高谁低。两年过去了，李四开始露头——科长总爱找李四商量事情，交代李四办事起草文件。

三年过去了，李四成了科里的骨干，科长不在时，常常委托李四主持工作。张三不大服气，说大家都一样上班，为什么科长重用李四，分明是科长偏心。话传到了科长耳朵里，科长把张三叫到办公室说，张三，你说的不错，大家是一样上班，可下班后就不一样了。据我所知，你下班后基本上是玩，唱歌跳舞会朋友。而李四下班后除了帮助父母做家务，就是埋头读书学习，钻研科里的业务，撰写研究文章，起草科里的文件。你们俩一个玩，一个学，一年看不出，两年就看出来了，三年就泾渭分明了。你自己想想是不是这样？科长又举了几个办事、撰文两个人拉开了距离的例子，说得张三心服口服。

张三和李四在这两三年中形成的差异，影响了他们的终生。

主动工作

小文是个秘书，她的老板是一家外贸公司的营业总监。刚进公司的时候，她对如何做好一个营业总监的秘书一片茫然。但她是个聪明人，从进公司的第一天起，就没有把自己定位在一个普通小秘书上，她的假想职位是仅次于总监的总监助理。她一边学习事务性工作，一边注意着总监助理的一举一动，暗暗努力要把助理的那套本事学到手。

一般的秘书，面对老板时毕恭毕敬、端茶倒水，一丝不苟，老板一出去开会，就放松下来，偷偷做些自己的私事。而小文一空下来，马上就回想最近几天老板交代的事情，自己有哪几件办得还不够好；自己还有哪些方面的不足，需要继续充电，然后利用空闲，与其他秘书交换信息，还打听打听哪里开了新饭店，哪家五星级酒店请了新的法国厨师来献技，这些情报在老板应酬客户的时候都是关键。老板宴请是否得法，常常关系到经营上的战略部署。当然，小文还在各行各业建立了一些自己的关系，以备不时之需。

有一天快下班的时候，老板突然把助理叫到跟前说："今晚有朋友来，我请他们到酒店吃饭，你把这事去办好。"但老天故意捉弄人，偏偏这一天酒店爆满，订不到位子，急得助理不知如何是好，只有向老板如实相告。

小文在一旁得知后说："让我来试试。"结果，靠着一点小小神通办妥了一切，并得到老板的赞许。这点功夫若不是平时积累，燃眉之际是拿不出来的。

小文跟老板去见合作伙伴，这天老板要和这位伙伴签一个重要的合同，小文跟着老板下车的时候，天空飘起了小雨，她故意放慢脚步，悄悄问司机车上有没有伞，司机说没有，于是小文摸出100元对司机说：请你帮忙立刻到附近买一把名牌伞来，尺寸要大些。等老板签完合约从楼里出来的时候，大雨滂沱，小文紧走几步，拿出早已准备好的伞递给老板，老板风度极好地为合作伙伴打起伞，送对方上车。一切漂亮圆满，毫不拖泥带水。终于有一天，老板把小文叫到面前，对她说：从下周起，提升你为我的助理，同时担任秘书工作，你一人身兼两职没问题吧！

从细节入手

会议室里，老板正在指点江山，激昂文字。门外，一个身影在察言观色。虽然没有身处会议室，但他会判断什么时候老板的水喝完了，什么时候该进去倒水，既不会打断老板说话的激情又显得恰到好处。这个身影，就是卫哲，那时他才20岁出头，是"中国证券之父"管金生的秘书。

大学学的是外事管理专业，也曾有过做外交家的梦想，不过第一份职业是做"小秘"，倒也没有心理不平衡，因为在管金生手下学了不少东西。管金生求才若渴，善于沙里淘金；万国证券富有朝气，这些都是客观因素。而主观因素是卫哲也敢于善于表现自己。做小小的实习生，怎么能让大老板认识到你?

且听卫哲细细道来。老板要看那么多剪报，老板哪几篇是看过的，你就要往这个方向引导，到后来就是他不看我的剪报中午就吃不下饭。中午他和我们一样吃盒饭，会问，小卫，剪报呢？问到这个，我就知道善于表现自己有成效了，他要见见这个作者。

做个秘书，卫哲也要给老板端茶送水，他说这都有技巧。什么时候去倒，估摸着老板一杯水喝了多少时间，讲话讲得多就得倒得勤一点；你在会场外边，什么时候去倒，又不能打断老板讲话的激情；什么时候光倒水不加茶叶，什么时候该带着茶叶进去；老板还抽烟，什么时候打火机里的油没了该换个打火机，这都得把握。

很琐碎的事情，说起来很不起眼，不过卫哲能够把这些事情做得很不一样，在乎的是

细节。因为当你是个小人物的时候，能做的只有细节。当这些细节都做好的时候，老板知道，让卫哲再做复印倒水剪报等工作，那是屈才了。于是，23 岁的卫哲，成为了上海万国证券公司资产管理总部的副总经理。28 岁成为大型证券公司投资银行部总经理，31 岁成为全球 500 强公司中国区总裁——这就是年轻有为的卫哲。

彼此信任

刚来公司的时候，珍珍只会打字、接电话，英语水平一般，对公司业务也一窍不通。而现在，除了一般的秘书工作外，珍珍兼做公司的翻译、出纳，对公司的业务很熟悉，是老板名副其实的助手。

珍珍能有今天，得益于进了这家小公司。听说，不少大公司分工很细，秘书只能接接电话、打打字。珍珍这儿不同，只要肯干，总有机会做你没做过的事。

珍珍是个闲不住的人，刚来就把许多人不愿做的事揽了下来，什么擦桌子、扫地，端茶、倒水，从没有觉得这些是分外的事，反正有事干就高兴。珍珍不聪明，但很勤奋。比如接电话，不是简单地作记录，而是把对方的意图领会清楚，如果是替老板“传话”，也希望不断搞清楚他的工作思路。时间一长，珍珍对公司的情况越来越了解，工作越来越顺手了。

珍珍说，秘书和老板之间，如果彼此信任，工作中即使出现矛盾也容易解决，反过来则有可能“无事生非”。比如，某天老板心情不好，他带着秘书和对手谈判，谈判中，秘书发现他用词有误，好意提醒他，老板却不领情，大发雷霆，认为当众伤了他的面子。再比如，秘书为老板约定了到某公司会谈的时间，但因对方没有安排好，让自己的老板空跑了一趟，老板当然很生气，通常会认为是自己的秘书工作没做好。

要避免这些麻烦，方法只有一个，让老板信任你。平时，秘书要兢兢业业地工作，不管老板在与不在，都一样认真地工作；要让老板了解到，他交办的事，你会不打折扣地完成，这其实表明了你对老板工作能力的信任。老板对秘书信任了，遇事就不会马上怪罪下来，而会多了解了解原因。珍珍很幸运，能与老板彼此信任，工作合作得很愉快。

办事灵活

小晴的老板是个思维很活跃的人，对新事物接受快。他喜欢科技开发，对电脑和互联网的发展跟得很紧，他的许多活儿都在电脑上完成，日程表都在电脑里。秘书不用为他打字，但电脑操作水平得不断提高才能赶上他。他不在，小晴得替他上机操作，上互联网。小晴很感激他，因为自己的计算机水平提高得很快。

老板日常也很“善变”，作为秘书，小晴学会比他更善变，因而和他相处得很愉快。以前他让小晴发传真，前 5 分钟刚交给小晴，后 5 分钟就要修改内容，而小晴已手脚麻利地发了。后来，小晴告诉自己：多等他一会儿。矛盾就这样解决了。

小晴最得意的是去年为他安排的休假旅行。老板先是要到孟加拉，小晴预订了机票。没过几天，老板听说孟加拉局势不稳，又决定去澳大利亚。直觉告诉小晴，他还有可能“变回来”，就没取消孟加拉的预订机票。

果然，过了两天他兴高采烈地说，去孟加拉没问题了，请小晴快去订票。

当时如果重新订已经来不及了，幸好小晴早有准备。

【分析与拓展】

1. 谈谈五则小案例给你的启示。

2. 有的秘书工作干了两年还是一个新手，有的秘书工作只干了半年就成为了熟手，你能解释其中的原因吗？当下我们应该做些什么？

3. 秘书需要做的小事很多，文中讲到了哪几件？秘书只能做小事吗？为什么？

4. 有人把“学习、团结、吃苦”看做是新秘书入门的三把钥匙，你认为呢？

5. 你认为如何从小秘书做到大老板，你认为最重要的是什么？

6. 收集一些关于美化办公室的知识，相互交流。美化一下我们的教室，可以实际操作，也可以图画示之，亦可以方案呈现。

案例3　一位成功秘书的时间管理艺术

我已经在秘书岗位上工作4年了，刚参加工作的时候，我感觉自己总是很忙很累，自己疲惫不说，工作却做得很不理想，后来我发现自己在时间管理上出了问题。

1. 工作目标不明确

除了一些日常工作，我还有很多临时性的事务要处理，我感觉，就好比无头苍蝇，整天忙得团团转，还不知道自己在干些什么，到头来一些重要的工作或是应该在某个时段完成的工作没有完成，影响了下一步工作的开展。

2. 工作计划性不强

整天忙于应付，工作起来手忙脚乱，经常被日常工作搞得晕头转向，工作效率大打折扣，自己觉得很忙很累，但收效甚微。

3. 工作任务的延期

工作任务繁重，总觉得没有干完的那一天，于是，我的干劲消退了，做事开始拖拖拉拉，把应该马上做的事情一贯地往后拖，结果每天又会有新的工作任务，新旧任务交织在一起，结果导致工作杂乱无章，丢三落四。

后来，我发现这样下去不行，整个人就荒废了，没有成就感的工作实在太痛苦了。于是我设法改变自己，我发现我的根本问题出在不善于管理自己的时间，原来时间管理也是一门艺术，也是需要学习的，之前我忽略了。于是我重整旗鼓，采取了以下措施。

一、告诉自己管理时间就是管理生命

人生最宝贵的资源就是时间，管理时间，就是管理自己的生命。在时间管理上我区分了战略和战术两个层次。我先做好战略管理，包括时间要实现的整体目标与价值，经常作方向性的调整，用战略来指导战术管理。这里涉及长远和近期两个尺度，近期时间安排总是服务于长远规划。时间的利用要使工作价值最大化，要通过管理使时间富裕化。要敢于打破常规，以创新方式利用时间。比如，利用走路时思考，带问题入睡，启动潜意识创新，让空闲时间成为宁静的享受。

二、减少不必要的时间浪费

改变自己无意义的思考及行动的习惯。我曾经尝试了思考心理学者狄伯诺提出的“五分钟思考法”：最初一分钟——决定目标及课题，次两分钟——思考的扩张及探求，最后两分钟——整理思绪，定出结论。通过严格地限制时间，使精神集中，更有助于解决问题。

三、掌握时间的有序性

所谓有序性就是先做什么后做什么，要有条理，不能穷于应付。这种有序性体现在时间的计划安排之中。工作时间的顺序确定一般说来要注重将来而不是注重过去，要着重于机会而非着重于困难，要选择认定的方向而不轻易地受环境影响，要以创造性为先，而不仅仅追求稳当和易办。

四、采用目标——计划管理法

目标是秘书时间运用的基础，工作目标不明确就会迷失方向。秘书要有较强的把握工作目标的能力，并能事先做好周密的工作计划，事先做好周密的计划是节省时间最好的办法。如果在工作开始前多花 10 分钟思考，可能会为下一步工作的开展节省几个小时的时间。如每年年末制订下一年度工作计划，每季季末制订下季度工作计划，每月月末制订下月工作计划，每周周末制订下周工作计划。同时要养成记录自己实际耗用时间的习惯，一般是当时作出记录，不得已的情况下可事后回忆补记，尽量做到事前控制；或准备一个待办事项清单、时间记录本或效率手册，以备分析检查或查阅待办事项。在记事本上标注当天或预定工作计划，以备遗忘；也可在电脑系统或电子记事本设置发声装置以便及时提醒。

五、将工作内容交错安排

为了高效地利用时间，切实提高工作效率，我还把一天的工作内容交错安排，以提高效率。这是因为长时间持续同一个活动内容，大脑细胞长时间接受一种信息刺激，会导致工作效率降低。如果穿插进行其他内容的活动，在人体原有的兴奋区产生抑制点时，其他部位出现新的兴奋区，就会提高工作效率。

六、注意细节

1. 提高说话效率。言简意赅的表达不但节约自己的时间，更能够节约他人的时间。任何场合的啰唆、离题和无休止的争执都是大忌。

2. 下班前 5 分钟，整理好你的办公桌，清清爽爽地回家。办公桌、电脑都很容易成为堆积过量资料的地方，每天只要用下班前 5 分钟时间进行简单整理，往往能取得事半功倍的效果，至少能为第二天工作的开展做好准备，便于在第一时间里，搜寻到自己随时所需的物品，省却在关键时刻带来的麻烦，提高工作效率和工作质量。

3. 为处理突发事务预留时间。如果将所有的时间都排得满满的，那么一旦出现意外或临时性的工作，整个原定计划就会被打乱，从而使整个工作都不能顺利进行。所以，在时间管理的过程中，还需为处理意外的不确定性事件预留时间。

【分析与拓展】

1. 总结作者给你的时间管理的建议。

2. 你知道帕雷托法则和时间管理四象限法吗？

3. 请谈谈下面案例中小张利用时间的艺术。

解放军某部警卫战士小张，有业余写作的兴趣和爱好，可因站岗执勤的任务重，两年来不曾动笔写作。后来他改变了一味等整块时间的想法，平时只要有10分钟、20分钟的空闲时间，就坐下来写条新闻或杂感之类的东西。出乎意料，在两个月时间里，他竟写出不少的稿子。后来，他还用积少成多的方法，创作了中篇小说。

4. 你曾有意识的管理过自己的时间吗？你还有哪些时间管理的方法？你在时间利用上还存在什么问题？

5. “没有成就感的工作实在太痛苦了”，你认同吗？

案例4　秘书职业生涯规划

秘书小文刚参加工作一年，通过自己的努力逐渐适应了老板的要求，随之而来的却是工作激情的减退，工作进入了被动状态，她很迷茫，也很痛苦。办公室主任李力看出了小文的问题，一日，下班后，李力将小文留下来，跟她谈了自己的看法，小文说：“是啊，我总觉得工作内容千篇一律，干起来没有以前那么有激情了。主任，你说这是为什么啊？”李力说：“这样的问题，我也遇到过，关键的问题是你看不到未来，你抓紧时间制订一个职业规划就好了。”

小文：“职业规划？怎么做啊？”

李力：“一般认为，秘书职业规划应有以下几个步骤。

“第一，确定志向。确立志向是制定秘书职业生涯的关键。志向是事业成功的基本前提，没有志向，事业的成功就无从谈起。立志是人生的起跑点，反映着一个人的理想、情怀、情趣和价值观，影响着一个人的奋斗目标以及成就的大小。

“第二，自我评估。包括分析自己的兴趣、特长、性格、学识、技能、智商、情商、思维方式、道德水准等，考虑分析自己是否合适做秘书这项工作。

“第三，环境评估。评估各种环境因素对自己职业生涯的影响。自己适合哪种环境，一个人离开适合自己的环境，不仅生存困难，而且根本没有发展前途。所以要分析环境特点、自己与所处环境的关系、以及环境对自己发展的有利条件和不利条件，这样做的好处是，既可以使自己在复杂的环境中趋利避害，还可以促使自己对环境进行选择和思考。

“第四，设定目标。目标是自己给自己制作的指路明灯，一个人的成功与否很大程度

上在于有无合适自己的前进目标，制订前进目标是以自己的最佳才能、最优性格、最大兴趣、最有利环境等信息为依据的，也就是在自己特点的最大化的基础上制定的。一般来说目标分为终身、长期（5～10 年）、中期（3～5 年）、短期（1～2 年）目标，短期目标还有年目标、月目标、周目标、日目标等。

“第五，制订计划。长期目标一旦确定，需要足够的理智和准确度，把长期目标分解成一个个短期的具体的目标。首先，短期目标必须遵循篮球架原理，现实、可行。其次，目标确定以后，最重要的是落实目标的具体措施，否则一切都是空中楼阁，成功更是一句空话。具体措施包括采取什么措施提高工作效率？计划学习哪些知识，掌握哪些技能来提高业务能力？采取什么措施开发自己的潜能？走什么路线最能发挥自己的特长？也就是，每个目标应定输出目标和能力目标。所谓输出目标是为达到长远目标而设定的具体实施目标，能力目标是为达到输出目标所需要的相应的能力。

“第六，重审修订。影响职业生涯的因素很多，并且很多是不可预测不可控的，所以在计划实施过程中要考虑到这些因素，不断地重新审视和修订。事实上，所有的计划设计都不是一成不变的，动态性是计划设计的一大特点。比如，环境的变化——组织环境（领导换人、董事会解散）、政治环境（大的政治变故）、社会环境（国家政策调整、改革）、经济环境（企业蒙受损失）、自然环境（台风、水灾、火灾）、突然的事故（大病、车祸）等，都可能会使你对原来的规划作出修订。但是不管有没有情况发生，任何计划制订出来都是需要不断地重审和修订的，以适应新的环境和新的条件。”

小文：“啊，我明白了，我是需要有个职业规划了。”

【分析与拓展】

1. 请你根据当前的形势和自身情况制订一个长期和短期的职业规划。

2. 大学生活可以给你提供以后创业的哪些助益？国家是如何提倡大学生创业的？

3. 李妍是上海某高校中文系的大四女生。进入大四以来，身边的同学都忙着找工作，李妍却把眼光放在了找男友上。“他是上海交通大学的，家里比较有钱，人长得也帅。”通过朋友介绍，李妍找到了合适的人选。“干得好不如嫁得好”“找个好工作不如找个好老公”，你如何看待这一现象？

4. 你认为，影响你的职业规划能否顺利进行的最大因素是什么？为什么？如何克服？

5. 31 岁的鲁先生，原是某事业单位的财务管理人员。为了圆自己职业经理人的梦想，鲁先生跳槽到一家外资企业担任财务经理，这家企业的待遇和办公环境等都比原单位好得多。可以说，这一切正是鲁先生梦寐以求的。然而鲁先生工作了一段时间后，突然开始怀念原来的单位了，觉得现在这家公司虽然福利待遇、办公环境不错，却缺少了点什么。受到这种情绪的影响，鲁先生的工作热情一直都不高。鲁先生为此十分困惑，找到自己喜欢的企业和职位，可为什么没有了工作激情？

请谈谈你的看法。

任务二　迈向高级

【任务目标】

阅读案例，了解成为高级秘书所需的素养和能力。

【参考学时】

2 学时。

【任务内容】

案例 1　“高”级秘书，常开不败的职场玫瑰

当秘书成为高级秘书，它不仅不再是世俗眼中的“青春饭”，而且是令人羡慕、常开不败的职场玫瑰。目前在国内，职业秘书本来就不多，真正有经验、有能力，能够称得上高级秘书的人更是凤毛麟角。

没有角色的角色

三年前，祝建新大学毕业一年多，当她准备加入联想，成为高层领导身边的一名秘书时，她对于自己的目的有着十分清醒的认识，她需要在大公司里积累工作的经验，联想应该是个不错的选择；秘书的工作经常有机会接触到公司高层和方方面面的业务，可以学到很多东西，会是一个很高的职业“起点”。三年过去了，她发现，所有的一切都如她当初的认识一样，她学到了很多，成长得很快。与此同时，她爱上了联想，爱上了秘书的工作。

现在，祝建新在公司的高级秘书当中是工作时间最长、资格最老的一个。由于职业秘书的概念在国内企业中还未获得广泛认可，许多人在秘书的岗位上顶多做两年左右就纷纷离开了，有的跳槽，有的出国，有的转到公司的其他部门。秘书并不被认为是一个有长期发展前途的工作，而仅仅是晋升的台阶或一块弹性很好的“跳板”。

作为联想的秘书，祝建新是被要求二十四小时开着手机的。“但事实上，老板会尽量避免在休息时间找你，除非事情特别急。”祝建新说。紧接着她还讲了这样一个小故事。有一年的圣诞节前夜，她和朋友们一起在饭店里吃烛光晚餐，男朋友兴致勃勃地拿出送给她的节日礼物，就在这样浪漫的时刻，老板的电话来了，让她取消第二天一早的会议。于是她打了若干个电话，将事先约好的方方面面的人一一通知到，等所有的事情都安排妥当时，半个小时已经过去了，朋友们毫不客气地把圣诞大餐吃了个精光。

当她说起这些的时候，从她脸上看不出一点觉得委屈的样子。即使对于很平常的加班，也没有太多怨言。难道联想的秘书都是“工作狂”吗？祝建新说了这样一番话：“联想的总裁都是非常优秀的领导者，他们的工作能力和人格魅力都让人十分敬佩。我觉得我

的老板太有水平了，我十分愿意为他工作，哪怕再辛苦也愿意。”

当然，工作热情还不仅仅出于对老板的钦佩之情，祝建新说她是一个特别容易受到感染的人，联想的某些情怀常常让她热血沸腾。“每次公司开大会，全体员工一起高唱《联想之歌》的时候，每次在公司发布会之前，大屏幕上放出反映联想历程的 DV 的时候，我都会特别激动，甚至想流泪。”

快乐地享受工作

在加入安利公司五年时间里，贾倩曾先后为三位“老板”工作过，历任安利（中国）销售总监秘书、南方区总经理秘书，现任安利（中国）总裁秘书。

贾倩学医出身，从医三年，后又在国外学习了酒店管理。1997 年下半年回到杭州，并在一家酒店谋得了很好的职位。一个很偶然的机会，她经朋友介绍到安利公司做秘书，虽未曾涉及过秘书工作领域，但是在安利感受到的一些东西让她“再也舍不得放弃”，于是留了下来，一步一步走到今天。

以往的经历和体验显然帮了大忙，让她做起这份工作来很快变得得心应手。“秘书的一项基本工作职责，就是安排好老板的各种活动流程。因为曾经在酒店工作过的关系，对交通及住宿安排业务较为熟悉，这大大提高了我的工作效率。”反过来，秘书的工作也在一点一点磨炼着她的性格。贾倩说，未从事秘书工作前，也曾难免急躁，缺乏耐心，而秘书恰好又面对着大量烦琐而细致的工作，自己不得不学会适应新工作，不断调整、维护自己的身心，她在工作中渐渐感到自己变得细心严谨、平和宽容起来。

贾倩现在的“老板”——安利中国区总裁是一个做事非常严谨的人。“开始为他工作的时候，每次打好的文件发出去之前，他都要再亲自看一遍，总是能挑出几处小毛病来。”贾倩就特别留意提高文件的准确性，打好的文件自己反复校对，确认无误后再交给老板。渐渐地，老板从中挑不出什么问题来了，两个月以后，贾倩打好的文件他就再也不看了。贾倩正是这样，于细微处不断完善自己。

比较起跟三位“老板”在一起的工作经历，贾倩觉得是一件有趣而丰富的事情。贾倩对自己性格的总结是比较外向，爱讲话，对生活、工作会尽量保持乐观的态度。正因为如此，虽然三位“老板”的个人风格、处理问题以及对待下属的方式迥然不同，但她基本上都能很快适应，尽快与老板形成默契。贾倩说，学会有效的沟通，赢得老板的信任并与之愉快相处，这是秘书必须具备的基本职业素养。

贾倩的快乐和优雅很能感染人。她总是面带微笑，精心挑染过的棕色短发，平添了几分活泼与灵动，“安利提倡亲情式的员工管理，同事间都很友善，老板也很平易近人，就像一个家。有时候放长假，离开大家久一点，就会很想念。每次外出休假回来，都会想着带礼物给同事。”

秘书的工作不仅琐碎，而且辛苦，经常需要加班，这一切被贾倩换一个角度看来，也变成了正面的事情：“关于加班，我觉得如果一个人真正热爱一份工作，他就不会总是想着六点钟了，该下班了。”贾倩说从这份工作中，她学到很多，感受到被人需要的满足感。关于未来的职业选择，她说：“我是一个很简单的人，没有想过以后该怎么发展，一切顺其自然吧。因为这份工作已经让我感到很快乐。”

【分析与拓展】

1. 祝建新认为，秘书的工作经常有机会接触到公司高层和方方面面的业务，可以学到很多东西，会是一个很高的职业“起点”。你是怎么看的？

2. 当祝建新说起自己的浪漫时刻被老板的公事打扰的时候，为什么“从她脸上看不出一点觉得委屈的样子”？她是如何做到的？

3. 贾倩身上有哪些优秀秘书的品质？秘书工作使贾倩有了哪些变化？

4. 两位高级秘书做好本职工作的原因有何相同之处？

5. 下面是董事长与秘书的一段对话。

董事长：“销售科有多少人？”

秘书：“连科长在内 8 个。”

董事长：“这次公司开发的 S 产品，由于销售科的努力，销路异常好，使我们多赚了 300 万元。我非常高兴，打算星期四下午六点，请他们到酒楼吃饭，你替我安排一下。”

秘书：“知道了，请问预算多少？”

董事长：“每个人 300 元，你也要去帮忙，所以总共 3000 元。”

这里需要秘书办理的，一是以何种方式通知销售科赴宴；二是选择宴席的地点；三是安排宴请的经费；四是如果费用有剩余。你怎么处理？

案例 2　高级秘书的“高”人之处

职场中，有这样一个特殊群体——外表靓丽、谈吐高雅，学历本科以上，讲一口流利的英语；多年的外企工作经历使她们具有良好的沟通、判断和预见能力；很多人持有外国护照，年龄偏大，月薪基本在 8000 元以上。这些白领丽人被称做“高级秘书”，包括跨国公司首脑秘书、董事会秘书、地区总裁秘书等。那么，高级秘书们究竟应该有什么“高”人之处？秘书们有着什么样的工作态度与方法？老板们对此又有什么样的看法？

秘书：我努力，我快乐

“综合素质要求更高。”作为康柏（中国）投资有限公司大中国区执行秘书，29 岁的常小姐谈起做高级秘书的感受时这样说道。

常小姐每天的工作都很忙碌，但是想起来可能都是一些平凡的小事。比如，当老板和政府官员有一些重大会议和活动之前她通常很繁忙。平时还会起草一些财务或者人事方面的的报告，帮助老板作一些决定。

高级秘书是工作在老板身边最近的人，老板出差不方便看邮件时，她们要处理一些文件，有些需要马上替他去批复。所以和一般秘书相比，高级秘书除了要讲一口流利的英语，熟练使用计算机和拟写各种文件等硬件条件之外，“更应该具备良好的沟通、组织、协调、一定的决策能力以及解决问题的能力”。

“我不是那种让人一看就感觉很强的人，这也许是我的一个优势，就是有亲和力。而做到这个职位，一味地笑是远远不够的，有自己的想法很重要。”常小姐说，老板也是可以被说服的，只是这需要一个过程。普通秘书根本和老板说不上话，因而也就不具备去说服老板的基本条件；而高级秘书的地位比较特殊，老板交给的任务，在自己觉得应该建议或者提示他的地方，就会指出来。其实这点是很不容易做到的，主要是要讲究方式，大多数的时候我会采取一种委婉的语气，建议他“这样是不是会更好”，这样让他有一个从考虑到最后接纳的过程。不论如何，在工作中老板和我毕竟是上下属的关系。

沟通最重要

“作为领导和下属之间的桥梁，夹在上下两级之间，一定要寻求到一个好的平衡点，正确传达领导的意思，不能让双方产生不必要的误会和矛盾。因此说，沟通的能力和艺术对于秘书来说，非常重要。”作为一家内资大公司的总经理秘书晴晴这样总结道。

老板：秘书不是人人都可以胜任的

“我用秘书向来不用特别漂亮的。”自己曾经做过秘书，如今已是一家大型企业的老板的陈先生这样说道。当然，人都是爱漂亮虚荣的，但是，从工作的角度说，陈先生不主张录用太漂亮的秘书。因为他个人认为，太漂亮的女性克制力比较差，勤奋度也差，尤其经不起打击。

但这不是说秘书的外貌不重要，这个职业决定了秘书必须有相当的气质。另外，衣着打扮和言谈举止都要非常得体，特别前卫、休闲的衣服和夸张的妆容对于秘书来说，都是很不合适的。

有高效率的秘书才有高效率的总经理

实际上，秘书的所有事情都是琐碎的，因此她（他）必须严谨，不然上司就非常尴尬、非常麻烦。陈先生曾对秘书说我不重要，下了班以后我们在一起，你就是捶我一拳甚至在我的头上摸一下，也无所谓；但是作为一个总经理我是很重要的，因为我是这个企业的管理核心，我是这个企业的灵魂，所以你为我服务必须比别的岗位要更严谨、更到位。我对你说一句话，你可以算一下，企业每年为我付出的成本是你的 34 倍，企业花了更大的成本请我，因此同样一件小事情你做秘书的用 30 分钟做，我一分钟必须搞定，因此细节上的事情，应该更多地让你去做。

“说白了，请秘书的目的就是为了解决上司的时间效率问题。上司的一些重复的、简单的事情尽可能让秘书为他做好，他的效率才更高。”陈先生解释说，比如，秘书必须在我之前上班，下班比我晚，秘书就是要比别人上班时间更长。我 8 点上班就准时到办公室，秘书要 7 点 30 到达。我的文件有一个详细的清单，分四类，必须马上批复的文件、必须看但不一定要回复的文件、可看可不看的文件、没必要看的文件。把大量的文件帮我分为四类，详细的清单放在桌头上，我必须知道我要处理哪些文件，次序是什么；再一个，要为我的笔记本电脑打开网络，上我们的局域网、外网，要把昨天晚上到我今天没上班之前的那一段时间网上给我的全部信息有效地为我整理成一份文档，而不能让我自己去上网看。我是会用计算机，但是你作为秘书必须给我准备好。我跟我的部下谈事情，在写字板上不断地写，但是我非常讨厌我的笔写着写着就因为没有墨水而写不出来了，秘书必须考虑这个问题，事先给我把笔充满墨水。

带在身边放心，用起来省心

为什么秘书一定要让老板感到放心呢？因为秘书经常要直接或间接地接触一些公司重大决策的信息，甚至有可能参与这些信息的处理。因此，你必须让老板对你放心。作为秘书职业的第一条准则就是保守秘密。有些年轻的秘书泄密，并不是她们有意这么做，很多时候是由于她们的疏忽造成的，如被人盗走机密或对方通过对她的行为进行推测得到机密。因此，秘书要小心慎言。另外，一些人由于失恋等原因造成精神上不稳定，感情上有点什么挫折都会挂在脸上，这样的人也很难让老板放心。

只有当老板对秘书感到放心之后，他才会根据你的能力来安排你的工作，而秘书也只有通过充分发挥自己的能力，才能让老板对自己的工作满意，成为老板名副其实的助手。那么，要具备什么条件才能让老板用起来省心呢？

首先就是经验丰富。一个有能力的秘书，无论遇到什么、在什么时候和该怎么处理，都能从公司的全局出发考虑问题。如果秘书不能正确地理解老板的意图，就抓不住工作的重点；如果不知道自己工作的重点，自然就不知道在一大堆工作中，哪些工作应该优先安排。所以很多秘书经常费力不讨好，甚至给老板帮倒忙，错过时机。这种秘书自然谈不上是有组织工作能力的秘书。可以说，只有具备了一定组织能力的秘书，才有可能被老板当做有能力的秘书。

一个有经验的秘书，她在工作中会有这些特征：先决定工作的优先顺序，然后再着手开始工作；做好必要的准备工作后再开始工作；恰到好处地整理好办公环境，以减少疲劳；文件存放从不将就，按规定存放一步到位，这样要找文件时非常方便；在不是特别强调优先顺序的情况下，工作从难到易；对于那些特别耗时间的工作，在处理过程中向老板反映，听取老板的指示。

另外就是心身健康。老板对秘书的要求首先是头脑敏捷，所以说秘书工作既是体力工作，也是脑力工作，因此，身心健康是从事秘书工作的先决条件。生活有规律，保持适度的运动与休息，注意饮食的平衡。只有保持身体健康，才能够在工作中保持相当的耐力和爆发力，出色地完成自己的工作，这是作为秘书最基本的条件。

【分析与拓展】

1. 高级秘书究竟“高”在哪里？

2. 你认为，当前，我们成为高级秘书概率大吗？为什么？

3. 总结老板对秘书的要求，你特别认同的有哪些，不认同的有哪些？你认为自己在哪些方面会做得最好？哪些方面可能欠缺？如何提升和弥补？

4. 当代的秘书工作与古代的“六艺”有联系吗？请谈谈你的认识。

5. 做生物实验时，把一只青蛙放在装有沸水的杯子里时，青蛙马上跳出来。但把一

只青蛙放在另一个温水的杯子中，并慢慢加热至沸腾，青蛙刚开始时会很舒适地在杯中游来游去，直至发现太热时，已经失去力量跳不出来了。

结合案例谈谈你的看法。

6. 秘书黄小姐在公司工作多年，办事干脆利落，工作细致周到，深得同事欢迎和老板赏识，却一直没有机会晋职。为了自己的前程她跳槽到另一公司，临走前她把业务上来往的电子邮件全部删去，把电脑中存储的公司资料统统销毁，想用这种方式发泄一下心中的不平。结果电脑"行家"捣腾一下全部恢复了，可黄小姐却毁掉了自己以往的美好形象。

你认为黄小姐做的如何？请评价。

7. 你如何看待"钟点女秘书"的职业前景？

案例3 当秘书就是"念研究生"

沈昌文先生是著名的出版家、文化人，但他少年时候家境贫寒，没有接受完整系统的教育，于是一直拼命自学。他天资很高，后来考到了人民出版社工作。出版社的老领导王子野十分欣赏他，调他去当了秘书。

沈先生是怎么当秘书的呢？其中一个秘诀叫"急用先学"。他说，我是当秘书的，领导明天要讨论什么问题，我头一天晚上要在图书馆下工夫。这样，到了第二天，我就有所准备了。比如说，会上讨论某个问题，王子野问，哎呀，那个斯大林批判托洛茨基的时候那段话是怎么说的呀？我就告诉他，是怎么怎么说的。王子野说，你连这都看过呀！我这边以微笑作答。其实，他是因为在延安的时候看的，时候长了，已经淡忘了。我是头天晚上才看的，因为他们要讨论嘛！我在图书馆里边下了工夫了。

沈先生说得很轻松，但实际上当秘书的人都知道，要做到这一步谈何容易。看似临时抱佛脚，其实全靠平日积累。沈先生一是靠努力自学俄语，达到了比较精通的程度，二是靠博览群书。当时三联书店的资料室有几万册书，他花了相当一段时间，把所有这些书全部翻了一遍——他自谦说，他那不叫看，叫"翻"。于是，领导无论问他什么，他马上就能到资料室把相关的材料给找出来。

沈先生还有一点最高明的地方，就是善于向领导学习。他说，当时出版社的领导，多是我们党的大学问家，比如王子野、曾彦修、陈原、史枚、冯宾符、张明养、梁纯夫，这些人可以说是一时之选。沈先生在他们身边做秘书，学到了很多东西。他认为，当秘书这六年，等于"念了六年研究生"。

当秘书就是念研究生，是沈先生的秘书生涯对我们的最大启示。秘书是做行政服务工作的人员，但因为这项工作和领导的空间距离近，所以往往也能发挥一些比较重要的作用。可正因为有这个特点，当秘书的人一定要清楚自己的角色，第一是做服务的，在工作中要到位，但绝对不能越位；第二就是要当学生，老老实实地当学生，但不是当一般学生，要当研究生。

【分析与拓展】

1. 从沈先生身上总结秘书这个“研究生”应该怎样念？

2. 江苏某县委秘书主张，秘书要重点读些杂文，你认为如何？

3. 有人总结了秘书学习总的原则是业余为主，自学为主，边工作边学习，理论与实践相结合。学习方法为计划学习与随意学习相结合、博览与专精相结合、学习社会与学习书本相结合、浏览与精读相结合、读新与温故相结合。

请你谈谈看法。

4. 有一位女士到某公司应聘公关秘书，由于劳动合同文本事前由公司印好，女士过目后便签了字，试用期 3 个月。前两个月的执行情况基本正常，但到第 3 个月，问题来了，公司领导要公关秘书负责接待一客户，并叮嘱要全心全意为客户服务，满足客户的需求，还说客户就是我们公司的“上帝”等，女士应诺而去。然而，此客户需求甚多，除了陪工作外，还要陪生活。她陪是陪了不少，但终于没法奉陪到底。结果可想而知，客户不满意，公司也因此失去了一次颇有油水的交易。公司领导以“不称职”为由，对她做出了扣除当月工资奖金和取消试用的决定。女士不服，与之说情论理。但公司不谈情理，只讲合同，指着“接受公司领导随时交办的其他事项”的条文问：“你做到了没有？领导吩咐你要满足客户的需求，你满足了没有？”女士无言以对，只好白白被“炒”。

联系案例，你想到了什么？

5. 日本著名企业家原一平发迹前在一家公司当推销员，为了了解自己的缺点和短处，他每月自掏腰包举行一次“原一平批评会”，每次邀请五位顾客参加，在小酒馆里进行，采用晚餐的方式。请他们畅所欲言，对推销工作提出批评，最后原一平还送每位顾客一件小礼品表示谢意。为了每月一次的“原一平批评会”，原一平花掉了每个月的全部薪水，甚至当掉了自己的一些衣物来“买”批评。一开始，在无情的批评面前，他“觉得自己就像案板上的一块肉，任人宰割”。但他坚持下来了，因为他认识到“每个人最大的敌人就是他自己”。原一平正是靠无数顾客的批评，不断发现自己的短处，不断“把自己的缺点变成优点”，最后成了日本的“推销之神”。

你受到什么启发？

6. 一家通信设备制造公司，终于得到了与本市移动公司老总见面的机会，约好一起吃饭，老板对秘书说：“听朋友说，移动公司的老板酒量很大，我原准备让研发部的刘淇去，但他太书生气，不会喝酒，除了销售部的王涛，你看今晚派谁去合适？”

秘书：“对不起，我不清楚，你是老板还是你定吧！”老板面子有些过不去，他又指着移动公司宣传样本说：“这上面的 SP 是什么意思？”秘书说：“不好意思，我是学中文的，我也不知道是什么意思。”

你认为这个秘书做得怎样？

7. 这天上午，老总在开会，秘书没有什么事，像往常一样在网上浏览新闻，消磨时间。11 点多，老总开完会出来，对秘书说自己下星期一去上海出差，让她把上海两个客

户的合同找出来。

“您坐飞机吗?”

“是的，打算乘星期一下午3点多的飞机。”

“那我帮您去订机票吧?”

“不用了，我这里有订机票的电话，回头你帮我下楼去取一下就行。”

于是秘书只好回到自己办公室帮老总找出那两份合同。

老总在公司她感到无所事事，老总不在她更无聊。很多朋友羡慕她工作轻松，但她于心不甘，北外的高才生，毕业了3年，虽然有总经理秘书的头衔，但一天到晚也只是在打杂，找不到机会，见不到希望，想到这里，她叹了一口气，只好又上网打发时间。

你认为这位秘书应该如何改变现状?

模块五　价值赞歌

不悔的人生应该是不断追求和实现价值的一生，本模块既向我们展示了秘书工作者对自己职业的热爱之情，也向我们展示了社会对无私奉献的秘书们的赞美之意。通过对这一模块的学习，可以使我们对秘书职业有一个更加深入的认识。

任务一　自我肯定

【任务目标】

通过秘书工作者对秘书工作钟爱之情的表达，让我们更深刻地了解秘书职业的价值以及它对我们人生价值的提升。

【参考学时】

2学时。

【任务内容】

案例1　不解的秘书情缘

我的父亲，15岁参加了抗日战争，新中国成立后转业到临沂监狱从事政法秘书工作，直到离休。

20世纪60年代，监狱系统的工作生活条件格外艰苦。为了建设一个有利于罪犯改造的生活生产基地，父亲他们付出了超常的劳动。那个年代谈不上配备什么文秘专用设备，现在一个科承担的调研、组稿、改稿、校对、誊写等所有工作，那时就压在他一个人身上。小时候，父亲给我的印象，就是匆匆来，匆匆去，似乎不大管我的事，以至于我偶尔和他在一起时紧张得都不知该说什么好。

有一年，监狱正在紧张地改善其管理软件和硬件，需要诸多书面材料。患病发烧多日的父亲连夜忙碌，带病拿出了一份又一份材料。结果，监狱管理上了台阶，他却跌倒在办公室被送往医院，从此左眼失明再也看不见任何东西。后来，司法部授予他一枚金光闪闪的荣誉奖章，我认为他受之无愧。

父亲的老家在沂源县山区的一个偏僻小村里。他从小没能上学。母亲说，你爸爸的老师就是一本字典。那本泛黄破旧像古董一样的四角号码字典，伴我父亲度过了一载又一

载。在长期艰辛的秘书生涯中，父亲养成了一丝不苟的严谨治学作风。记得我刚参加工作不久，与同学在家中眉飞色舞的大发议论，父亲当时竟板着脸接连纠正了我三四个错别字，使我尴尬得张大嘴巴半天说不出话来。从那以后我就翻起了字典，拿不准的字再也不敢凭感觉乱念乱用，虽说是一桩小事，但在以后的日子里我却从中受益匪浅。

1984 年，我参加工作，成为一名人民警察，时间不长竟然被安排到兰山分局秘书岗位上。我这个在“文革”期间连初中都没上完的半文盲，面临着繁重写作任务与浅薄文化功底的巨大反差，一时间被工作折磨得日渐消瘦。关键时刻父亲骑着自行车来了。他告诉我，要写一份难度较大的材料，手里掌握了素材就算有了本钱；列出好的提纲就迈向了成功的一半；搅在一起的问题列他个一、二、三就能讲得清晰分明。他又打开提包，拿出了《秘书》、《秘书工作》、《秘书之友》等书刊。我不知道父亲平日精心收藏着这些东西，晚上，我把时间全部用在阅读这些刊物上。可亲可敬的父亲在儿子最无助最需要的时候，拉了儿子一把。

兰山区是沂蒙老区的政治、经济、文化中心，辖有全国位列前茅的大型商品批发市场，日流动人口 20 万以上。为了社会治安稳定，全局性的专项打击、破案会战、区域治理和集中行动等任务接踵而来。

关键时刻最能考验人，秘书更是如此。父亲提醒的这句话，使我几次在最困难的时候，没有留下半点遗憾。几年前的 5 月 13 日，罪犯使用包裹邮寄的爆炸装置，在临沂车站炸伤多人，全局同志承受着尽快破案的巨大压力。为了及时掌握信息，我 3 个日夜奔波于 8 个破案组之间搜集情况，第四天晚上我带着满身疲惫刚要上床睡一会儿，就听到对讲机中讲发现了犯罪嫌疑人。我咬着牙昏昏沉沉地赶到现场参加审讯，凌晨 4 点犯罪嫌疑人终于供认不讳。局长兴奋地对我说，早上 8 点钟省厅和市委、市政府领导要来主持召开表彰大会，你 7 点前把材料写好报审。只有两个来小时的时间了，我急忙赶回办公室。几天来的记录像一堆乱麻，舍弃哪些使用哪些，根本没有时间去梳理和构思。坐在办公桌前，我两手发麻，脑袋发胀，浑身虚汗，只是硬挺着才没有晕过去。此时头脑里也挺复杂，觉得领导安排工作太不体谅秘书了，觉得当秘书也太难了。这些杂念一闪，伤感的情绪顿时笼罩了我的全身。此时却又想起了父亲，小小的年纪只身在外，什么苦没吃过，但从没听他讲过半句怨言。我觉得在这关键时候应该经受住考验。于是把湿毛巾围在脖子上，双脚插进冷水盆中，然后按发案经过、临场分析、前期检查、后期突破、成功经验的思路，一口气写了十五张纸。7 点钟领导把材料拿走后，我趴在办公桌上睡了个天翻地覆。醒后一照镜子，嘴唇还肿得老高。后来听说开了一个隆重热烈的表彰大会，各级领导对材料十分满意。我淡淡一笑，为自己在关键时刻没倒下而自豪。

多年基层秘书工作的磨炼，使我逐步学会了利用和珍惜时间，清闲一会就主动找活干。写作范围也开始向广度和深度延伸。特别是我局近年来 6 名 40 岁左右的同事积劳成疾倒在工作岗位上再没爬起来的情景，使我受到强烈震憾。我认为自己有义务弘扬一种平凡而伟大的精神。于是除了拟写领导讲话、经验材料、调研报告、信息简报，我还借助接触社会基层、了解社会现状、熟悉群众呼声等有利条件，努力编写公安宣传材料，先后被新闻部门采用了1000余篇；和领导同志共同磋商撰写的打击流氓恶势力、促进“110”联动、遏制丑恶现象、促进刑侦改革、加强基层公安队伍建设等十余篇文章，也先后刊登在各级刊物上。过去流过的汗水，逐步转化为技巧和财富，让我对今后更加充满了信心。

1995年，我的女儿被分配到临沂监狱，也成为了一名人民警察。前些日子听说领导有让她当秘书的打算，这让我心情沉重了好多天。说心里话，我的确不愿让女儿再干这一行，不想让她工作生活得这么累。可是，我一直没讲出来。现在，我觉得应当这样，如果女儿真干了这一行，我要像父亲对我一样，全力支持她。

【分析与拓展】

1. “我”的父亲在工作上一直给我帮助和指引，使“我”快速成为一名优秀的秘书人员，“我”和“我”的父亲身上具有哪些优秀的品质？请总结。

2. 父亲总结的写作经验，你如何看待？你在写作上有些什么感受？

3. 如果是你连续4个晚上没有休息，还要赶出一个向上级汇报的申报材料，你会怎么想？怎么做？听说开了一个隆重热烈的表彰大会，“我”为何只是“淡淡一笑”？这“淡淡一笑”的背后有着怎样的思想、情感。

4. 有人说，秘书人员要种好自己的自留地——业余写作，你认为这种做法与我们的本职工作冲突吗？为什么？

5. “我”为什么不想让女儿当秘书？后来，“我”的女儿为什么也“被”当上了秘书？“我”在其中起到了什么样的作用？

案例2 四十年秘书工作琐忆

20世纪50年代，我在一个依山傍水、景色秀丽的小镇中学当孩子王。因为业余时间爱好写作，在一些报刊上时有“豆腐干”状的短文发表，人们便戏称我为“秀才”。由于当时的农村文化程度普遍不高，人才缺乏，我便被调到乡政府做文秘工作。

年轻时为年长领导服务

20世纪70年代以前的领导大都比较年长。几个干部走过或者上级机关来人，凭经验看哪个年长哪个肯定就是首长，而且越是年长职位越高。在这些老革命、老党员、老干部身边工作，我心里感到很自豪。

我从事文秘工作之初刚刚20岁出头，工作热情很高，浑身有使不完的劲，每天除了埋头工作别无他求。对领导交办的事情，我力争努力办好，没有交办的事情也要主动办好。领导要某方面的材料或数字，我都能提前准备好；要看某个文件我伸手就可拿出。有时领导突然查问某件事，因我已预先办好，所以总是心中有数。对此，领导很满意，我心里也很高兴。因为领导对自己很器重，所以想请假回家看看往往也得再三选择时机，尽量不影响工作。我曾有过几次比较好的调动机遇，但都由于一些领导的错爱而终未成行。

这些老领导大都文化程度不高，实际工作能力却很强。有的写不了材料但很会看材料或听汇报，一看一听就能抓住主要问题提出让你口服心服的修改意见；有的不会写讲稿甚

至连念讲稿都有困难，但只要根据会议的中心内容给他们列个提纲，他们就能根据提纲讲得头头是道，而且语言生动、中心突出，详细记录下来就是一篇好文稿；有的虽然没有念过几天书，却能打一手好算盘或写一手好毛笔字。

在年长的领导身边工作，他们高尚的思想品德和优良的工作作风对我影响很大，他们业务方面的经验和智慧也使我受益匪浅。在为他们提供参谋服务的同时，他们也引导教育了我，使我对自己从事的秘书工作有了进一步的认识。

年长后为年轻领导服务

20 世纪 90 年代以后，随着干部“四化政策”的贯彻实施，一批又一批青年干部走上了领导岗位。光阴似箭，无情的岁月不知不觉地染白了我的双鬓，但我还是从事着办公室主任的工作，还是像在老领导身边那样认真工作，全身心地为年轻领导服务，发挥着参谋助手作用。

这些年轻领导对老同志很尊重，虽是下级，但他们对我言必称主任，给我布置工作大都是找到我的办公室，而且多用商量的口气。他们越是这样越使我感到自己真的老了。

有一年，到省劳教局参加工作会议，年轻的局长在给大家敬酒时走到我面前说：“老主任，辛苦了!”领导的这一声亲切问候，使我心里热乎乎的，让我感到了领导对秘书工作的重视，对老秘书工作者的关怀。

长江后浪推前浪，一浪更比一浪高。这些年轻领导开拓进取、锐意创新的精神也感染了我，在他们身边工作的几年里，我的思想境界有了新的提高。

四十载春秋长亦短

50 岁那年，儿女们第一次为我过生日。在儿女们高高兴兴地为我祝完寿，热热闹闹吃过象征长寿的生日面条散去后，在屋内静悄悄地听着挂钟“嘀答”、“嘀答”的摆动声，我仿佛觉得这就是我的心跳声。时间在“嘀答”声中流逝了，人何尝不是在心跳声中走向衰老的呢？我忽然想到我离退休时间已经不远了。但一投入到繁忙的工作中便又忘了时间，忘了自己的年龄。日复一日，冬去春来忙忙碌碌，虽忙也乐!

退休后回过头来再看自己走过的道路，从乡政府、公社党委到县委再到劳教所，工作单位变动了多次，但工作岗位始终没有变。屈指算来我从事文秘工作已整整 40 年了。

40 年的文秘生涯是漫长而枯燥的，也是辛苦而清贫的，但我感到乐在其中，我无怨无悔。平平淡淡才是真，如果有来生，我还愿意从事文秘工作!

【分析与拓展】

1. 为何秘书常被称为“秀才”？面对领导的错爱，你会怎么办？

2. 年轻时为年长领导服务，“我”是如何做到让领导器重的？

3. 你认为，与年轻领导和与年长领导共事，有不同吗？为什么？

4. “如果有来生，我还愿意从事文秘工作!”你如何理解？你理解的“不悔人生”是什么样的？

任务二　他人认可

【任务目标】

通过他人对秘书人员和秘书工作的肯定，让我们更深刻地了解秘书职业的价值所在。

【参考学时】

4学时。

【任务内容】

案例1　秘书怎样使领导的工作有条理

我幸而很早就晓得有个能干的秘书的重要性。当雪莉·威尔逊来为我当秘书时，我正处在困难之中，但是我不知道困难有多大。像许多经理刚得到提升时那样，我太忙于攀登管理阶梯，以致不能认识我的处境困难到什么程度。

为了显示我的能力，我不断地卷入到越来越多的事情中去，虽然每增加一项新的工作，就意味着我只能用较少的时间来有效地处理那些原先已有的事情。我较少考虑是否真正要优先安排哪些约会，而只考虑到会见人的重要性。我答应要做那件事，却没有现实地估计所需要的时间，或者可能有要优先安排的事情插进来。我把极少的工作委派给别人去做，而且老是有一种苦恼的、靠不住的感觉，提心吊胆地希望它们不要再退还给我。

我怀着一种错觉，认为忠诚应当像能干一样得到很高的赞赏，因此我情愿工作很长的时间，甚至忘记了我的家庭。我采取了多做工作的办法，而不是去做好少数真正重要的工作。每当我对自己的地位有不牢靠的感觉时，为了消除自己的疑虑，就看一眼我那堆得满满的办公桌，任何人有这么多工作要做，必须有一个非赏重要的职务才行啊！电话越多、每天早上等着要见我的人越多、打扰我的人越多、我就越发肯定我的重要性和我在公司中担任这个职位的牢固性。

几个星期以后，有一天雪莉·威尔逊走进我的办公室，问我："麦肯齐先生，我帮你工作得有条有理，你不反对吧?"我知道需要帮助，就毫不犹豫地接受了她的建议。然而，雪莉怀疑我是否真正需要把工作安排得有条有理，所以她问我有多少次拿过一封堆在我办公桌最上面的信件。我想想还是稳妥些好，便回答："噢，可能 20 次。"

我们检查了信件的日期。它是三个星期前的——15 个工作日了。"每天你有几次在这些信件堆里寻找放错地方的信?"

我没有什么把握地回答："每天次数不一样。我想——也许 10 次或 20 次。""差的一天也许 30 次吧?"她问。

我同意她的看法，而且很容易算出来。在 15 天里，每天平均 20 次，我可能拿过这封

信300次左右——而不是20次。首先看看上司，雪莉证实了她的看法以后，就从她的角度来看我办公室的困境。作为我的秘书，她需要一早就看见我，得到她这天的“前进命令”。然而，在我上午9点上班时，已有两三个人等着要见我，常常有一两个电话要回答，前一天和上个星期遗留下来的事情等待我去处理。

看起来，老是有比她的事更为重要的事情占去我的时间，她有时等到下午很迟时才有机会看到我。失望的是，她总是排在最后，极少能够很快得到所需的答复；而且在她行动之前等待我的决定或她所需的资料的时候，她一点儿也无能为力。她建议把先后顺序颠倒过来，每天上午开始的几分钟留给她用，她需要这段时间。

她的要求引出了一个计划，我一上班，办公室的门先关上大约一个小时。雪莉把电话和来访者先转移到她那里，问我是否可以晚些时候再回电话或见见我的同事和朋友。

她按照来电话人的愿望在我的商谈时间里安排约会　　我们把它定在上午10时到下午4时。每天的第一个小时和最后一个小时将给我一段不受打扰的时间，以便集中注意力思考一些事情，同时也让她进入我的办公室处理那些她逐步承担起来的加重的责任。这个计划可以使她仔细认真而从容不迫地处理好整天的工作。

自从采用了这个方法后，挡住电话和来访者就变得相当容易了。唯一允许例外的是紧急情况。从上午10时到下午4时这段时间，对那些希望来见我的下属人员已经足够了。雪莉很有礼貌地问明每个打电话者的意图，使我对来访有所准备。而她对来访者将会谈多长的时间心中也有个数。当预定的交谈时间到了，她就打个电话来提醒我时间快要过了，而且提出个理由来结束会见，说些“别忘了你明天的工作安排”的话，或者问：“我可以在5分钟后来和你谈些重要的事情吗?”一类的话。不论是提出一个问题或一件事情，它使我能够以一种方式向来访者清楚表明我只有几分钟可以同他谈了。我当然也可以站起来，使会见到此结束。

除了挡一挡电话和来访，雪莉还负责筛选信件。那些能够由我的下属人员处理的信件，她便送给他们去处理。如果事情比较重要，需要我知道的话，她将写个条子告诉我。平常的顾客会抱怨信件不直接送给我，但是从一个潜力大的顾客那里来的信件，她会送给我看。

我发现这些年来，秘书的挡驾技巧并未被所有经理们所接受。有些人非常不相信用这个办法能对付来访者或打进来的电话。关心销售业务的经理们经常说：“你不是在开玩笑吗？让我的秘书把我最大用户的总经理挡出去?”其他经理对挡驾办法也感到不自在，即使他们渴望能够有段时间不受干扰地用于思考。

还有些人怕他们的秘书不能巧妙而灵活地掌握这个办法而得罪了别人。一位称职的秘书能够比你自己还要适当地圆满地答复打来的电话。毕竟，当你说你忙得没有空交谈时，这个信息多少带点冒犯的意思，即使来电话的是位老朋友。可是，你的秘书说你很忙，这个信息不是你本人亲自说的，就能够比较容易被别人所接受。

秘书回答电话时说：“这是勃朗先生的办公室。”然后，当来电人问到她的上司时，她回答：“对不起，先生，他刚离开他的办公室，我请他回电给你好吗?”她记下了来电人的姓名、公司和电话号码，用上司听得到的声音说："请问，我记得对吗？XYZ公司的琼斯先生，电话号码5342933。"她在回答时能够看到她的上司坐在办公桌前，而且她注视着上司，弯弯眉毛表示询问。如果上司点头表示"可以"。她说："请稍等一下，琼斯先生，我看到他正回到办公室来了。"如果上司摇摇头表示"不可以"。她说："谢谢你，琼斯先生，我一定设法让他一回来就知道你已经来过电话了。"

丹尼尔·霍华德的一个调查报告指出，69%的经理们几乎总是重读一遍他们要邮寄出去的信件。雪莉开始采取措施，处理堆满办公桌的信件，以便解决我为此而浪费时间的问题。她不但承担责任，使所有离开办公室的信件正确无误，而且起草对例行信件的答复，还用电话回答本市的便函和信件。她采用了得力的措施和正确的方法，从而节省了经理和秘书用于口授、打字、邮寄和归档的大量时间。

然后她着手解决我在出差时积压下来的书面工作。她注意到我回来后要花费许多时间整理公事包，而且根据我记忆中已有点模糊的事情口授一些信件。她推荐我使用一种便携式的口授机器。它可以提供多种用途，其中有一种用途就是我可以在参观访问后，在飞机上用它很方便地口授信件和进一步确定我将要采取的行动，尤其是趁这种行动的想法在我脑中还清晰的时候。如果我出差超过三四天，雪莉送行时会给我带上一些有自己地址的信封，我可以用航空信或挂号信寄给她。到我出差回来的时候，大部分信件已经迅速发送出去了，因为我授权雪莉签发我的大部分信件。她只把那些紧要的、机密的或有法律性质的信件留待我亲自签发。

雪莉对我的书面工作经过相当有效的整顿以后，她的眼光转到我的阅读材料上去，整理20多种杂志，包括许多其他人要看的杂志。她建议每本杂志上附张流转单，写明哪些有兴趣看这种杂志的人的名字。每位经理可以看两天后再转给下一个人看。看过的人在目录上圈出他感兴趣的文章，而且在书页的空白处注明这篇文章为什么重要，有哪些可取的见解，并在他们的名字上作个记号。如果任何一位收到这本杂志的人外出几天或不能在两天内看完它，他的名字就移到流转单的底部。我的名字列在最后，等对这本杂志有兴趣的所有人都已经看完了，再转到我这里。这时，我很快看一下就可以了解到有哪些文章是其他人看后注明值得一读的。至于那些经常没有人评注的杂志就从我们的订阅单上删去了。

这时候我们能够真正看到我办公桌的桌面了，而要把桌上完全弄得清清洁洁，还得建立有条有理的文件夹子。我们开始想出了一个整理文件的办法，一用6个文件夹子，上面标明"紧急""口授""要做的""备查""归档""丢弃"的字样。雪莉负责把所有进入办公室的文件，除了马上要处理的以外，都归入适当的夹子里去。

"紧急"事情当然应该首先处理。"要做的"夹子包括所有要做的事情，它们没有归入"紧急"和"口授"类里去。"备查"夹子包括那些或许有用但不重要的事情。"归档"的意思是仅仅作为参考，然后归档。"丢弃"是指那些不准备保留的资料，但在扔掉之前可能还有点用处。

这个方法对于保持我办公桌的整洁是行之有效的。它还便于迅速地重新找到有关资料，又便于把类似的事情归纳在一起做更有效地处理。因此，当我需要打电话的时候，我

就可以找到以前的电话记录，上面有我要的所有资料，因为雪莉已经把来电的意图适当地注明在上面了。

雪莉接着增加了一个备忘录式的文件夹子，放置那些今后需要注意的事情。我发现雪莉的方法是非常有效的。一张便笺或一封信送到我办公桌上，但是我还没有回答它所需的资料，或者要等稍迟些再答复，我就在信的右上角画个圆圈，里面写上一个数字，向雪莉表明多少天——比如说7天之后我再答复，她马上把这封信放在7天以后的夹子里。到了那天，她把信拿出来，从我这里得到答复，或者由我指定的其他人处理这封信或便笺。在此期间，这封信或便笺就离开了我的办公桌，放到一个我们两人必要时都可以找到的地方。当一位秘书生病的时候，上司或代职秘书要找文件，一个备忘录式的文件夹是很有帮助的。

提前一天确定工作重点的制度很快建立起来了。到了下午4点，雪莉把她的建议放在我的办公桌上，写明第二天要完成的最为重要的事情。在我早上来时，她留心把我的办公桌收拾整洁，上面只放着当天要处理的文件和信件。如果办公桌上当日又弄得乱七八糟，我授权她，可以随时清理它，除非我已注明“不要弄乱”。这种融洽的关系非常有助于保持我办公桌的整洁并使我能更好地、专心一致地工作。因此，我们两人都能够从事我们面前的重要工作，而不会拖延和分心了。

我们把某日做完某事作为目标，而由雪莉监控它们的进度。她及时掌握工作进展情况，帮助我在最后期限前按进度表完成。在有些情况下，她把我正在做的一些事情接过去做，好让我完成最重要的事情。

当雪莉已经有了掌握我们工作重点的实践经验以后，我们建立了一种检查下属工作的办法。第一步是为我主持的每次会议准备一个简短的会议纪要。纪要明确写清谁负责去执行会议所作出的决定和什么时候完成。雪莉把这些会议纪要作为今后检查工作的一种依据。她将会议纪要放在她的桌子上，而且定期检查那些决定要做的事情。当一件事情做完了，她记下完成的日期。没有完成的事情列在下次会议议程的第一项，写明这是“未完成的事”，让有关人员知道在下次会议上要问到过期未完成事情的情况。这样提醒一下，成为一种真正的动力，促使他们按时完成各自的工作。

为了推广这种检查办法，雪莉准备了一张进度表，上面列明所有正在做的重要项目，按分工负责人分成几组，并且按重要性或最后期限把它们排列起来。安排在以后六个月里完成的大部分项目，要每周交一次进度报告。安排一个新项目时，必须排定递交进度报告的次数。雪莉要做的一件简单的事情，就是根据进度表来检查进度报告是否按计划送到。雪莉在看送来的报告时，把她认为要紧急考虑的重要问题标明出来。我们鼓励那些负责这些项目的下属人员，尽量减少报告的字数。因此，一个一般项目的进度报告可以简单地写道：“按计划进行”；而一个遇到困难的项目必须把问题提出来，并简要说明怎样去解决它。

没有什么人比雪莉·威尔逊给我的管理效率给予这样深刻的影响。像许多人那样，我发现要去掉一个坏习惯很难，而要持续不断地去掉它则更加困难。上述去掉坏习惯的办法，虽然它们可能不适合每个经理各自特殊的工作方式，但是对我却是一个很大的帮助。

【分析与拓展】

1. 当雪莉没来时，“我”的工作状态和工作理念是怎样的？你有没有这种体验？
2. 雪莉和她的上司采取了哪些办法，使上司的工作条例有效起来？
3. 雪莉成功的原因是什么？

案例2　老秘书的三个“数”

走进荆门石化总厂党委办公室，你可以看到一位头发斑白，穿着朴素整洁，戴着老花眼镜，正一丝不苟伏案书写的老者，一手蝇头小楷，横平竖直，十分醒目。

他，就是机要科长唐朝丰，他没有豪言壮语，没有惊人之举，一切都是那么普普通通，平平凡凡……然而有三个数字却记载着这位共产党员闪光的人生。

管理26万份文件，完好无损，万无一失

1943年出生的唐朝丰经过五年军营生活的锻炼，1970年2月转业到荆门石化总厂后就一直工作在机要岗位上。他每天的工作内容在别人看来无非是一些收收发发、跑跑颠颠、抄抄写写的事。很多人干三两年就觉得乏味了，但老唐硬是从一个风华正茂的年轻小伙默默无闻地干到了两鬓染霜。这些年来，经过他的手发放、传阅、保管的文件有26万份之多，没有一份丢失，没有一次泄密。

唐朝丰把自己的岗位看得很重，把党的文件当做命根子。一个冬天的上午，北风呼啸，雨雪交加，地冻路滑，唐朝丰又像往常一样背着他那草绿色帆布包，将一份份文件送往各单位。突然脚下一滑，他失衡地倒了下去，一份文件从他的帆布包里掉了出来，眼看被风吹走了，唐朝丰不顾摔倒的疼痛扑了过去，罩住了文件，他吃力地爬起来，又一瘸一拐地继续把文件送下去。

某年7月清退文件时，一个下属单位的一份文件找不到了，他便亲自到该单位去帮助查找。几乎把办公室翻了一遍，终于在一大堆行政文件中发现了，一块石头落了地。工作中他从来都是有心人，不管多少份文件，凡他登记、编号的，总是工工整整，从无差错；多少年过去了，他管理的文件，均完好无损，他不愧为人们称颂的“红管家”。

唐朝丰平时语言很少，不了解他的人还以为他性格孤僻，其实不然。老唐年轻时曾是文艺骨干，能说会唱，非常活跃，很多人都领教过他风趣的语言、幽默的谈吐、动人的歌喉，他和妻子就是在文艺汇演的舞台上相识的。但自从干上机要秘书，他变得老成持重了，他怕“言多语失”。以前，他既能抽烟，又能喝酒，而且酒量很大。为了避免酒后泄密，他戒了酒；办公室文件多，为避免烟头引起火灾，他戒了烟。

他对人亲热和善，不管是在职领导，还是退休职工；不管是机关工作人员，还是基层来的同志，他都一视同仁，热情接待。但涉及原则性的事，他也从不含糊，甚至“不近情理”。《荆门石化报》张总编与他是二十多年的老朋友，有一次，总编要送一个急件到省里，气喘吁吁跑到六楼找他盖章，他坚持要有总厂党委书记的签字。待总编拿着书记亲签

“同意”二字的单子二上六楼时，老唐看后仍不给办，总编急了：“老唐，你说我这还能搞什么鬼?”唐朝丰诚恳地说：“老朋友不会搞鬼，书记的字我也熟悉，可光有书记意见没有书记签名，手续仍然不健全啊!”

送走18位主任，甘当人梯，淡泊名利

人们说党委办公室是出人才的地方，在这里，唐朝丰先后送走18位主任，15位秘书，这些人中有2名提为正局级干部，6名副局级干部，13名正处级干部，4名副处级干部。那么多人都得到提升，唐朝丰不仅没有思想情绪，还为同志们的进步感到高兴。不管谁当领导他都积极配合，全力支持。对年长的主任他尊重、支持，对年轻的主任他同样尊重、支持。从不摆老资格。这种甘当人梯的可贵品德在大家心目中留下了深刻的印象，一些从办公室调到外地多年的领导同志每碰到荆门石化的人，总忘不了给这位老秘书带几句问候的话。

唐朝丰把升官、发财看得很淡。30多年的工作生涯中，他也有过多次升迁的机会，但一次次都被他主动放弃了。20世纪80年代，领导准备让他到厂属宾馆担任领导职务，征求他的意见，他说：“我干机要秘书习惯了，还是提拔其他的同志吧!”隔了几年，领导又考虑让他到运输销售部门任职，运销处在人们心目中是个“肥差”，多少人梦寐以求，可他又是淡淡地说：“我现在的岗位就很好，何必到热门单位凑热闹。”

按说长期在领导身边工作，个人也难免有点私事，不妨给领导说一说，但老唐却不。他的独生儿子初中毕业那年报名参军，体检也合格了，但征兵的指标少，竞争十分激烈。有人得知老唐是石化总厂党办的，问他能不能搞点平价柴油。他不愿惊动领导，就一口回绝“搞不着”，柴油的事儿推了，儿子当兵的事儿也跟着“黄了”。他无悔无怨，坦然地说：“哪怕儿子再待业几年，也不给厂里添麻烦。”

一只1978年奖给他的陶瓷缸子，尽管已瓷不附体，锈迹斑斑，可老唐仍在用它盛水。1972年缝制的一件棉袄，如今他还在穿。他说，个人收入再多，铺张浪费总要不得。他自己生活简朴，用钱抠得很紧，但调整工资时，却主动让出领导给他的升级指标；为灾区、老区、贫困地区捐物时，他带头慷慨解囊；办公室的同志们遇到困难时，他总是伸出援助之手。

在岗27年，严于律己，埋头奉献

毛泽东同志曾经说过：“一个人做点好事并不难，难的是一辈子做好事。”唐朝丰从参加工作至今，在机要秘书的岗位上一干就是27个年头。27年里，他从收发文件等一点一滴的小事做起，处处严格要求自己。他用“严”字伴随着自己的人生旅程，用持之以恒的精神实现着自己的人生追求。

27年来他坚持骑车或步行。同事、朋友看他走得那样辛苦，劝他打电话通知下属单位来领就行了，他说：“如打电话让人来领，得几十个人为这事跑路，送下去的话，只我一个人跑就够了。”多少年来，在荆门石化总厂人们经常看到唐朝丰背着那陈旧发白的公文包，穿梭于各单位之间的身影。

老唐常说，个人的事再大，也不能耽误工作。1977年秋天，一场不大不小的灾难降临到了他身上，莫名的病变，从左腿扩展到右腿，造成小腿严重溃烂，腐烂处流脓流水，惨不忍睹。一开始他瞒着大家悄悄地打针吃药，照样早来晚归地工作，后来主任发现了，送他到武汉治疗，因为拖延时间太长了，双腿已经出现了几个巴掌大的烂块，植皮后一年才好。恢复期间他便坚持上班，不耽误一天工作。现在这腿病经常发作，特别是到了夏天，更是厉害，可他再也未因此影响过工作。

在服务中求奉献是唐朝丰的一贯精神，年轻时是这样，现在仍然是这样。办公室人手紧，没有行政秘书的编制，跑跑颠颠的事就落在了他的身上，年轻时还好说，如今年过五十，而且办公室事务越来越多，领导上考虑让他把行政事务这一摊工作分给别人，但他说什么也不肯。厂里每次分发东西，都是他不声不响地从供应点弄回来，又一份一份分好后送到同志们手上。去年夏天，上级领导在总厂召开企业秘书工作座谈会，老唐负责后勤服务工作。一次因电梯停电，他扛着物品硬是从一楼爬到八楼。毕竟年纪不饶人，四肢发软，两眼发黑，他晕倒了。

唐朝丰出色的工作、突出的成绩赢得了众多的荣誉，30 多年来，他曾多次被部队、企业和市委授予“模范党员”和“先进工作者”称号。

【分析与拓展】

1. 本文在写作上有什么特点，请总结。

2. “一滴水，可折射出太阳的光辉”，从唐朝丰身上我们感受到怎样的精神境界？

3. 有人说，性格与工作是相互作用的，从唐朝丰的身上你是否看到了这一点？

4. 《荆门石化报》张总编盖章一事，你如何看待？讲义气与讲正气是绝对对立的吗？你如何看待二者的关系。

5. 你如何评价唐朝丰这个人？

6. 从名牌大学毕业后不久，张玲应聘到一家外企做人事部秘书。因为公司初建，面向全国招聘，所以秘书刚上班时的主要工作就是拆应聘信，阅读；阅读，拆应聘信。量大枯燥，索然无味，却忙得四脚朝天，因此，很多人美好的憧憬一下子灰飞烟灭。办公室里弥漫着沉闷、不耐烦的空气。许多秘书中，只有张玲不急不躁，一直耐心仔细地做着。

很快张玲被提升为人事部主管，升迁的理由是一个名牌大学毕业的硕士研究生，每天千篇一律的拆信，并在上百封信中，不厌其烦地整理出有价值的应聘信，推荐给老板，展示了她人力管理的才能，总裁认为连这种小事也做得如此出色的人，其他事情一定会做得更好。

你怎么看？

7. 国学大师王国维《人间词话》人生三大境界，

第一境界：昨夜西风凋碧树，独上高楼，望尽天涯路。

第二境界：衣带渐宽终不悔，为伊消得人憔悴。

第三境界：众里寻他千百度，蓦然回首，那人却在灯火阑珊处。

秘书工作中有没有这三种境界？

案例3　配角更需硬功夫

陈金凡是洞口县化工厂秘书，他紧紧扣住信息的整理、反馈、开发、利用等关键环节，主动服务，为领导参大谋，为企业献良策。利用信息，开发出新产品“对氨基苯酚”，使连续4年走下坡路、亏损额达42万余元、职工放长假流散在社会的濒临倒闭的企业，一跃成为赢利大户。这个产品从信息的提出到产品开发成功只有14个月。1988年9月试产一次成功，当年新增产值72万元，新增利税28万元，弥补历年亏损12万元，一举甩掉了压得企业透不过气来的亏损帽子。当人们问起陈金凡同志是如何把“配角演活”时，他平实地回答：一要热爱，二要下真功夫。这确是他的经验之谈。

首先，他在改革观念上下工夫，跳出“开会抹凳子、来客洗杯子、按照意图写稿子”的旧观念，不仅要办文办事，而且要出谋划策，不仅要“上传下达”传递信息，更要综合处理信息。陈金凡同志自觉地把信息工作纳入自己的职责范围，放宽视野，疏通渠道，走向社会，收集信息，他先后与全国20多家报纸杂志和科研单位及大专院校建立了信息往来关系，以锲而不舍的精神织成一个“为我所用”的信息网络。几年来，他共为企业领导提供科技、经济信息达200条之多，对于缓解企业“滑坡”速度以至救活企业，都作出了很大贡献。尽管前几年因企业效率每况愈下，某些领导的信息观念淡薄，使一些好的信息错过机遇，也始终没有动摇他依靠科技信息救厂的决心。

1986年年底，经过几次转产累遭失利的化工厂眼看就要倒闭了，陈金凡同志仍然苦思着救厂之道。他整天钻进信息堆里，从千头万绪的信息中，认准了“以化工救化工”的方向。这时，组织上调整了厂领导班子，他仍然还是那“兵头将尾”的位置，充当着“配角”。但是，共产党员的责任心使他感到高山流水遇知音了，只要能救活厂子，何必计较职位高下。

其次，在战略战术上下工夫，认真考证信息的科学性。陈金凡同志以独特的思维方式，运用系统工程原理，注意信息之间本质的内在联系，采用“倒金字塔”的方法进行分门别类的系统整理，从宏观的战略意义到微观的战术方式，均进行合情合理的分析，以便领导者利用。

1987年，他通过对北京、天津、辽宁、上海、江苏等省市的信息考察，整理出四大系列、十多个可供开发的新产品信息，并分别写出可行性报告，让领导择优选用。同时进行更深入细致的考察，因为真正要开发一个产品，绝非儿戏，确实是要下真功夫的。为此，他在一个月内先后四次到外地考证，并且在省图书馆里泡了三天，从而得出结论：对氨基苯酚最利开发。并阐述了五个方面的理由，一是省内空白，本省医药行业急需用它开发新药——扑热息痛；二是原料就近，主要原料“对硝基酚钠”在本市生产，每年有2000多吨运往外省；三是市场走俏，全国医药一个行业就需对氨1.2万吨以上，而当时的生产能力仅为1500吨；四是工艺简略，安全隐患较少；五是效益可观。投资100万元左右，可形成年产500吨的能力，可创税200万元。根据投资相当、规模相似、能力相仿的纵横交错的考察，他在江苏一家企业找到了技术策源地。精辟的分析，充分的考证，保证了这一信息的可行性，促使领导下定决心拍板开发这一新产品。经过一年多的实施，现已实现了预定的全部目标。

最后，在主动服务上下工夫，努力实现信息的价值。陈金凡同志懂得，好的信息只是提供了改造世界的客观条件，还必须通过人的主观能动性去脚踏实地地实施，才能使潜在的生产力转变为物化的成果。因此，他身体力行，做实现信息价值的催化剂。

开发新技术，需要科技贷款支持，这条路怎么走？走得通吗？这不仅在厂里，而且在县里的有关部门都还是新课题。新中国成立以来，洞口县除了一个“外引”项目外，还从来没搞过一个科技开发项目。从“无门”到“入门”，确是非下真功夫不可了。他不顾家中有七旬老母、待乳孩童的繁杂家务，不顾因前几年放假歇业及复工后工资微薄的困难生活，奔波在大江南北，投身于开发利用工作。在各级政府有关部门、在各级银行、在有关企业里，留下了他的身影。厂领导和其他同志为新产品开发而出行，往往都是他一马当先，领导为有这样一位“先行官”而欣慰。为资金的筹措，他好几次一天中到邵阳走两个来回，他提出自筹资金靠集资解决的设想，并借款1500元带头集资。

由于决策得当，工作人员的努力，使银行从全厂的信心中看到希望，发放了92万元的科技贷款，该企业为县属小型企业的科技开发工作走出了一条新路。

在项目开发全面兴工的关键时刻，一个不中听的信息使陈金凡松弛的心弦绷紧了。车间反映，关键设备压滤机尚未定型，技术协助单位也因合同上某些细则不明确未做设计准备；有一家自称有加工能力的五金小厂便乘机抬价，真有“一粒砂子塞死船”之势，使工程无法进展。陈金凡同志风风火火地赶到江苏一家类似厂家考察，他发现这种设备结构并不复杂，但由于属压力容器，技术精度要求较高。他与对方洽谈中，以聪颖的记忆把主要尺寸“印像”下来了，回到招待所便绘出了草图，后又和技术人员一道，设计出了自己的压滤机，就近加工，不仅节省资金2.4万元，而且赢得了时间。在整个开发项目中，由于他巧妙收集，信息准确，共节约资金16.5万元，并根据所收集的信息，打破常规，边试产边制定标准，使项目的验收和技术鉴定比常规提前一年多时间，为产品占领市场提供了信誉保证，在竞争中胜人一筹。

有人说，陈金凡赢了，其实何止是赢，而是大捷。尽管一项事业的成功不是由哪几个人能干得出来的，但他作为以信息服务为主的参加者，却别有一番感慨，当年他对某些经营环节上的失误有不同见解，却没能阻止其惨重损失的后果，他输了。这回开发对氨基苯酚，他的意见被相中采纳，并奋力开发，一举成功，其效果亦令人陶醉。从1989年9月投产到年底，这个项目新增产值72万元，占年总产的61%；新增收入120万元，为年收入的76%；新增利税28万元，弥补历年亏损12.4万元；工人结束了闲散的日子，到年底还捧着久违的奖金。

【分析与拓展】

1. 陈金凡的经验是什么？你是怎么理解的？从陈金凡身上，你看到了什么？

2. 某泥塑公司秘书在一位刚从外国考察回来的朋友那里了解到，该国国人很喜爱中

国的泥塑，他便将这一信息迅速报告给其公司经理，并建议马上组织货源出口该国。这一举措使公司效益大增。

谈谈你的感受。

3. 从外表上看，她毫不起眼，既不年轻，也不漂亮，四十不到的她，瘦弱而且略微有些憔悴；她的个性也不活泼开朗，而且腼腆内向，然而她举止文雅，待人有度，尤其是她有着令人羡慕的惊人的敏感度和记忆力。每一位她辅佐的上司的客户和朋友的情况，她都了如指掌，在公众场合和日常工作中，她都能适时地、悄悄地提醒上司，该向某位客人道喜，因为他的公子近日考上了大学，或者该向某位友人慰问一下，因为他刚刚病体康复。由此，每一位由她辅佐的上司总能在公众中赢得良好的口碑和极佳的人缘。

请你谈谈“她”成功的原因。

4. 在西方，秘书被誉为万能博士。在美国，秘书的权威越来越大，曾有 位老板感慨地说：“如果你的秘书感冒两天不来上班，你最好举枪自杀。可是如果你的太太得了肺炎的话，你只要到办公室，告诉你的秘书通知医院就行了。”你如何看待这一现象？

5. 某外资公司的李小姐应聘秘书这一职位不久，她已把公司所有有关重大客户的资料整理归类了一遍，而后以自己独创且有效的方式为公司各部门提供便利的资讯服务。在上司及公司事务出现特别情况时，她还总是变戏法般的从她的“百宝箱”里抛出“撒手锏”，做着详细而周到的服务。因此，短短半年时间，李小姐由一名小秘书一跃成为总经理助理，令她的职业生涯上了一个新台阶。

模块六　名秘导航

榜样的力量是无穷的，本模块通过向学生介绍古今中外知名秘书的事迹，让学生学习其成功的经验和失败的教训。

任务一　古代秘书

【任务目标】

通过对古代秘书行为方式的了解，提升自身的秘书职业素养和秘书工作能力。

【参考学时】

3学时。

【任务内容】

案例1　刘表和黄祖的秘书祢衡

祢衡，字正平，平原般（今山东临邑东北）人。年少才高，性刚傲物。他初来许昌，为求进用，曾写好了一封自荐书，但因看不起任何人，自荐书装在口袋里，字迹都不清楚了，也没有派上用场。当时许昌是汉王朝的都城，名流云集，人才济济，当世名士有很多都集中在这里，但他一个也看不上。有人劝他结交司空椽、陈群和司马朗，他却说："我怎么能跟杀猪卖酒的人在一起!"又劝他参拜尚书令荀彧和荡寇将军赵稚长，他回答道："荀某白长了一副好相貌，如果吊丧，可借他的面孔用一下。赵某是酒囊饭袋，只好叫他去监厨请客。"孔融把他推荐给曹操，他不但托病不见，而且出言不逊，把曹操臭骂了一顿。曹操正当招揽人才的时候，虽然恼恨，也不好加害，知道祢衡善击鼓，就召他为击鼓的小吏。一日大宴宾客，曹操让祢衡击鼓助兴，故意想借此侮辱祢衡，没想到这个才子在换装束的时候，竟当着众宾客的面把衣服脱得精光，使宾主好大没趣。曹操对孔融说："祢衡这个小子，我要杀他，不过像宰一只麻雀或老鼠一样罢了！只是想到此人一向有些虚名，杀了他，远近的人会说我无容人之量。"于是想了个借刀杀人的法子，强行把他押送到荆州，送给荆州牧刘表。

刘表及荆州人士早就知道祢衡的大名，对他的才学十分佩服，所以对他并不歧视，相反还礼节周到，把他当做上宾。他让祢衡掌管文书，"文章言议，非衡不定"，在工作上对

他放手使用，十分信任。但祢衡这个才子的致命弱点是目空一切，有一次他外出，刚好有份文件要马上起草，刘表于是叫来其他秘书，让他们共同起草。他们“极其才思”，好不容易把文件写好了，谁知祢衡一回来，拿起文件看都没有看完，就把它撕得粉碎，掷于地下。接着他便要来纸笔，一刻不停地写了一篇给刘表。他写的这份文件因“辞义可观”，甚得刘表好感，但却把别的秘书得罪光了！他不但经常说其他秘书的坏话，而且渐渐地连刘表也不放在眼里，说起话来总是隐含讥刺。刘表本来就是一个心胸较狭窄的人，自然不能容忍祢衡的放肆和无礼，但他也不愿担恶名，就把祢衡打发到江夏太守黄祖那里去了。

刘表把祢衡转送给黄祖，是因为他知道黄祖性情暴躁，其用意显然也是借刀杀人。祢衡初到江夏，黄祖对他也很优待，也让他做秘书，负责起草文件。祢衡开头颇为卖力，工作干得相当不错，凡经他起草的文稿“轻重疏密，各得体宜”，甚得黄祖爱赏。有一次黄祖拉着祢衡的手说：“处士，此正得祖意，如祖腹中之所欲言也。”祢衡和黄祖的长子、章陵太守黄射是比较要好的朋友，祢衡只要稍微收敛一下锋芒，克制一下过强的个性，对周围的人稍微有礼貌些，黄祖虽然是个急性子，总不会无缘无故乱杀人吧？然而让人遗憾的是，有一次黄祖在战船上设宴会，祢衡的老毛病又犯了，竟当着众宾客的面说些无知无礼的话！黄祖呵斥他，他还骂黄祖“死老头，你少啰唆！”当着这么多人的面，黄祖哪能忍下这口气，于是命人把祢衡拖走，吩咐将他狠狠地杖打一顿。祢衡还是怒骂不已，黄祖于是下令把他杀掉。

黄祖手下的人对祢衡早就憋了一肚子气，得到命令，黄祖的主簿（也是秘书）便立时把他杀了。时为建安元年（公元 196 年），祢衡仅 26 岁。

【分析与拓展】

1. 祢衡在处理与领导和同事的关系时存在哪些失误？请总结。

2. 有人说，天妒英才，有才华的人总是不受重用。你认为呢？

3. 杨修，乃三国时魏军行军主簿，即为曹操掌握簿籍与文书的官，相当于现在的政府秘书长。此人思维敏捷，头脑灵活，颇具才华，但却屡“犯曹操之忌”。《三国演义》中载有这样几则小故事。一则是曹操去看新造的花园，在门上写了一个“活”字，众人皆不知其意，杨修说：“门内写活，乃阔字也，丞相是嫌门阔了。”曹操知道后，口虽称美，“心甚忌之”。二则是塞北送来一盒酥，曹操在盒上写了“一合酥”三个字，杨修即“取匙与众人分食”，曹操问其原因，杨修说，丞相已写明一人一口酥。曹操“虽喜笑，而心恶之”。三则是曹操为试曹丕和曹植的才能，杨修却多次为曹植出谋划策，使曹操认为杨修与曹植联合欺骗自己，于是就有了杀杨修之心。最后，当曹操兵退斜谷，前被马超所拒，退又恐蜀兵讥笑之时，传出夜间口令为“鸡肋”，杨修就叫军士收拾行装，准备归程，因为“鸡肋”“食之无肉，弃之有味”。最终，曹操以惑乱军心的罪名杀了杨修。

请你结合祢衡案例，从秘书角度分析杨修之死的原因。

4. 古代秘书，倡导一种政治上的职业操守，那就是从道不从君，谋道不谋身，杀身成仁，舍生取义，君顺于道则从，逆于道则谏，可同归于善，而不可同归于恶。你如何看待？

5. 上官婉儿和武则天本是仇人，因为武则天杀了她的祖父上官仪和她的父亲上官庭之，她和母亲也成了宫里的仆人。但这两个女人都分外大度地抛弃了恩怨，而开始在事业上密切地合作。上官婉儿 14 岁时就担当起了女皇的秘书，绝对称得上是一位天才少女。和所有的秘书一样，上官婉儿的日常工作也是为领导起草各种报告。上官婉儿是个写文章的好手，总是能把各种报告都写得非常有文采。不但如此，她还练得一手好字，使领导武则天看起报告来也感觉赏心悦目。

从上官婉儿的成功中，我们看到了什么？

案例 2　堪称后世楷模的清代秘书——李霨

在中国的政治生活中，秘书通过当好参谋、辅助决策、起草文件、处理日常事务等活动，对政治机器的运转，常常会起着不可忽视的重要作用。一个好的秘书，尤其是高级秘书，对社会所作的贡献有时甚至是巨大的。清朝顺治、康熙时期的秘书院大学士李霨就是这样一个贡献卓著、堪为后世楷模的秘书。

李霨（1625—1684）出生在一个家学渊源深厚的家庭，父亲李国缙是明朝大学士，但是在他 7 岁时父亲就去世了。李霨从小苦志读书，对自己要求很严，很快脱颖而出。21 岁中进士，选庶吉士，授检讨，进编修。28 岁被顺治皇帝选为身边工作人员，负责接待和审查奏章。30 岁提拔为秘书院学士，担任给皇帝讲解经典知识等工作。到 33 岁即做了清政府内阁要员，先任秘书院大学士，继任东阁大学士兼工部尚书，加太子太保。成为清朝历史上最年轻的“宰相”级干部。

很显然，李霨仕途如此通达，除了由于他一直在皇帝身边工作，能力和潜质能及时被皇帝发现之外，也与他知识扎实、勤勉努力、为人谨慎、善于参谋，堪为一个称职的大秘书是分不开的。康熙即位后，李霨继续受到重用，改任弘文院大学士，继任保和殿大学士兼户部尚书。康熙朝，是李霨秘书生涯最成功的炉火纯青的阶段。

超常的文字水平是秘书应具备的第一能力。同为政权高层组成人员，当时李霨的文字水平，不仅远远超过满族高级官员，即使在汉族官员中也难有人望其项背。国家许多重要的文字任务，康熙皇帝都要靠他完成。比如，先后把校订大清律例、重修《太宗实录》的工作交给他，之后又让他充任《世祖实录》总纂。李霨在完成这些文字工作任务中，充分发挥自己“熟悉历史，尤娴掌故”的特长，对以上书籍的校勘、撰写工作相当细致。在“方略”“圣训”“实录”“会典”等方面把关更严，对每个文字都字斟句酌。这些书籍完成之后，康熙十分满意，不仅赐给他金银、鞍马，还两次晋加太子太傅、太子太师衔。到后来，连康熙遣兵调将等机密诏书，也均口授由他起草，可见对他的信任程度。

长期在领导身边工作，他对自己要求严格，谨慎低调。史书上说他“老成持重，风度

端凝，出言谨慎，内介外和”。看来平时他并不利用自己与皇帝亲近的关系，在别人面前张牙舞爪，颐指气使，甚至谋私，而是非常耿直，洁身自好。对别人友好和气，以诚相待。尤其是在他文字水平比其同僚高的情况下，更注意照顾别人的情绪。比如，当时是四个大学士辅政，这几个人在讨论重要事情时常常因观点不一致而发生争论，每到这时李霨都是静心听他们争论，自己则认真思考，从不参与争吵。等他们吵完了，李霨才表示自己的意见，他不说则已，一说往往是“片言定是非”，大家心服口服。

秘书工作是一件很辛苦的工作。纵观李霨的秘书生涯，堪称勤勉敬业的典范。他在秘书岗位上“恪恭忠谨，三十余年如一日”。还经常加班加点，废寝忘食，熬夜已是家常便饭。“退直尝至夜分，或留宿阁中”，别人都下班回家了，他还在机关办公室处理文字，有时任务太重，加班太晚，就索性睡在办公室。康熙十一年，发生了三藩叛乱，继而察哈尔部又作乱。在康熙指挥平叛的时日里，李霨更是夜以继日，起草文件，初拟诏书，总结奏报，大量具体工作都是李霨亲自完成，常常每天工作到掌灯时分才下班。

做秘书工作，天天在领导身边，知道不少高层机密，保密问题就显得非常重要。在清朝，也有一些官员想通过秘书打探高层情况。那时候不少人巴结讨好李霨，与他拉近乎，就是为了达到这一目的。可李霨心里非常清楚，如果自己信口开河，跑风漏气，自己这秘书也就当到头了，甚至还会引来杀身之祸。由于李霨头脑非常清醒，他宁可少吃请，少交朋友，少接触人，也不能拿秘密做交易。所以他当秘书三十余年，“所治职务，出未尝告人，忠谨慎密，始终匪懈，有问者，辄默不应”。

秘书工作还有一项最重要的职责是当好参谋。这一点，李霨做得也非常称职，这也是他深得康熙帝信任的主要原因。那时候，康熙皇帝每每有重大决策，起草机密诏旨，一应军机、方略、谕旨，必找李霨商议。而李霨往往能拿出很有见地的意见，“凡朝廷大典礼，必以属公。出则扈从，入则侍讲帷幄”。可见康熙对他的依赖程度。在康熙执政期间，清政府以武力拿下台湾，高层却出现“弃留”台湾之争。在“迁其人、弃其地、不要台湾”的人占多数的情况下，李霨力排众议，与大将军施琅一起，坚持统一，力主设官镇守，反对弃置台湾。康熙帝采纳了他的建议，将台湾收归祖国版图，自此奠定了台湾作为中国领土一部分的不可动摇的地位。

另外，积极并善于协调各方面的关系，同样是秘书必备的重要素质。李霨堪称协调关系的模范，他在秘书岗位上多次调和各部门之间的关系，从而大大理顺了康熙朝内部关系，减少了不少失误。史书上说他“调和大臣，匡救时政，保护善类，霨有力焉”。看来他主持了正义，保护了不少干部。如康熙八年夏天，因为大大旱，康熙下令积恩德，让李霨清刑狱。李霨主动与执法部门联系，逐个清理在押犯人，据实甄别，使许多无辜囚犯得到释放。

正是由于李霨的巨大贡献，康熙皇帝十分感动，对他“眷遇甚厚”，给了他更高的待遇。除去对他更加信任、几乎形影不离外，还多次嘉奖他，李霨则把所奖之物，悉数送给亲友。李霨逝世后，康熙帝十分悲痛，命大学士明珠带人前去吊唁，并赐祭葬之大礼，规格很高。之后又授其三子以教习知县、晋员外郎，又超擢其孙李敏启为太常寺少卿，以示优待之意，还指示有关方面让李霨“入祀乡贤”，并谥“文勤”，此号有“文”有“勤”，恰如其分，颇有深意。

【分析与拓展】

1. 作者认为，超常的文字水平是秘书应具备的第一能力。你认同吗？你的写作水平如何？打算怎样提高写作水平？

2. 当四个大学士辅政在讨论重要事情因观点不一致而发生争论时，李霨是怎么做的？为什么他能够“片言定是非”，大家心服口服呢？

3. 李霨为什么可以堪称后世秘书的楷模？他的身上有哪些优秀的秘书素养？

4. 康熙十年（1671 年）四月十日，康熙帝亲试太学生，殿试中高士奇的文章光彩夺目，文压群芳。康熙帝阅后龙颜大开。三试，高士奇皆荣登榜首。从此，高士奇与康熙结下不解之缘。事实上，高士奇的文才并没有如此之高。他的御试第一，多亏了他的书法。我国古代考试，不仅考文理，还兼考书法技艺。高士奇从小就在严父的督教下，临习明代的小楷，练得一手好字。而康熙帝亦是一位酷爱书法的皇帝，当他看到文章中那俊逸娟秀的小楷字体后，啧啧称赞，说：“气势结密，劲实端严，又无一笔失度。”这又给高士奇加了附加分、感情分和美观分，从而导致他最终三连折桂，名声大振。

你有何感想？

案例 3　雍正帝首席机要秘书——张廷玉

清雍正年间，出了一位在当时及后世产生重大影响的杰出秘书，他就是清雍正时期的内阁大学士、军机大臣——张廷玉。

张廷玉（1672—1755），字衡臣，号研斋，安徽桐城人，三朝元老，居官五十年。雍正曾多次对其加以赞誉：“大学士张廷玉侍朕左右，敬谨小心，十一年如一日。其为人外和平而内方正，足办国家大事。凡有密旨，悉以谕之，彼时在朝臣工中只此一人。”那么，张廷玉是如何为官从政，成功扮演机要秘书这一角色的呢？概括说来，有如下五点。

（一）才华出众，能力突出

张廷玉学识卓越，青年时即以才学显闻于世。科举中第之后，又一直在清朝大内从事文书工作，拟写公文能力很强，所拟文稿“皆称帝意”。

雍正是一个极为重才惜才的君王，对才学出众的张廷玉自是恩待有嘉，大多数重要文稿皆出自张廷玉之手，成为雍正朝的第一文臣。张廷玉的经历昭示后人，才能学识是一个人的立身之本、成功之源，正所谓“为治不可无才”，“才者德之用，有图治之心，而才不足以济之，则内外左右皆得分盗其柄，以求自济其私”。

（二）廉洁自律，淡泊名利

张廷玉“自少服习先公庭训，于立身行己之兢兢绳检，毋敢逾越”、“前辈尝言张文和公在雍正年间最承宠眷，然门无竿牍，馈礼有过百金者辄却之。”有着良好家庭教育和为

政智慧的张廷玉，秉承家训与上谕，清白为官，廉洁从政，自然获得皇帝的赏识与重用。

此外，张廷玉虽居要职，对权位却有着难得的清醒认识。其有言曰："予在仕途久，每见升迁罢斥，众必惊相告曰：'此中必有缘故'。余笑曰：'天下事，安得有许多缘故'。"此观点可显其淡视权位、坦荡豁达的品性。

（三）不恋权位，不结朋党

张廷玉身为雍正帝的机要秘书，不仅负责起草诏书，奉旨奏对，还负责为皇帝转递地方大员上奏的机密奏折。作为处于如此机要地位的内廷大臣，张廷玉对自己的定位是极为正确的。那就是只为公，不谋私，忠君为国，谨遵上谕。而雍正帝对于臣下的为官态度也是极为关注的。其示下曰："操守乃为官之本，本立诸道自生"，"上天之善恶惟在'公私'二字。为国即为公，为己即为私。一涉私为自身利害计，便善事亦不能仰邀上天神明之鉴佑，何况其非善乎！若不贪利沽名作威作福，一派人公致身于国，何往何为而不蒙福也！"

（四）谨慎稳重，严守机密

张廷玉所从事的工作，都需要细致耐心、谨慎缜密以及高度保密。雍正帝在很多谕旨中都对保密的重要性给予了强调。如"慎密二字，最为紧要。君不密则失臣，臣不密则失身，可不畏乎？"张廷玉作为军机大臣，每日处理的机密文件众多，参与的紧要事件亦多，情势就要求他更加严格、规范遵守保密制度，谨慎行事，就如其自己所言"冰渊自凛"。"廷玉侍皇上左右十一年矣，无日不蒙召对，每有一得之见，或口奏，或具折，皆请皇上特颁谕旨，选播于外，从来未留片稿于私室"。雍正帝对其表现亦极为满意，赐其"调梅良弼"匾额。

【分析与拓展】

1. 有人说，当今社会是一个关系的社会，你认为呢？你认为什么才是获得他人（包括领导）认可的首要因素？

2. 你如何看待人们对名与利的追求？

3. 办公室里有政治，利益之争往往不可避免，我们应该如何应对？

4. 总结李霨和张廷玉在秘书工作中的相同之处。

任务二 现当代秘书

【任务目标】

通过对现当代秘书行为方式的了解，提升自身的秘书职业素养和秘书工作能力。

【参考学时】

5 学时。

【任务内容】

案例 1　国民党阵营里的中共秘书

一、谢和赓

中共地下党员谢和赓之所以能够当上白崇禧的侍从秘书（即机要秘书），除了吉鸿昌军长和冯玉祥总司令的推荐信，还因为他是一位有勇有谋的青年。在他们开始相处的那段时间里，有三件突出的事，使谢和赓与白崇禧的关系更加密切。

（1）谢和赓查知白氏平常是一位手不释卷的儒将。为此，谢和赓建议他向上海商务印书馆购一部《万有文库》，白崇禧马上同意并很快邮来了。白崇禧看了目录，非常高兴。《万有文库》包罗万象，文史哲的许多书他都爱看。书就放在他办公室对面的一间房子里，与白崇禧的卧室相连。白崇禧亲热地对谢和赓说：我知道，你也爱涉猎书籍，你可以随时借用。谢和赓表示感谢并自愿为他当图书管理员，谢和赓征得白崇禧的同意，每周选几本他爱看的书，放在他床前的矮柜上，他看完一本，谢和赓便补充一本。白崇禧很满意，还把这件事告诉了李宗仁夫妇。

（2）谢和赓在周末或放假的时候常到白家跟他们八九个小孩一起玩，讲故事、打乒乓球、游戏、去公园、游泳、坐游艇游览邕江。这样，谢和赓又成了白家周末的“家庭教师”。

（3）白崇禧有什么家庭私事，也和谢和赓商量。举例说，在南宁时，有一次，白崇禧接到岳父马建卿的弟弟马耀卿的电报，说建卿老人跌了一跤骨折了，腰背受了重伤。当天下班时，白崇禧打电话并派车接谢和赓到总部见他。他和谢和赓商量要请李、白两位的侍从医官、著名大夫熊同和到桂林去诊治。白崇禧问谢和赓愿不愿陪往。谢和赓马上答应请假去。谢和赓又问他怎样走法？他说：坐小汽车到桂林。谢和赓还未等他说完，便提出坐飞机去。白崇禧说：南宁没有航空客机，只有日制的空军练习机。谢和赓说这飞机他曾坐过，除了驾驶员外，还有两个座位，虽然是露天的，也有一定危险，但为了争取时间，几小时便可飞到桂林；如果坐汽车，由南宁到桂林要有好几条河道需用渡船载车过河，这样非三四天不可，建卿老人如何忍受得了？白崇禧沉思片刻，同意谢和赓的想法。他马上派车请熊大夫来总部商量。熊大夫来到总部听了情况后，硬起头皮说：好！我去！我愿与谢先生同坐飞机去。他马上和谢和赓乘白崇禧的汽车到他家准备了简单的行李，一同到总部乘车到机场。行前，白崇禧已指示庶务（即军需）阳海涛用信封装了500元给熊大夫，给谢和赓200元。谢和赓背着白崇禧夫妇跟阳庶务说：“我只能接受50元”，退了150元。他们安全到了桂林，完成任务，一同坐汽车回到南宁复命。白崇禧夫妇通过此事认为谢和赓很会办事而且轻财货，可堪造就。

二、钱壮飞

在中国共产党的历史上，还有一位充满传奇色彩的英雄人物，他的名字叫钱壮飞。他

和李克农、胡底三人被誉为我党早期情报战线的“三杰”。在国民党反动派实行白色恐怖的险恶形势下，他坚决执行党的指示，凭借自己的胆识、智谋和才能，毅然打进国民党反动派的最高特务机关，担任特务头子徐恩曾的机要秘书，战斗在敌人的心脏里，掌握了敌人大量核心机密，向党提供了许多重要情报。周恩来总理曾多次满怀深情地说道：“要不是钱壮飞同志，我们这些人早就死在国民党反动派手里啦。钱壮飞同志在对敌斗争中立下的丰功伟绩，使我们党少走了弯路，全党同志将永远纪念他！”

1929 年，徐恩曾一度调任国民党浙江省政府建设厅长，也把钱壮飞一家带到杭州，简直形影不离。就在这一年，浙江省建设厅决定举办规模盛大的西湖博览会。徐恩曾既想在国人面前显示他这位建设厅长的“政绩”，又目迷五色，无暇顾及，便全权委托钱壮飞组织操办，还在浙江省建设厅给钱壮飞挂了个秘书的头衔。钱壮飞素来擅长书法、绘画艺术，又颇有组织才能，此次博览会使他大显身手，从博览会的设计到会务的准备，从展品的组织到展厅的布置，从日程的安排到来宾的接待，里里外外安排得井井有条。这次博览会使未动半根手指的徐恩曾出尽了风头。1929 年 8 月 20 日，陈立夫驱车来到博览会，对上前迎接的徐恩曾大加赞赏，并告诉他，孔祥熙、宋霭龄参观了博览会，大为欣赏，认为同巴黎的环球博览会相比，别具风格。徐恩曾受到陈立夫、孔祥熙的夸奖，钱壮飞自然也受到徐恩曾的格外器重。1929 年 9 月底，西湖博览会圆满结束，钱壮飞举家搬回上海时，亲自给徐恩曾送去两只沉甸甸的皮箱，里面装满了晶莹夺目的金银珠宝，还有绚丽照人的杭州绸缎、名贵的人参、鹿茸、貂皮和各种古花瓷瓶。这是博览会期间各地商人奉送的“展品”，钱壮飞一一登记在册，全部交给徐恩曾。徐恩曾一边浏览礼品清单，一边抚摸着这些稀世珍宝，对钱壮飞的清正廉洁赞叹不已：“钱先生办事，一清二白，难得！难得呀！”言语之中，对钱壮飞透出钦佩之情。从此以后，徐恩曾对钱壮飞倚重有加，任命他为自己的私人秘书，公事家事一并相托，待之如同心腹。

【分析与拓展】

1. 谢和赓和钱壮飞为什么深受上司的信任？

2. 王宝森的秘书严振利很会来事儿，“积极报名支援西藏建设”，每次回京休假总要去看望王宝森，还带上些“土特产”。回京休假，他也闲不住，帮王宝森安装浴盆、买电视机，揽下了王宝森的不少家务事。后来王宝森当上了北京市副市长，当严振利从西藏返京后，王便辞去了原秘书，点名要了严振利。

结合案例，请问你如何看待严振利的做法？

3. 结合以上案例，你认为与上司搞好关系一定要认同上司这个人吗？

案例 2　我给黄镇当秘书

我真正认识黄镇，是在驻美联络处。我那时负责联络处的机要工作，相当于黄大使的半个秘书。大概由于这个缘故，1977 年年底黄镇奉中央之命从美国回来出任国务院文化部部长的时候，便通过组织把我调到文化部担任他的秘书。1980 年国务院对外文化联络委员会重新建立时，黄镇被调任对外文委主任。从文化部到对外文委，我一直是黄镇的主要秘书。即使在他退居二线之后，我也还是兼做了他的相当一部分秘书工作。回想起来，在这段时间里，围绕着如何当好秘书，我受到黄镇的直接教导最多。

1977年12月13日，黄镇带我到文化部报到，并去机关各单位看望了同志们。14日，是正式到办公室上班的第一天。他把我叫到身边，交代了应办事项之后，特别叮嘱说："现在我们从外交转到内交，工作环境变了，接触的人不同了，会有各方面的人来反映情况，交谈工作。你作为部长的秘书，第一道关要从你这里过，权力好大哟，人家会另眼相看。你要牢记一条：待人要谦虚谨慎，办事要克己奉公。"

这是黄镇第一次给我下"训令"，我表示一定牢记在心。但有一次没把握好。那是我向部属某单位要一份与处理群众来信有关的材料。由于黄镇等着要用，我催了几次，他们也未送来。我有点发急，在电话中大声说："限你们明天下午4时前送到!"没想到这句话刺伤了办事的同志。以后，在部党组征求群众意见时，那位同志说："有的部领导秘书说话口气好粗，简直是命令式的。"

黄镇知道后动了真格的，严肃地批评了我。自此，"待人要谦虚谨慎，办事要克己奉公"这句话，更深深地印在了我脑海里，成为座右铭。

我是个心直口快的人，有意见从不憋在肚子里，不管对谁，都会大胆提出来。对黄镇决定的事或交代我去办的事，只要我有不同看法，从来都是毫不隐讳地当面向他表示。说实话，他对此是很喜欢的，因为这正投他的脾气。但是，我提意见也有过头的时候，就是有时过分坚持己见。对此，黄镇也有点头痛。于是，他给我定了条规矩："参谋不过三"，说："小范，你肯动脑筋，敢于发表意见，这是你的一大优点，很好。但是，你要知道，司令员带兵打仗，决定作战方案之前允许参谋人员充分发表意见。如有不同意见，可以充分阐明，但以不影响首长决策为限，这叫做'参谋不过三'。秘书工作也好比当参谋。看来，你基本上是个好参谋。但你必须记住'参谋不过三'。"

此后，每当我在他面前坚持己见过了头时，他便拿"参谋不过三"来提醒我："又忘了吧？别再说了，我已有定见。"久而久之，"参谋不过三"也成了我自觉遵循的一条原则。因为我切实体会到，"参谋不过三"确有深刻的辩证哲理。所以直到现在，我无论对哪位领导同志表示意见，也还是遵循这个原则。

有一次，一位同乡来文化部找我，要求我帮他转递告状信。因为在他看来，利用"黄镇部长"这块牌子，那要管用得多。当我了解详细情况后，觉得他的确有冤情。出于同情心，便想帮他这个忙。当我向黄部长报告后，不料他却严肃地说："应该帮忙的要帮，但要通过正常的渠道。当领导同志的秘书确有一些方便条件，重要的是要'慎独'，绝不能打首长的旗号徇情办私事，否则要犯大错。"一番话使我深有所悟。我便向那位同乡说明了不能用"黄镇部长"的名义替他转"状子"的道理，得到了这位同乡的谅解。然后，我告诉他，像他这样的情况，递"状子"应该直接去国务院信访办公室。不久，我接到这位同乡的来信，说他的错案平反了，感谢我指给他正确的投诉途径，才使问题这样快地得到解决。这件事使我认识到，我们共产党人办事一定要走正道，不能走邪门。

在资产阶级自由化泛滥的时候，文艺界有些人公然否定“四项基本原则”，攻击毛泽东同志《在延安文艺座谈会上的讲话》，发表了许多错误言论。对此黄镇进行了针锋相对的斗争。然而，情况是非常复杂的。当时，黄镇看出我们党的一些领导中，有人迁就、姑息那些搞资产阶级自由化的人，他是很不满意的。由于党的纪律，有些话又不能说，所以心情非常沉重。我清楚地记得，就是在这段时间里，他有好几次对我谈到，作为高级领导同志的秘书，经常陪同首长参加一些高层会议，接触大量党的高级机密文件。所以，特别叮嘱我说：“小范，你是搞机要出身的。现在当秘书，也仍然是做机要工作。千万不要忘记毛主席和周总理的教导：‘保守党的机密，慎之又慎’‘要守口如瓶’。”

总之，我有幸直接得到他的耳提面命和言传身教，不仅学习了如何当秘书，也学习了做人的原则。这对我以后的人生道路，有着深刻的影响。

【分析与拓展】

1.“待人要谦虚谨慎，办事要克己奉公”，是黄镇对秘书的叮咛，如果你遇到向下级催要几次还是送不来的情况，怎么办?

2.给上司提意见，除了“事不过三”之外，还要注意什么问题?

3.黄镇对秘书有哪些要求?

4.毛泽东作为组织部的秘书，第一件事就是为国民党老党员重新登记。为了改组国民党，组织部规定凡是老党员必须经谈话、填表、审查合格后，方能成为改组后的国民党党员。由于这项工作是由毛泽东等共产党人具体经办的，因而引起一些国民党右派的故意刁难。

开始登记后不久的一天，国民党老右派谢持就怒气冲冲地跑到执行部，“啪”地一拍桌子，冲着毛泽东大发脾气道：“我从同盟会开始，革命了几十年还要填表?”毛泽东知道他自恃资历老，不屑向自己这样的“毛头小伙子”交代履历，但他却不为所动，毫不迁就地回答道：“人人都要填表，胡汉民、汪精卫都填了。这是孙中山先生的意见。”谢持无言以对，只得悻悻而去。当时毛泽东为顾全大局，便随后让人给谢持送去一张表，并嘱其向谢持好好解释，放宽了填表时间。谢持虽然不高兴，最后还是填了表。

你怎么看待毛泽东在处理此事上的做法?

案例3 许世友的秘书

1973年1月，在军旅生涯的第个22年头我接到调令，到南京军区司令部办公室任科长，当司令员的专职秘书。司令员是一位有少林武功的传奇战将，为他选秘书要符合5个条件：山东人，年龄在40岁左右，经过战争考验的团职干部，有一定文化程度，适应机关工作。我有幸被选上，既激动又感到这副重担的压力。

在我上任的第一天，军区保卫部长就严肃地对我说：“这个院内除司令员就是你大，如果司令员安全上出了问题，首先法办你。不是军区对你过不去，就是毛主席也不能饶你!”

我理解保卫部部长这话的意思，始终把司令员的安全放在首位，不时地对外卫警卫营和内卫警卫排进行防卫教育，强化以保卫首长安全为天职的思想意识，牢牢把住警卫人员的补人关、老兵退伍关和院内人员进出关。警卫人员都能做到“六亲不认，铁面无私”。有一次，一位才调走不久的专职秘书来南京看望司令员，警卫人员虽然都认识他，但因没有接到通知就是不让他进，他很生气，也很理解。

司令员对工作一贯要求很严、标准很高，因此我始终要求自己认真谨慎、一丝不苟地把事情办好，不出差错。当时，司令员还兼任省委书记的职务，每天来自中央和省、市的文电有数十份，我得一份一份一个字不漏地看完。除了司令员必阅的文电需按照急缓给他送阅外，其余文电有的摘抄送阅，有的利用晚上他散步和看电视的机会口头汇报。汇报要简短明了，三言两语说清楚。他问的情节或事情不准许答不出来。每逢开会，主管部门送来他的讲话稿，我要按照他的思路和口语修改得简短明了。我每天工作达十几个小时，周末回家要等他睡觉之后才走，在他起床之前就赶回来，每次回家两头不见太阳。

司令员在长期的革命斗争中养成了一种高度的警觉性，他的行动一般在半小时前不会告诉任何人，说走就走，说办就办，防止暴露行动的秘密。而有些事要提前做一些准备工作，就靠当秘书的“听其言，观其行”，去推测判断首长的意图和行动了。有一次，我陪他晚上散步时，首长突然说了一句：“现在农村太忙了！”我意识到他可能要外出视察，于是，我就按照一级战备状态做好外出准备，通知警卫人员、医生、炊事员，将要带的东西放到车上。不出预料，次日早饭时他告诉我去苏州视察。

首长到什么地方是不准事先告诉对方的，往往造成对方措手不及，没有准备或找不到人。有时，我就抽点时间，悄悄通知对方。一次，到淮阴视察，我就偷偷通知了对方首长可能到达的时间，请对方的领导同志在招待所假借开会等待首长。每次开会，会议什么内容、准备什么资料他从不告诉你，我就按照他阅过的文件判断会议内容，通知应到人员，把他可能要的文电备齐。他在会议上往往不说要什么文件，只要伸手你就得准确无误地送到他手上。我初上岗时很不习惯，有时首长也原谅了我。经过一段紧张有序地实践，也就掌握了规律。

司令员每周要召集有关的领导同志开会，一般都在晚上。他只告诉我一句“叫他们几个人来开会”，说完回头就走。我就得判断出“叫哪几个人来开会”“晚上什么时间来”，一点不能弄错。

首长时常组织人到滁县地区打猎，回来后一般要请客吃野味。他要请什么人，当秘书的要事先考虑到。他说话很快，河南口音重，我有时听不清楚，又不能问第二遍，若弄错一个人他就发脾气批评你好几天。我将可能要请的人列个名单写在日历牌上，结果首长第二天真要请客，他看着我列出的名单说一个我勾一个，一次就勾了十几个人，我的预见只错了一个人。

有一次在无锡视察，住招待所睡的是沙发床，很软。早饭时首长说了一句：“昨晚上没有睡好。”我马上意识到他习惯睡硬板床，就在他出去视察参观之前叫服务员改换棕床。中午，他美美地睡了两个小时的觉，高兴极了。晚上吃饭时，首长专门给我敬了一杯酒，

说："你当秘书还够格。"在座的同志对我说："受到他的表扬可真不容易!"

司令员喝酒是海量，一天一瓶茅台酒，买酒用去了他的大部分薪水。他喝酒公私分明，因公宴请的酒由管理员保管，平时喝的酒由他自己买自己保管。从无锡视察回来，正值下大雨，他下车后直奔鱼塘，我也跟过去，发现鱼塘外的下水门没有打开，中山陵的树木打过农药，有农药的雨水流入了鱼塘。他怕把鱼药死，大骂起来："你们在家的这些笨蛋都干什么去了!"我立即去叫警卫排，警卫排上课去了，只留下两个站岗的。我把站岗的叫来，一看水门是坏的，他俩打不开。我放下公文包，衣服没脱就跳入水中。这时，首长一笑就走了。当我把水门打开回到办公室准备洗澡换衣服时，服务员来喊："首长叫你陪他喝酒吃饭。"在吃饭的时候，首长对我说："听说你能喝两斤酒！我今天要试试你的酒量，到底能喝多少?"服务员知道我喝不了两斤，也知道首长的脾气，他不会饶我，便将两瓶茅台酒都倒出了一点，酒瓶是瓷的看不出来装酒的深浅。最后，我们两人还是把两瓶酒都喝了。喝后我感到不对劲，就躲在炊事房里睡着了。首长午休之后到处找我，当发现我在炊事房睡觉时，他没有喊我就外出了。到晚上我随他看电影时，首长自言自语地说："什么能喝两斤酒？喝的还没有我碗里剩下的多就不行了!"

司令员非常关心、体谅群众和战士的疾苦。他不仅时常深入连队、农村视察，以自己的亲身体会教育身边的人员，而且为了减轻国家和人民的负担还组织身边人员开荒种菜，养猪、鸡、鸭、鱼，做到主副食自给。因此，我也兼任"副业队长"。他亲手把每年腌出的几大缸咸菜和多余的产品送给警卫分队。

1974 年，八大军区司令调动，司令员调任广州军区司令员，临行前他对主持工作的肖副司令员交代说："邢秘书是从部队来的，是个带兵的料子，在办公室不要太长了，放下去带兵吧!"这算是对我在他身边工作的肯定吧。

【分析与拓展】

1. 能够做到"六亲不认，铁面无私"需要怎样的思想基础？又如何让他人理解？

2."我"是如何应对司令员的特殊需要的?

3. 司令员对秘书有哪些要求?

4. 刚做专职秘书不久，那次小敏去上司办公室时，上司正在打电话；见她进去之后，上司马上捂住话筒对她说："你赶紧把那个人给我找来!"说完继续打他的电话。

"那个人是谁?"小敏心里纳闷，但见上司那么严厉而且又正在忙，所以不敢多问。回到自己座位上后，她想了想，觉得上司要找的可能是研发部的李经理，因为在她进上司办公室的时候，李经理正好从上司的办公室出来。于是，她马上打电话给李经理，说上司有急事找他。当李经理急急忙忙来到上司办公室时，上司冷冰冰地问他："你有什么事吗?"结果她不仅挨了上司的训，还把李经理得罪了。

又比如前天上午，她去上司办公室送材料时，上司正在看资料。她进去之后，他头也没抬就对她说："把那份资料拿来!"

"哪份资料?"她一头雾水。吸取以前的教训，她只好硬着头皮反问。

“哪份资料?”上司有些诧异，抬起头来盯着她，似乎觉得她问得多余，她没有理由不知道自己要哪份资料。过了一会，他才指着自己手上的资料说：“就是关于某某公司的资料。”

“唉，我怎么就摊上这么一个老板?!”小敏愁眉苦脸地对我说，“要是我自己有权利调换上司那该有多好!”

分析案例，你认为小敏的问题应该怎么解决?

案例 4　高级领导人的秘书

当上高级领导人的秘书后，以前的同事经常问我有何感受，我的回答往往就是一句话：当好秘书不容易。这不是敷衍之词，而是有感而发的由衷之言。能为中央领导同志当秘书是幸运的、光荣的，但我心里很明白，从学识到能力我还有很大差距，工作确实有压力。这种压力告诉我也警醒我，当一个优秀的、合格的秘书确实不容易!

近日翻阅资料时发现，温家宝同志在任中央办公厅主任时就办公厅和秘书工作有一段很精辟的话。他说，办公厅工作十分复杂，但要突出三项重点，一是信息调研，二是督促检查，三是日常工作运转。信息工作要求实，要在深入上下工夫；督促工作要落实，不要走过场；日常工作运转要务实，不要摆花架子、搞形式主义。这段话把办公厅和秘书工作的范围、要求讲得十分清楚。当然，如何熟悉工作要领，掌握好这些要求，成为一名合格、称职的秘书特别是高层领导的秘书，从事我们这项工作的人，每个人都可能会有不同的感悟、经验和方法，但有一些却是共同的。我结合自己的亲身经历和体会，归纳了这么几条。

第一，政治上要过硬。秘书，作为领导人的侧近人员和直接助手，虽不是决策者，但负有为领导决策和落实决策做好服务工作的责任。服务是秘书工作的基本特征，只有通过高质量的服务，才能体现秘书工作的价值。服务的方面很多，如调查研究、提供信息、审核把关、提出建议、沟通协调、督促落实等。而要服务得好，就必须具备提供优质服务的政治素质和能力。要具备这个素质和能力，就必须不断地、持之以恒地学习。传递文件是秘书的工作，但不能只当“二传手”和“通讯员”，还要在职责允许的范围内认真阅读，掌握精神实质，这样才能发挥好参谋助手作用。此前我在具体部门工作时，只管一个国家或一个地区，业务比较单一，视野不宽。现在工作环境变了，业务范围宽了，要求更高了，迫使自己更加刻苦地学习，学会从政策上考虑问题，从全局上观察问题，从事物的内在联系上分析问题。

第二，工作要勤奋。秘书工作是领导同志工作的一个不可缺少的环节，是领导工作的延伸和辅助部分，一刻也不能脱节。秘书确实很忙，每天接触的文电和资料无数，往往苦于事务缠身，不能多花时间认真钻研。我的体会是，事在人为，只要合理安排，是完全可以做到工作、学习两不误的。学习也是为了做好工作。我经常提醒自己不要陷入事务主义，每天必须多看材料，重要的信息和想法要随时记下来。没有现成材料时，要主动去问、去找。如需向领导报告的信息，还要提炼和归纳。说秘书工作是个“苦差事”，此话

不假。时间总觉得不够用，加班熬夜习以为常，睡梦中叫醒、饭桌上请走、旅途中召回的情况也不稀奇。工作的性质决定秘书必须做到召之即来，任何时候都能以饱满的热情领受任务，执行使命。所以，懒人做不了秘书，秘书不能偷懒。

第三，办事要严谨。秘书工作最忌浮躁、想当然。任何闪失和疏漏，不单是秘书个人的问题，也直接关系到领导人的工作，轻则打乱领导人的工作秩序，重则影响领导人的正确决策，错失处理问题的最佳时机。因此，秘书要尽可能把问题想在前头，把事情做在前头。作为秘书，办事要一丝不苟，不放过任何一个细节，不因事多而畏难，不因事小而不为，不因事繁而外推。对一些重要和敏感的问题，更不可掉以轻心。比如审核把关这一项，收件后，应认真阅读全文，对请示和报告事项的意图及所要说明的问题，要十分清楚，看有无修改和补充的必要，看是否符合法律、法规、政策和领导批示的精神，还要看文件行文有无不当，等等。审核把关过程实际上就是履行参谋助手职责的过程，因为审核中研究、分析的问题，都是领导决策必不可少的基础条件和必要依据。

我们干秘书这一行的都有这样的感受，如工作没做完，心里总是不踏实。我这方面的感受很深。领导重要外事活动的新闻报道的审稿、把关是我的工作之一。说实话，每次处理稿件都是慎之又慎，小心翼翼，生怕出错。从吹风、定稿到播发，一钉一铆都要敲死。我与许多新闻单位的记者都很熟，有非常好的工作和个人关系，既是合作伙伴又是朋友，配合很默契。我的小本子上都有各新闻单位总编室和负责外事采编的记者的电话，一旦发现有什么疑点或问题，能在第一时间得到弥补和改正，直至所有新闻单位都交代妥当了，心里才踏实，才放心去吃饭或休息。

第四，位置要摆正。不越权、不越位，这是对秘书的起码要求。在领导同志身边工作，接触各部门、各地方的机会很多。根据领导的批示和授权办事，一定要把位置摆正，要在自己的职责范围内行事。人家出于对工作的重视和对领导同志的尊重，给予积极支持和配合，态度也很客气、和蔼。作为秘书，要有自知之明，千万不要把自己太当回事，觉得身价不凡，很了不起。秘书工作的戒忌中有两条很重要，一是不“假传圣旨”，二是不发号施令。传达领导同志的指示、批示或意见，要做到忠实原意，不打折扣。如需作必要的解释，也应说明这是秘书个人的理解。与外单位的人商量问题既要虚心，又要耐心，要让对方把话讲完，还要善于采纳吸收别人好的意见。

有一次，某部门的同志同我聊天时谈到，他们同领导同志办公室联系工作时有心理障碍。我觉得，属于正常的工作联系，不应该有什么顾虑。既然确有这种情况，两方面都应该找找原因。我们做秘书的应采取主动，营造与各部门同志和谐共事的氛围。不妨想想对方为什么会有心理障碍，是不是因为我们的态度有些简单生硬，是不是商量事情不够耐心，让人感到有架子，等等。如果我们确有不当之处，应设法加以改进，力求做到诚以待人、宽以待人、与人为善，让对方从内心感到温暖，这样就不会有心理障碍和顾虑了。

第五，不以权谋私。在有的人眼里，在政府工作一定是“神通广大”“一呼百应”。这种看法绝对是误解，但它倒给在政府工作的同志敲了警钟。如果说从没有人找我“说情”或“办事”，也不是事实，但违规的事我不会去做。为此，我给自己订了一条戒律，即不贪权、不贪财、不越轨。放在办公桌玻璃板下，每天以“三不”警示自己。我认为，看重名利的人不配做秘书，当秘书就要淡泊名利。要做到立身正直，经得起名利的诱惑和冲击。一旦思想放松警惕，就很容易掉进腐败的泥坑。

第六，树立严格的保密观念。在领导同志身边工作的秘书，虽然业务分工不同，但组织任命时通称“机要秘书”，可见工作具有高度的机密性。领导同志办公室经手和处理的事务和文电，含有大量的机密，包括核心机密。因此，保守秘密是秘书的天职。工作中，不该外传的事项守口如瓶，自己不该知道的事情不去打听，不属于自己职责范围的事不去介入，别的领导分管的工作更不允许议论和干预。对领导人的威信要顾及和维护，对有损领导人威信的事要想办法妥善化解，对某些正确的批评意见也应及时向领导人如实反映，不能故意扣压或隐瞒。

我于1998年离开秘书岗位，因近日得闲，同几位同辈、同行和老友聊及尚未尘封的往事，抒发情怀，小结感悟，顺手记下以上心得体会，权且算是本人从事10年秘书工作的一点拙见，是否可资从事秘书工作的同志借鉴、参考，实在没有把握。

【分析与拓展】

1. 文中谈到，温家宝同志在任中央办公厅主任时就办公厅和秘书工作有一段很精辟的话。请你谈谈自己的看法。

2. 企业秘书也要讲政治吗？为什么？

3. 工作和学习是一种什么样的关系？

4. 企业秘书重点要做好哪些保密工作？

5. 结合案例谈谈如何做好秘书工作？在总理秘书的身上，你感受最深刻的是什么？

任务三　外国秘书

【任务目标】

通过对外国秘书行为方式的了解，提升自身的秘书职业素养和秘书工作能力。

【参考学时】

3学时。

【任务内容】

案例1　美国总统秘书中的失败者

作为历届美国政府的心脏，白宫为不少精明干的秘书提供了施展才能的广阔天地。许多秘书默默无闻，任劳任怨，以辛勤的工作成为总统的左右手，为提高政府效率，推动时

代前进发挥了极其重要的作用。而这里介绍的却是三位失败的美国总统秘书，他们不称职的服务，影响了总统应该取得的成就。这恰恰从另一个方面显示出秘书职务的重要性。

酗酒放纵的罗伯特·约翰逊

1865 年 4 月，因林肯总统饮弹身亡，副总统安德鲁·约翰逊成为新一任美国总统。两个月后，他把宠爱的二儿子罗伯特·约翰逊带到华盛顿，让他担任总统秘书一角色。总统很清楚自己儿子放纵的个性，但他希望白宫重要的工作使他清醒过来。这无疑是一次极大的冒险。

罗伯特最初几个月的表现似乎还不错。他处理总统的许多信件，携带总统的信前往国会和各部门；总统接待来客时，他总是出现在一旁进行记录。他的略带稚气的微笑的表情与他父亲布满严肃的脸形成了鲜明对照，令人感到愉快。他对来见总统的人们几乎不加限制，这种态度当然博得很多人的好感，虽然这对于政府工作效率的提高产生了不良影响，以致出现总统“被访问者湮没了”的局面。

一次，总统的一位强劲政敌来访白宫，他声言看到了罗伯特喝得酩酊大醉。而不久流传开的说法却是：总统是个酒鬼。

罗伯特还喜欢结交水性杨花的女人，他让一些不三不四的人在白宫进进出出。其中一位是身材丰满、行迹可疑的科布夫人。当时，许多南部人需要总统的赦免才能全部恢复公民权和政治权利，而这位科布夫人说她可以利用在白宫的“朋友”来迅速获得这种赦免，她因此得到了华盛顿最灵的“争取赦免经纪人”的名声。不久，国家保护警察署逮捕了科布夫人。虽然后来证明科布夫人与白宫唯一的联系人是罗伯特而不总统本人；但经新闻界大肆渲染，使整个政府受到一次严重的打击。据说罗伯特在跟这位夫人的交易中并未得到金钱上的好处，他出卖总统赦免令的唯一目的是换取这位漂亮夫人的“个人好感”。难怪一位政治家评论说：“白宫里的威士忌酒实在太多了，一些妓女在光天化日之下未经通报就走进私人秘书的办公室。”而罗伯特仍不悬崖勒马，及至在科布夫人受审之后，二人依然相偎出现在公众面前。

罗伯特的所作所为，使约翰逊总统很不光彩地离开了白宫。6 周后，年仅 30 岁的罗伯特突然死在他出生的小镇上——放纵和酗酒夺去了他年轻的生命。

越职越权的奥维尔·巴布科克

1876 年 2 月 18 日，对路易斯的审讯室里正进行着一场美国人瞩目的审讯。坐在被告席上的是总统格兰特的私人秘书奥维尔·巴布科克。以他为首的阴谋集团被控告骗取了 400 多万美元的公款——这在当时是一个令人咂舌的数额。

战争期间格兰特就是同他的参谋巴布科克建立了不同寻常的友谊。在一次战斗中，冷静聪明的巴布科克还救过上司的性命。战争结束后，巴布科克仍是格兰特工作班子中的重要成员。所以 1868 年格兰特当选总统时，巴布科克即进入白宫，理所当然地成为总统的私人秘书。然而他可不是一个安于职守的秘书，他利用与总统的关系不断扩大着个人的影响。图务卿菲什看到，有的内阁部长连一些小小的开支都要征求巴布科克的同意，因此在日记中写道：“事实是，巴布科克把他自己想象为美国总统。”

巴布科克还有欺骗总统行为。他用总统名义起草一些信件提交总统审批，而经常在审批后又加上一些未经批准或有争议的文字。为了否定一个国务卿起草的文件，他竟跟总统说这是一个总统特别不喜欢的低级外交人员起草的。

利用总统对他的信任，他巧妙地影响着总统的情绪和行动。他可以向友人提供重要的外交职位，他也可以对别人推荐的任命予以否决。在华盛顿的社交场合，他以携带漂亮的妻子和头戴美丽的花束而出名。这些花朵都是从他用公款营造的暖房里搞来的。在兼任“公共建筑和场地建设督导”职务期间，他通过虚报冒领的手段将不少钱塞进了自己的腰包。

当刚直不阿的布里斯托被任命为财政部部长时，巴布科克的受贿事件受到了秘密调查——他策划三个美国酿造业中心不用向政府支付货物税，而只提供贿赂就行。这样，不到两年时间，他们就贪污受贿达400多万美元。虽然此案由于格兰特的压力而宣布巴布科克无罪，但总统秘书的职务已显然不适宜于他，而且总统也渐渐对他丧失了信任，他不得不收拾东西，离开白宫。

力不从心的威廉·罗杰斯

威廉·罗杰斯能在白宫秘书的位置上站住脚，完全是由于他与总统海斯之间的手足之情。来白宫以前，身子单薄、一身书生气的罗杰斯曾当过牧师、律师和不动产投机商，在这三种不同职业上他都失败了。同时代的人说罗杰斯“温柔可爱像孩子”，“瘦弱，但温存、谦和，轻信像女人”。海斯却极为赞赏这位诚挚好友的品德，认为他“几乎完美无缺”——虽然在海斯竞选总统期间，下去募集资金的罗杰斯总是空手而归。

在确定秘书人选时，新任总统海斯曾犹豫过，但罗杰斯却欣然“请战”，并终以他的正直诚实的品行打消了总统的疑问。上任不久，他便因对记者的古板态度受到新闻界和社会界的冷遇和批评。在许多情况下，一个称职的总统助手理应协助调解总统和国会的关系，而罗杰斯却把对海斯提出批评的任何议员看成是敌人，并形之于色，因而在许多政治家上眼中他很快就变得不受欢迎。当一些要员来到白宫，发现这位总统秘书不知道他们是谁而且满不在乎的样子时，他们的愤怒是显而易见的。罗杰斯力不从心的表现，使得许多过去由总统秘书承担的工作不得不由别人接过去完成。如在内阁会议上，坐在总统旁边处理文件和进行记录的，不是罗杰斯，而是总统年轻的儿子韦布。

罗杰斯热衷于跟总统谈论上帝、命运、来世等漫无边际的题目，他的孩子般的单纯和无可怀疑的忠诚令海斯极为珍视。但在总统的决策活动中他却提不出自己的见解。一次，总统给他一份准备在士兵聚会上发表的演说稿，他只是一个劲地称赞：“好极了!”并一连说了几遍。海斯在日记中这样写道：几乎我每做一件事，罗杰斯都认为是好的。

有人说罗杰斯是总统秘书中最少野心、最不爱钻营、情操最为高尚的一个，然而他因自己软弱无力的工作影响了总统的政绩和白宫的效率。历史告诉人们，处在总统秘书这一位置上的人必须具备卓越能力。

【分析与拓展】

1.“一次，总统的一位强劲政敌来访白宫，他声言看到了罗伯特喝得酩酊大醉。而不

久流传开的说法却是：总统是个酒鬼。”对此，使你想到了什么？

2.“利用总统对他的信任，他巧妙地影响着总统的情绪和行动。”这里的“巧妙”如何解释？

3. 三位秘书为何能够成为总统秘书？对此，你有何感想？

4. 三位秘书失败者失败的原因何在？请总结。

案例2 罗斯福总统的秘书——威廉·洛布逸事

1899年的一天下午，就任纽约州长的西奥多·罗斯福在举行就职仪式后，打破惯例，马上就冲进他的办公室开始工作，他召集各部门负责人举行一系列会议，在房间里一边踱步一边大声吼叫着下达指示。四名速记员在隔壁办公室吓得一声不响，罗斯福具有非凡的精力，口述的内容又不很连贯，因此对速记员来说，面对的几乎是不可能完成的任务。会议结束后，这位州长向秘书办公室的门口喊了一声：“来一个好的速记员！”但半晌没有人应声。直到秘书班子里的一个非全日制工作人员、矮胖的威廉·洛布一声不响地站起来走进罗斯福的办公室时，胆小的同事们才松了一口气，他们在隔壁听到罗斯福疾风暴雨似的口述一直持续了几个小时。大家都为洛布的速记担心，但洛布却若无其事地将记录稿整理好交给州长。这位州长对他的工作感到非常满意。第二天一上班，罗斯福“砰”地推开房门，就要“我昨天用过的那个速记员”。于是这两个人之间的一种使他们的生活都发生变化的关系开始了。

罗斯福是这样谈洛布的，我的工作时间是没有规律的，当我在办公室以外想要工作时，洛布是我能够找到的唯一的一名速记员或秘书。洛布是愿意牺牲一切生活以满足其领导人需要的人。

威廉·麦金利被刺使得西奥多·罗斯福当上了美国第26届总统，并把洛布推到了一个重要的位置上。作为总统秘书，洛布的办公室隔壁是一间大的工作室，一批办事员和速记员整天在那里埋头辛勤工作。在这些人中不时会有人匆匆走进办公室主动向洛布请示，洛布总是以一种威严神情急促地发出他的命令，表现出他的支配感，以致一位记者称其为“秘书之王”。

一天下午，一位纽约出版商为邮递工作拖拉使他的业务受影响而来到白宫要见总统。两分钟后，洛布就抓住问题的要领，说道：“这没有必要见总统。”这位出版商还来不及做出反应，洛布就已接通了邮政总局的电话，他用一道只有十个字的命令解决了这个问题。放下电话后，他请那位客人立即离开。这位年轻的出版商很难相信这一切，因为美国人还不习惯一个总统秘书可以对联邦邮政总局的高级官员颐指气使。

麦金利的被刺使得洛布对总统的安全极为关心。罗斯福自然对在他外出活动时跟着一大群特工人员感到不耐烦，于是设法逃避这种严密的警卫，以致常常破坏了洛布细心安排的保护措施。情况发展到洛布不能容忍的地步。终于有一天他向总统发出最后通牒：要么罗斯福接受洛布的保安措施，要么洛布辞职。结果是总统无条件投降：“你完全对，你不会再听到我有一个字的抱怨。”

在洛布与罗斯福的关系中，像这种摊牌的情况是极少的。总统并不是那种能够耐心听取不同意见的人，洛布则设法采取非正式的方式提出意见来影响总统，他常常在深夜笔录总统口授时，边记录边向罗斯福轻声提出自己的见解。事实证明，洛布的这种非正式意见，对总统的决策产生了明显的影响。

很多次，洛布的忠告使得罗斯福免于犯错误。例如，罗斯福想让他喜欢的巴尔的摩红衣主教担任当时美国空缺的一个重要位置而给罗马教皇写信。洛布知道后大吃一惊，这样做不仅会使天主教会对罗斯福干涉梵蒂冈事务感到震怒，而且基督教原教旨主义者也会怀疑总统与罗马天主教会有什么勾结。于是他竭力陈述自己的反对意见，使得罗斯福勉强放弃了原来的打算。又如，由于罗斯福对著名英国商人汤姆斯·科普顿非常厌恶，一直没有对其发出到白宫的邀请，这件事使英美关系产生了一次小的危机，为减轻国际舆论对总统的压力，洛布勇敢地站出来向报界承认这完全是他的错。这时，洛布的替罪羊作用就显现出来了。

还有一次，罗斯福打算让白宫服务人员像欧洲皇家仆人一样，穿一种带镶边的制服，而引起公众愤怒和嘲笑，洛布也将此事的责任推到自己身上。正是由于有自我牺牲的精神，洛布对于公众的议论、辱骂从不抱怨。他经常就总统某一失检之处对记者说："这完全是我的错，责备我吧！这是我的职责所在，我十分愿意承担责任。"

洛布在白宫的日子里显现了他从事总统秘书工作的高超水平，虽然在他逝世讣告中并没有提到这一点，洛布为他的领导人所做的事情几乎无所不包。他把近代参谋长、接待秘书、议员的联络员、私人速记员、新闻秘书、政治顾问所起的作用集于一身。罗斯福认为这种说法是对洛布能力最恰当的赞赏。

【分析与拓展】

1. 威廉·洛布是如何当上罗斯福秘书的，如果你碰到类似这样有个性的领导，你会怎么做？

2. 洛布总是以一种威严神情急促地发出他的命令，表现出他的支配感，以致一位记者称其为"秘书之王"。这句话是对威廉·洛布的肯定还是否定？谈谈你的看法。

3. 威廉·洛布都做了些什么以便让总统接受自己的意见？你如何评价他的做法？

4. 威廉·洛布是怎样维护总统形象的？这种牺牲你会做吗？

案例3　首相与秘书

温斯顿·丘吉尔是英国历史上的一代名相，他曾领导英国人民赢得了第二次世界大战的胜利，为世界反法西斯事业作出了巨大的贡献。

1940年，丘吉尔第一次出任首相。在他来到唐宁街10号首相官邸以前，那里已经有一大群秘书，而沃森小姐是一位和善而又体贴人的老处女。她的主要任务是收集为答复议员的问题所需要的经常是零散的情况，同时负责答复一般公众的信件。斯坦豪斯小姐，一位资历和沃森小姐差不多的前首席秘书，在她手下有12名精明能干的男女秘书，还有4

名严肃而又可靠的衣着朴素的信使。戴维斯小姐，一位心地善良、纯洁忠诚的女士，尽管起初她一想到怪脾气的温斯顿·丘吉尔就发抖，但后来她却成为丘吉尔最坚定的支持者之一。安东尼·贝维尔，一位爱好文学，历史知识渊博，能欣然担任所有那些枯燥无味而又十分必要的秘书工作的人，等等。

对这些久经锻炼、素质较高的男女秘书们，丘吉尔几乎是未加挑剔便留任了他们。当丘吉尔踏进唐宁街10号首相官邸时，他不仅带来了“私人办公室”这个名称，而且还带来了它的两名很有才智的、在当时也是非常有干劲的成员，海军部文官埃里克·西尔和约翰·佩克。西尔到唐宁街10号后，只担任了一年丘吉尔的首席私人秘书（相当于“私人办公室”主任）。他很聪明，工作努力，效率极高，品质优秀，但是和丘吉尔的性格志趣却不甚相投。佩克是从牛津基督圣体节学院出身的一个可敬而又有趣的人物，他有一种无法压制的喜欢反对传统观念的性格，有写诗的天赋，是一个富于幽默感的令人喜爱的人物。

此外，还有两个新秘书来到了“私人办公室”。一个是从殖民部来的约翰·马丁，另一个是从财政部来的莱利斯·罗恩。他们俩都有像佩克一样的幽默感，因此在战争期间情况最令人悲观的时候，唐宁街的这幢大楼里仍然能听到欢快的笑声。这两位性格幽默的秘书对一切都感兴趣。丘吉尔脾气古怪，有时不太体谅日夜辛苦的秘书，他们觉得这很有趣；当丘吉尔把自己的古怪脾气同他对秘书们的慷慨和钟爱结合起来时，他们就觉得更有趣了。在战争年代那种紧张的岁月里，丘吉尔要他的私人秘书们日夜为他服务，其中一个人甚至在无事可做的时候也必须留在那里，一直到他在清晨两三点、甚至是四点钟停下工作去睡觉为止，实事求是地说，这也算不上太过分，战争需要这样嘛！

西尔辞去首席秘书职务以后，马丁接替了他。马丁一直是个优秀的学者和有成效的行政官员，但是他承认，他最初感到为丘吉尔工作很不容易，丘吉尔发起脾气来能使房基震动。尽管丘吉尔很重视马丁的优点，尽管马丁多次陪同首相到国外进行重要的访问，但是他苏格兰人的沉默、谦虚和天生的腼腆，使他没有能和丘吉尔建立起一种轻松的关系。马丁满足于保证私人办公室完成任务，那就是把首相需要看的一切，清楚地提出来请首相看，而把他不需要看的大量材料剔出去。在马丁持续四年的领导下，私人办公室既是有效的，也是愉快的。它非常适应丘吉尔个人的倾向和他不寻常的工作方法。它的任何成员都没有在战争造成的压力和忧虑之下垮下来。

接替马丁的是莱斯利·罗恩。丘吉尔很满意罗恩这个人，他很开朗，很随和，非常爱笑，对于细节有头等的记忆力，有非常令人愉快的社交风度。丘吉尔很高兴与他在一起，常常同他一起共同进餐。

在私人办公室中的最后一个但并非最不重要的一个人是首席文书查尔斯·巴克。他使文件和私人秘书们的工作都井然有序。他能够让忧愁的人高兴起来，使傲慢自大的人收敛一点儿。如果没有他，唐宁街10号的工作就不会那么有效，那么令人愉快。

丘吉尔信任他的秘书们。对于他所熟悉的人，他甚至准备倾吐其肺腑之言。他的一些私人秘书成了他终生的朋友，他们构成了他常常提到的那个秘密圈子的一部分。战时在吃饭时，每当他环视客厅，这时他就要开始和秘书们机密地讨论军事活动或外交政策了。他们从不使他感到失望，有时候从内阁会泄露出一些消息，但丘吉尔的秘书们从未走漏过风声。

第二次世界大战结束时，丘吉尔在大选中意外地落选了，他无限伤心地离开了在战争期间和他共同患难的秘书们。

1951—1955 年，丘吉尔再次出任首相。他又召回了约翰·科尔维尔、安东尼·贝维尔等几位在第二次世界大战期间一直跟随他左右的私人秘书。丘吉尔是一位很注重感情的人，他忘不了那些跟他共同患难的秘书们。

1955 年 4 月，丘吉尔 81 岁时，他自愿辞去了首相职务。临别时，他向“私人办公室”的每位秘书赠送了一枚银质 V 字奖章，以提醒他们记住伟大的过去，并表示他们全都有光明的前途。

丘吉尔退休以后仍是一位议员，安东尼·蒙塔古·布朗为他充当了私人秘书。布朗曾经是一名飞行员，第二次世界大战期间，布朗驾驶“蚊式”飞机同日本人战斗，因作战英勇而荣获飞行十字勋章。他通晓数国语言，头脑聪颖，博览群书，对事物有自己独道的见解。布朗给丘吉尔无微不至的照料，并积极主动地帮助丘吉尔处理一些退休后要办的公事，例如发表演说，安排旅行，等等。

丘吉尔 85 岁以后，记忆力开始减退了，活动也大大减少了。布朗便一盘接一盘地同他玩纸牌来消磨时间，不让人来打扰他，想方设法让丘吉尔过得愉快一些。

英国前首相玛格丽特·撒切尔夫人，原是英国林肯郡格兰瑟姆镇上一名默默无闻的小杂货商的女儿，可是她竟过关斩将，成为英国历史上第一位女首相。撒切尔夫人经历坎坷。在她任首相期间，国内失业人数创战后最高纪录，罢工运动此起彼伏，可她仍然坚持自己的经济改革主张，并取得了显著的成效。现在，西方人士普遍认为，她的威望曾经达到了丘吉尔以来的最高峰。

1959 年 10 月 8 日，撒切尔夫人 34 岁生日的前 5 天，她以比前任议员多 3500 张选票的结果获胜，当上了下院议员，开始走上政治舞台。撒切尔夫人满怀信心和激情来到下院从事新的工作。她首先通过威斯敏斯特宫的高级秘书为自己物色了一名私人秘书。

第一天上班，在圣森蒂芬门口迎接她的是女秘书帕迪·维克托·史密斯。撒切尔夫人是个实干精神很强的人，她埋头苦干、一丝不苟，并且要求同她在一起工作的秘书也要和她一样。虽然她对别人要求严格，但也很公正、平等、客气，使秘书很受感动。

每到议会开会期间，撒切尔夫人的工作就很紧张。每天上午，她要参加委员会的会议，会见本选区的选民，阅读信件，向秘书口授复信稿，自己亲自写讲稿。中午，她常和帕迪小姐在小饭馆或下院议员的食堂狼吞虎咽一顿。下午，她多半留在下院。平时她每天自己接送孩子上学，实在忙不过来了，她就派女秘书帕迪去。除了这些，她的小本子上还记着预约的理发时间。每逢理发时，帕迪小姐常常也得陪同她一起去，因为当撒切尔夫人坐在卷发器下做头发时，她也可能还要向秘书口授信稿，等等。

1962 年 4 月，撒切尔夫人的女秘书帕迪结婚，辞去了秘书工作，接替帕迪的是黛安

娜·鲍威尔小姐。黛安娜和帕迪是要好的同事，两人一直在下院的一个房间里工作。

黛安娜很乐意为撒切尔夫人当秘书，因为她很喜欢撒切尔夫人的为人。黛安娜虽然比撒切尔夫人大 10 岁，但她性格开朗、活泼幽默，常常使撒切尔夫人很开心。

黛安娜接手秘书工作之后不久，就遇上选举，撒切尔夫人要争取连任议员。撒切尔夫人几乎是一刻不停地工作，她在大街上风驰电掣般地东奔西跑，走家串户。一会儿在这家坐坐，同房东交谈一会，一会儿又同那个握握手，或向坐着扶手椅的老人问长问短。一会儿又找商店店员询问物价。黛安娜自然是鞍前马后地跟着撒切尔夫人跑来跑去，常常一天跑下来累得腰都直不起。尽管如此，黛安娜却从来没有半点怨言，她从秘书生涯中得出一个信条“任劳任怨应当是秘书的天职”。对于黛安娜的任劳任怨，撒切尔夫人非常感激。她像对待自己的姐姐一样关心黛安娜，常常把自己的衣服送给黛安娜。

撒切尔夫人是一位胸怀大志的女士，她的目标是要重振保守党的雄风。1975 年 2 月 4 日，保守党内举行大选，撒切尔夫人终于登上了保守党领袖的宝座。在此之前，撒切尔夫人经常自己动手写讲稿。但是，当了保守党领袖后，情况发生了很大的变化，要考虑的问题比以前多了。于是，她决定找几位专门为她写发言稿的人，这些人实际上是她的文字秘书。经过物色，成立了一个秘书写作班子。其中，专门负责为她起草重要演讲稿和会议发言稿的是原剧作家罗纳德·米勒，平时的政治发言稿则由原《每日电讯报》的新闻记者理查德·赖德等人起草。撒切尔夫人对文字秘书的要求是相当严格的。例如，有一次她到北爱尔兰发表演说，讲稿内引用的一些数字有错，她对起草人严加训斥，把整个讲稿都给扔了。

撒切尔夫人担任保守党领袖之后，女秘书艾利森小姐负责为撒切尔夫人安排每天的活动。要领导一个反对党，撒切尔夫人的工作是非常多的，也很忙，但由于女秘书艾利森小姐的计划很周密，把每件事情都安排得井井有条，因此撒切尔夫人感到忙而不乱。

撒切尔夫人当上保守党领袖的首要任务就是要把工党赶下台，让保守党重新执政。1979 年 5 月 3 日，英国决定再次举行大选。在大选即将来临的日子里，撒切尔夫人和她的秘书们夜以继日地工作。由于撒切尔夫人平时对身边的秘书工作人员体贴入微，因此关键时刻大家都特别卖力。尽管她们为撒切尔夫人工作所得到的报酬并不多，但是没有一个人不忠实于她。艰苦的竞选终于接近了尾声，胜利的曙光开始出现在保守党人眼前。这时，撒切尔夫人来到她的“大笔杆子”罗纳德·米勒身边，对他说：“你考虑过没有，如果我们赢了，我该在唐宁街说些什么?”罗纳德回答道：“考虑过了，你听我给你念一下这几句话。”说完他拿出一张稿纸念道：“凡是出现不和的地方，我们要为亲善而努力；凡是发生错误的地方，我们要尽力去纠正；凡是产生过怀疑的地方，我们要树立起坚定的信念；凡是有悲观失望的地方，我们要赋予希望。”

想到即将实现的来之不易的胜利，撒切尔夫人终于第一次没有控制住自己的感情，热泪盈眶，激动万分。他们一起去找女秘书艾利森小姐，请她把这几句话打在一张纸上。这时，和撒切尔夫人同甘共苦了 8 年之久的艾利森也禁不住热泪夺眶而出，泪水滴在打字机上。

从1979年5月3日起，英国历史开始写下了新的篇章。撒切尔夫人以第一位女首相的身份搬进了唐宁街10号。撒切尔夫人从政30年间，前后用了5位私人秘书。她和5位秘书都相处得很好。

【分析与拓展】

1. 从首相办公室秘书团队的构成看，我们是否可以说，任何人都可以当秘书，也可以当一个成功、优秀的秘书。你认为自己做秘书的优势在哪里？

2. 总结几位首相秘书的秘书素养和秘书工作能力。

3. 在谈到的首相秘书中，你印象最深刻或最喜欢的是哪位？为什么？

4. 你如何理解“幽默”？

参考文献

[1] 戴尔·卡耐基．人性的弱点全集（增订版）[M]．2版．南昌：百花洲文艺出版社，2009.

[2] 黄若茜，陈琼瑶．秘书理论与实务 [M]．北京：清华大学出版社，2007.

[3] 孙荣，杨蓓蕾．秘书工作案例 [M]．北京：复旦大学出版社，2005.

[4] 孟庆荣．秘书工作案例及分析 [M]．北京：清华大学出版社，2007.

[5] 戴尔·卡耐基．羊皮卷全集 [M]．北京：华文出版社，2009.

[6] 赵中利．现代秘书心理学 [M]．北京：高等教育出版社，2008.

[7] 向阳．秘书会务管理 [M]．北京：北京大学出版社，2009.

[8] 赵颖．秘书沟通协调与谈判技巧 [M]．北京：中国人民大学出版社，2009.

[9] 特人的漫画广告有限公司．图解初级秘书基础问答 [M]．北京：科学出版社，2006.

[10] 特人的漫画广告有限公司．图解初级秘书实战问答 [M]．北京：科学出版社，2006.

[11] 特人的漫画广告有限公司．图解中级秘书基础问答 [M]．北京：科学出版社，2006.

[12] 特人的漫画广告有限公司．图解中级秘书实战问答 [M]．北京：科学出版社，2006.

[13] 中国就业培训技术指导中心．秘书国家职业资格培训教程 [M]．北京：中央广播电视大学出版社，2006.